# 第二版前言

当前，预算管理理论研究和预算会计制度改革实践日新月异。2013 年 1 月 1 日，新的《事业单位会计制度》开始实施；2014 年 1 月 1 日，新的《行政单位会计制度》开始实施。新制度的实施，使管理方法和要求、会计科目设置和核算内容与以往都有了很大变化和不同。为了适应这种新变化、新要求，并满足社会需要，我们经过充分酝酿，对本书第一版进行全面修订，推陈出新，以飨读者。与同类教材相比，本书努力突出以下四个特点：

1. 内容全面系统。本书着眼于预算管理和会计核算的科学性、系统性和创新性的探索，以理论知识适度为原则，以提高预算会计制度应用能力为目标，汇集最新的理论知识和预算会计制度改革内容，对我国现行的预算会计制度进行了全面阐述。

2. 编写方式新颖。除传统编写方法外，在章目下预先提出了知识、技能和能力的学习目标，并在正文前设置了引导资料；为弥补理论缺憾并方便学生自学，正文中设置了若干小资料、小思考和例题；章尾除本章小结外，还设置了主要概念和观念、基本训练，力求使学生加深对本章重点和难点的理解。

3. 注重能力培养。本科教育的任务，除了要传授给学生专业理论知识外，更重要的是培养学生自主学习意识和实际动手能力。为此，本书在每章中辅以一定量的图表、例题和案例，在每章后的基本训练中设置了案例分析，使之更具有直观性、模拟性，以提高学生自主学习和实践思考的能力。

4. 编写体例创新。在以往有关预算会计教材的编写中，财政总预算会计、行政单位会计、事业单位会计三部分都是按“资产、负债、净资产、收入、支出”这样的顺序编写的，本书作者根据多年的教学实践，改为按“资产、负债、收入、支出、净资产”这样一个自然、动态的顺序编写，更有利于学生对问题的理解和把握。

本书由哈尔滨商业大学李秉坤教授、哈尔滨金融学院赵璇老师任主编，哈尔滨商业大学刘萍教授、黑龙江日报报业集团高级会计师金云吉任副主编，由李秉坤教授负责设计和总纂。

2015 年 10 月，《政府会计准则——基本准则》发布，自 2017 年 1 月 1 日起施行。待会计制度有变化时本教材会及时修订。

限于作者水平及写作方式的新尝试，加之我国预算管理和预算会计制度尚处于改革与完善之中，书中若有不当或错误之处，敬请专家与读者惠正。

编　者

21 世纪应用型本科财税系列规划教材

# 预 算 会 计

（第二版）

李秉坤　赵　璇　主编

东北财经大学出版社
Dongbei University of Finance & Economics Press
大　连

图书在版编目（CIP）数据

预算会计／李秉坤，赵璇主编．—2版．—大连：东北财经大学出版社，2014.3（2015.11重印）
（21世纪应用型本科财税系列规划教材）
ISBN 978-7-5654-1312-4

Ⅰ．预…　Ⅱ．①李…　②赵…　Ⅲ．预算会计-高等学校-教材　Ⅳ．F810.6

中国版本图书馆CIP数据核字（2013）第193150号

东北财经大学出版社出版
（大连市黑石礁尖山街217号　邮政编码　116025）
教学支持：（0411）84710309
营 销 部：（0411）84710711
总 编 室：（0411）84710523
网　　址：http：//www.dufep.cn
读者信箱：dufep@dufe.edu.cn

大连美跃彩色印刷有限公司印刷　　东北财经大学出版社发行

幅面尺寸：148mm×210mm　　字数：377千字　　印张：12 3/4
2014年3月第2版　　2015年11月第3次印刷

责任编辑：孙晓梅　　责任校对：惠恩乐　孙　萍
封面设计：冀贵收　　版式设计：钟福建

ISBN 978-7-5654-1312-4
定价：25.00元

# 目　录

## 第一篇　财政总预算会计

## 第二篇 行政单位会计

## 第三篇 事业单位会计

# 第一篇

# 财政总预算会计

# 第 1 章　财政总预算会计概述

## 学习目标

☆**知识目标**

理解财政总预算会计的概念；

明确财政总预算会计的基本任务和作用。

☆**技能目标**

分析财政总预算会计科目的设置原则；

掌握财政总预算会计科目的使用要求。

☆**能力目标**

熟悉财政总预算会计的科目设置及核算内容。

**财政总预算会计的发展**

新中国成立以来，财政部预算会计的发展经过三个时期：

第一阶段：1949—1965 年创立“总预算会计”，分设资产、负债、岁入、岁出会计要素，以“资产=负债”作为基本会计等式，实行收付实现制，采用借贷记账法，编报资产负债表、收支决算表。

第二阶段：1966—1997 年调整为“财政总会计”，改设资金来源、资金运用、资金结存会计要素，改设基本会计等式为“资金来源-资金运用=资金结存”，改用资金收付记账法，编报资金活动情况表、财政收支决算总表、预算外收支决算表。

第三阶段：1998 年实行财政总预算会计的重大改革，涉及会计要素、会计等式、记账方法和会计报表等各个方面。

财政总预算会计分设中央、省、市、县、乡五级。财政总预算会计的核算对象就是各级政府预算执行过程中的预算收入、预算支出和预算结余，以及在资金运用过程中所形成的资产、负债和净资产。

## 1.1 财政总预算会计的内涵及组成体系

财政总预算会计又称总会计或总预算会计，是各级政府财政部门核算、反映、监督政府预算执行和财政周转金等各项财政性资金活动的专业会计。其会计主体为各级政府，核算内容是国家预算资金的集中、分配和执行结果。

财政总预算会计是政府预算的一个组成部分，其组成体系与政府预算组成体系相一致。我国的政府预算实行“统一领导，分级管理”的预算原则，按照一级政府、一级预算，设立中央，省、自治区、直辖市，设立区的市、自治州，县、自治县、不设区的市、市辖区，乡、民族乡、镇五级预算。各级政府预算均设立相应的财政总预算会计，负责核算、反映和监督本级政府预算的执行。

中央政府财政部设立中央财政总预算会计；省、自治区、直辖市财政厅（局）设立省（自治区、直辖市）财政总预算会计；设立区的市、自治州财政局设立市（州）财政总预算会计；县、自治县、不设区的市、市辖区财政局设立县（市、区）财政总预算会计；乡、民族乡、镇财政所设立乡（镇）财政总预算会计。各级财政总预算会计构成了一个完整的财政总预算会计整体。

## 1.2 财政总预算会计的基本任务和作用

### 1.2.1 财政总预算会计的基本任务

财政总预算会计的主要职责是进行会计核算，反映预算执行，实行会计监督，参与预算管理并合理调度资金。其基本任务如下：

（1）处理总预算会计的日常核算事务。办理财政各项收支、资金调拨及往来款项的会计核算工作；及时组织年度政府决算、行政事业单位决算的编审和汇总工作，进行上下级财政之间的年终结算工作。

（2）调度财政资金。根据财政收支的特点，妥善解决财政资金库存和用款单位需求的矛盾，在保证按计划及时供应资金的基础上，合理调度资金，提高资金使用效益。

（3）实行会计监督，参与预算管理。通过会计核算和反映，对预算执行情况进行分析，并对总预算、部门预算和单位预算的执行实施会计监督；协调参与预算执行的国库会计、收入征解会计等之间的业务关系，共同做好预算执行的核算、反映和监督工作。

（4）组织和指导本行政区域预算会计工作。省、自治区、直辖市（含计划单列城市）总预算会计在不违背《财政总预算会计制度》的前提下，负责制定或审定本行政区域预算会计有关具体核算办法的补充规定；组织预算会计人员的培训活动；组织检查、辅导本单位会计和下级总预算会计工作，不断提高政策、业务水平。

（5）做好预算会计的事务管理工作。负责预算会计的基础工作管理，参与预算会计人员专业技术资格考试、评定及核发会计证等工作。

### 1.2.2 财政总预算会计的作用

（1）促进预算任务的圆满实现。各级财政总预算会计提供的收支核算资料，是编报各级财政预算收支执行情况的数字基础，各级财政部门可以据此向同级政府及时汇报预算收支的执行情况，对有关财经政策作出相应的调整抉择，从而更好地促使预算顺利实现。

（2）促进增收节支。财政总预算会计有条件也有必要对预算的收支执行情况进行监督。监督有关部门和单位应缴的各项预算收入及时、足额入库，预算收入退库符合国家规定；监督预算拨款按核定预算支付，不得办理超预算的拨款等。通过对各项收支的会计监督，促进增收节支，更好地为预算执行和管理服务。

（3）保证预算资金按计划及时供应。在年度中间，由于季节性关系，预算收支执行的时间往往是不一致的，有时会出现季度或月份之间收支不平衡的情况。财政总预算会计应根据财政库存情况，作出妥善、合理的安排，合理调度资金，保证预算资金按核定预算和进度及时供应，更好地为生产建设和事业发展服务。

## 1.3 财政总预算会计的科目设置与核算内容

### 1.3.1 财政总预算会计科目的设置原则

（1）真实性、客观性。财政总预算会计核算应当以实际发生的经济业务为依据，如实反映财政收支执行情况和结果。财政总预算会计科目的设置应体现这种真实性、客观性。

（2）规范性、适应性。财政总预算会计信息应当符合《中华人民共和国预算法》的要求，适应国家宏观经济管理和上级财政部门及本级政府对财政管理的需要。财政总预算会计科目的设置应规范并与政府预算收支科目相适应。

（3）一致性、灵活性。一级科目及其编号必须统一由财政部制定和颁布施行，至于明细科目，各级地方政府财政部门根据自身管理的需要，可以有一定的灵活性，自行设置。

（4）准确性、简便性。会计科目的名称和内容应力求准确、含义清楚。同时，在保证预算管理需要和有利于核算的前提下，也要力求简明，易于理解，便于运用。

### 1.3.2 财政总预算会计科目及核算内容

1）财政总预算会计科目分类

财政总预算会计科目与会计要素相适应，分为资产类、负债类、净资产类、收入类和支出类五大类内容。

资产是一级财政掌管或控制的能以货币计量的经济资源。包括财政性存款、有价证券、暂付及应收款项、预拨款项等。

负债是一级财政所承担的能以货币计量、需以资产偿付的债务。包括应付及暂收款项、按法定程序及核定的预算举借的债务等。

净资产是指资产减去负债的差额。包括各项结余、预算周转金等。

财政收入是国家为实现其职能，根据法令和法规所取得的非偿还性资金，是一级财政的资金来源。包括一般预算收入、基金预算收入、专用基金收入、资金调拨收入等。

财政支出是一级政府为实现其职能，对财政资金的再分配。包括一般预算支出、基金预算支出、专用基金支出、资金调拨支出等。

2）财政总预算会计科目使用要求

会计科目是各级财政总预算会计设置账户、确定核算内容的依据。各级财政总预算会计必须按以下要求使用会计科目：

（1）各级财政总预算会计应按《财政总预算会计制度》的规定设置一级会计科目，按各科目使用说明使用。不需要的可以不用，不得擅自更改科目名称。

（2）明细科目的设置，除《财政总预算会计制度》已有规定者外，各级财政总预算会计可根据需要，自行设置。

（3）为便于编制会计凭证、登记账簿、查阅账目和实行会计电算化，统一规定了会计科目编码。各级财政总预算会计不得随意变更或打乱科目编码。

（4）财政总预算会计在填制会计凭证、登记账簿时，应填列会计科目的名称或者同时填列名称和编码，不得只填编码，不填名称。

（5）有关财政周转金的会计核算，可由各级财政的预算部门或专门管理机构按规定的科目办理。

【小资料 1-1】 **会计科目编号**

按照经济业务的内容和经济管理的要求，对会计要素的具体内容进行分类核算的科目，称为会计科目。

为便于编制会计凭证、登记账簿、查阅账目和实行会计电算化，财政总预算会计规定了统一的会计科目编号。会计科目编号由 3 位数字组成，百位上的数字代表会计科目的类别，其中，资产类为“1××”，负债类为“2××”，净资产类为“3××”，收入类为“4××”，支出类为“5××”。预算会计在填制会计凭证、登记账簿时，应填列会计科目的名称或者同时填制会计科目的名称和会计科目编号。

3）财政总预算会计科目及核算内容

根据现行《财政总预算会计制度》的规定，各级财政总预算会计统一适用的会计科目如表 1-1 所示。

表 1-1 **财政总预算会计科目及核算内容**

| 类别 | 序号 | 编码 | 会计科目 | 核算内容 |
|---|---|---|---|---|
| 资产类 | 1 | 101 | 国库存款 | 核算各级财政总预算会计在国库的预算资金（含一般预算和基金预算）存款 |
| | 2 | 102 | 其他财政存款 | 核算各级财政总预算会计未列入“国库存款”科目反映的各项财政性存款 |
| | 3 | 103 | 财政零余额账户存款 | 核算财政国库支付机构在银行办理的财政直接支付业务 |
| | 4 | 104 | 有价证券 | 核算各级政府按国家统一规定用各项财政结余购买有价证券的库存数 |
| | 5 | 105 | 在途款 | 核算决算清理期和库款报解整理期内发生的上下年度收入、支出业务及需要通过本科目过渡处理的资金数 |
| | 6 | 111 | 暂付款 | 核算各级财政部门借给所属预算单位或其他单位临时急需的款项 |
| | 7 | 112 | 与下级往来 | 核算与下级财政的往来待结算款项 |

续表

| 类别 | 序号 | 编码 | 会计科目 | 核算内容 |
| --- | --- | --- | --- | --- |
| 资产类 | 8 | 121 | 预拨经费 | 核算财政部门预拨给行政事业单位、尚未列为预算支出的经费 |
| | 9 | 122 | 基建拨款 | 核算拨付给经办基本建设支出的专业银行或拨付基本建设财务管理部门的基本建设拨款和贷款数 |
| | 10 | 131 | 财政周转金放款 | 核算财政有偿资金的拨出、贷付及收回情况 |
| | 11 | 132 | 借出财政周转金 | 核算上级财政部门借给下级财政部门周转金的借出和收回情况 |
| | 12 | 133 | 待处理财政周转金 | 核算经审核已经成为呆账，但尚未按规定程序报批核销的逾期财政周转金转入和核销情况 |
| 负债类 | 13 | 211 | 暂存款 | 核算各级财政临时发生的应付、暂收和收到不明性质的款项 |
| | 14 | 212 | 与上级往来 | 核算与上级财政的往来待结算款项 |
| | 15 | 213 | 已结报支出 | 核算财政国库资金已结清的支出数额 |
| | 16 | 222 | 借入款 | 核算中央财政和地方财政按照国家法律、国务院规定向社会以发行债券等方式举借的债务 |
| | 17 | 223 | 借入财政周转金 | 核算地方财政部门向上级财政部门借入有偿使用的财政周转金 |
| 净资产 | 18 | 301 | 预算结余 | 各级财政预算收支的年终执行结果 |
| | 19 | 305 | 基金预算结余 | 核算各级财政管理的政府性基金收支的年终执行结果 |
| | 20 | 307 | 专用基金结余 | 核算财政总预算会计管理的专用基金收支的年终执行结果 |

续表

| 类别 | 序号 | 编码 | 会计科目 | 核算内容 |
|---|---|---|---|---|
| 净资产 | 21 | 321 | 预算周转金 | 核算各级财政设置的用于平衡季节性预算收支差额周转使用的资金 |
| | 22 | 322 | 财政周转基金 | 核算各级财政部门设置的有偿使用资金 |
| 收入类 | 23 | 401 | 一般预算收入 | 核算各级财政部门组织的纳入预算的各项收入 |
| | 24 | 405 | 基金预算收入 | 核算各级财政部门管理的政府性基金预算收入 |
| | 25 | 407 | 专用基金收入 | 核算财政部门按规定设置或取得的专用基金收入 |
| | 26 | 408 | 债务收入 | 核算省级财政部门作为债务主体，发行地方政府债券收到的发行收入等 |
| | 27 | 409 | 债务转贷收入 | 核算省级以下财政部门（不含省级）收到的来自上级财政部门转贷的债务收入 |
| | 28 | 411 | 补助收入 | 核算上级财政部门拨来的补助款 |
| | 29 | 412 | 上解收入 | 核算下级财政部门上缴的预算上解款 |
| | 30 | 414 | 调入资金 | 核算各级财政部门因平衡一般预算收支从预算外资金结余以及其他渠道调入的资金 |
| | 31 | 425 | 财政周转金收入 | 核算财政周转金利息及占用费的收入情况 |
| 支出类 | 32 | 501 | 一般预算支出 | 核算各级财政总预算会计办理的应由预算资金支付的各项支出 |
| | 33 | 505 | 基金预算支出 | 核算各级财政部门用基金预算收入安排的支出 |
| | 34 | 507 | 专用基金支出 | 核算各级财政部门用专用基金收入安排的支出 |

续表

| 类别 | 序号 | 编码 | 会计科目 | 核算内容 |
|---|---|---|---|---|
| 支出类 | 35 | 508 | 债务还本支出 | 核算各级财政部门发生的债务还本支出 |
| | 36 | 509 | 债务转贷支出 | 核算地方各级财政部门对下级财政部门转贷的债务支出 |
| | 37 | 511 | 补助支出 | 核算本级财政对下级财政的补助支出 |
| | 38 | 512 | 上解支出 | 核算解缴上级财政的款项 |
| | 39 | 514 | 调出资金 | 核算各级财政部门从基金预算的地方财政税费附加收入结余中调出，用于平衡预算收支的资金 |
| | 40 | 524 | 财政周转金支出 | 核算借入上级财政周转金支付的占用费及周转金管理使用过程中按规定开支的相关费用支出情况 |

注：科目408、409、508、509适用于财政部代理发行的地方政府债券中地方财政总预算会计的账务处理。

## 本章小结

● 财政总预算会计又称总会计、总预算会计，是各级政府财政部门核算、反映、监督政府预算执行和财政周转金等各项财政性资金活动的专业会计。

● 财政总预算会计的主要职责是进行会计核算，反映预算执行，实行会计监督，参与预算管理，合理调度资金。

● 财政总预算会计在预算管理中的作用主要有：促进预算任务的圆满实现；促进增收节支；保证预算资金按计划及时供应。

● 财政总预算会计科目的设置应坚持真实性和客观性原则、规范性和适应性原则、一致性和灵活性原则、准确性和简便性原则。

● 财政总预算会计科目与会计要素相适应，分为资产类、负债类、净资产类、收入类和支出类五大类内容。

● 财政总预算会计科目要按要求使用。

## 主要概念和观念

★ 主要概念

财政总预算会计　资产　负债　收入　净资产　支出

★ 主要观念

会计核算观念　预算管理观念

## 基础训练

1.1　简答题

(1) 简述财政总预算会计的基本任务。

(2) 简述财政总预算会计的作用。

(3) 简述财政总预算会计科目设置原则。

(4) 简述财政总预算会计科目设置要求。

1.2　判断题

(1) 财政总预算会计主体为各级政府的财政部门。（　）

(2) 财政总预算会计核算的内容是国家预算资金的集中、分配和执行结果。（　）

(3) 各级政府预算均设立相应的财政总预算会计，负责核算、反映和监督本级政府预算的执行。（　）

(4) 财政总预算会计的一级会计科目也可以有一定的灵活性。（　）

(5) 财政总预算会计在填制会计凭证、登记账簿时，应填列会计科目的名称或者同时填列名称和编码，不得只填编码，不填名称。（　）

(6) 财政总预算会计科目与会计要素相适应，分为资产类、负债类、净资产类、收入类和支出类五大类内容。（　）

1.3　综合分析题

资料：自2008年4月1日起（英国财政年度为每年4月1日至次年3月31日），英国中央政府开始以国际财务报告准则（IFRSs）为基础编制预算和财务报告，其政府会计改革步入了一个新的阶段。

20世纪80年代末，英国中央政府的财务报表仅包括预算执行表和资产负债表，其中资产负债表仅列示货币性资产和负债。1991 年，英国财政部开始研究讨论在中央政府部门中采用权责发生制会计。经过历时两年的讨论和酝酿，于 1993 年 11 月发布公告，宣布英国中央政府会计将引入权责发生制。

1994 年，英国财政部发布了绿皮书《更好地核算纳税人的钱——政府资源会计和预算（Better Accounting for the Taxpayer's Money: Resource Accounting and Budgeting in Government)》，正式提出在中央政府部门实行权责发生制会计与预算。2000 年 7 月，英国议会通过并颁布了《政府资源与会计法案（2000)》，为英国中央政府实行权责发生制会计与预算提供了法律依据。

2000—2001 财政年度，英国各政府部门同时向议会提交了两套经审计的报告，分别是现金制基础的预算报告和权责制基础的资源报告。2001—2002 财政年度，英国首次在中央政府部门预算中采用权责发生制。

要求：根据上述资料分析，我国的财政总预算会计和英国中央政府会计体制的区别。

1.4　网上调研

利用电子图书馆和因特网收集我国财政总预算会计的相关理论知识，掌握最新的财政总预算会计改革动态，巩固和充实所学的知识。

1.5　单元实践

以小组为单位，对财政机关的财政总预算会计工作进行实地考察，了解会计人员对我国现行会计制度的认识和看法，讨论研究我国预算会计制度改革的方向。

# 第2章 财政总预算会计资产的核算

## 学习目标

☆**知识目标**

掌握财政总预算会计资产的含义；

熟悉财政性存款的概念与内容、管理原则；

了解有价证券的定义、购买规定；

掌握暂付款、与下级往来的含义；

熟悉预拨款项的内容、拨款要求。

☆**技能目标**

掌握国库存款、其他财政存款、在途款的具体账务处理方法；

熟悉有价证券账户增减及利息收入核算的具体账务处理方法；

理解暂付款、与下级往来的具体账务处理方法；

了解预拨经费、基建拨款的具体账务处理方法。

☆**能力目标**

熟练掌握国库存款、其他财政存款、在途款的实务操作。

**资产的内涵**

资产是会计主体拥有或控制的能以货币计量的经济资源。包括各种财产、债权或其他经济权利。具有以下特征：

(1) 资产必须是一种经济资源。经济资源是能为单位服务或带来经济利益的资源，表现为货币资金、财产物资、机器设备、专利权等无形资产，以及债权和其他权利。不是经济资源的，不能作为单位的资产。

(2) 资产必须能用货币计量。资产是必须用货币计量出来，并据以登记入账、核算、反映的经济资源。

(3) 资产必须由单位拥有或控制。单位拥有占有权或使用权的经济资源才能作为单位的资产进行核算。

(4) 资产包括财产、债权和其他权利。

财政总预算会计资产是一级财政掌管或控制的能以货币计量的经济资源。由于财政是代表政府办理资金再分配的行政机关，不直接办理预算资金的支出使用，资产中不存在财政物资，所以，财政总预算会计资产只包括货币资金和债权的核算。其中，货币资金包括财政性存款、有价证券以及在途款；债权包括暂付及应收款项、预拨款项、财政周转金放款、借出财政周转金以及待处理周转金等。

## 2.1 货币资金的核算

### 2.1.1 财政性存款的管理与核算

财政性存款是财政部门代表政府所掌管的财政资金。包括国库存款及其他财政存款。财政性存款的支配权属于同级政府财政部门，并由财政总预算会计负责管理，统一收付。

1) 财政性存款的管理原则

财政总预算会计在管理财政性存款中，应当遵循以下原则：

(1) 集中资金，统一调度。各种应由财政部门掌管的资金，都应纳入财政总预算会计的存款账户。调度资金应根据事业进度和资金使用情况，保证满足计划内各项正常支出的需求，并要充分发挥资金效益，把资金用活用好。

（2）严格控制存款开户。财政部门的预算资金除财政部有明确规定者外，一律由财政总预算会计统一在国库或指定的银行开立存款账户，不得在国家规定之外将预算资金或其他财政性资金任意转存其他金融机构。

（3）按预算和计划拨付资金。财政总预算会计应根据人民代表大会通过的年度预算和经财政有关职能部门批准的单位季度分月用款计划拨付资金，不得办理超预算、无用款计划的拨款。

（4）转账结算，不提现金。财政部门是资金分配部门，不直接使用现金，财政的出纳机关是国库。所以，财政总预算会计的各种会计凭证不得也没有必要用以提取现金。

（5）在存款余额内支付，不得透支。财政总预算会计只能在国库存款和其他财政存款余额内办理支付，银行不能透支垫付。《中华人民共和国中国人民银行法》也明确规定，中国人民银行不得对政府财政透支。

2）财政性存款的会计核算

（1）国库存款。国库存款是指各级财政总预算会计在国库的一般预算资金和基金预算资金的存款。本科目借方记国库存款增加数，贷方记国库存款减少数。借方余额反映国库存款的结存数。财政总预算会计收到预算收入时，根据国库报来的预算收入日报表入账。收到上级预算补助时，根据国库转来的有关结算凭证入账。办理库款支付时，根据支付凭证回单入账。本科目可分为一般预算和基金预算存款进行明细核算。

有外币收支业务的财政总预算会计，应按外币的种类设置外币存款明细账。发生外币收支业务时，应根据中国人民银行公布的人民币外汇汇率折合为人民币记账，并登记外国货币金额和折合率。年度终了，应将外币账户余额按照期末国家银行颁布的人民币外汇汇价折合为人民币，作为外币账户期末人民币余额。调整后的各种外币账户人民币余额与原账面余额的差额，作为汇兑损益列入有关支出科目。

**【例题 2-1】** 某市财政局发生如下经济业务：

①收到国库报来的“预算收入日报表”，列明本日一般预算收入为

2 000 000 元，基金预算收入为 5 000 000 元。

借：国库存款——一般预算存款　　2 000 000
　　　　　　——基金预算存款　　5 000 000
　贷：一般预算收入　　　　　　　　2 000 000
　　　基金预算收入　　　　　　　　5 000 000

②拨付给市法院 3 000 000 元，用于日常支出。

借：一般预算支出　　3 000 000
　贷：国库存款——一般预算存款　　3 000 000

（2）其他财政存款。其他财政存款核算各级财政总预算会计未列入“国库存款”科目反映的各项财政性存款。包括财政周转金、未设国库的乡（镇）财政在专业银行的预算资金存款以及部分由财政部指定存入专业银行的专用基金存款等。本科目借方记其他财政存款增加数，贷方记其他财政存款减少数。借方余额反映其他财政存款的实际结存数。财政总预算会计应根据经办行报来的收入日报表或银行收款通知入账。财政总预算会计支付其他财政存款时，应根据有关支付凭证的回单入账。

为便于分类管理，“其他财政存款”总账科目下应按交存地点和资金性质分设明细账，进行明细核算。

**【例题 2-2】** 未设国库的某乡财政发生下列业务：

①收到上级财政拨来的款项，其中，应确认的预算资金收入为 20 000元，基金预算收入为 30 000 元。

借：其他财政存款——一般预算存款　　20 000
　　　　　　　　——基金预算存款　　30 000
　贷：一般预算收入　　　　　　　　20 000
　　　基金预算收入　　　　　　　　30 000

②收到上级安排的粮食风险专项基金 80 000 元，并收到银行存款通知。

借：其他财政存款　　80 000
　贷：专用基金收入　　80 000

③开出付款通知，向乡属小学拨付用于校舍改造款 2 000 000 元。

借：一般预算支出　　2 000 000

贷：其他财政存款　　2 000 000

**【小资料 2-1】　国库集中收付制度及国库单一账户体系**

国库集中收付制度一般也称为国库单一账户制度，包括国库集中支付制度和收入收缴管理制度，是指由财政部门代表政府设置国库单一账户体系，所有的财政性资金均纳入国库单一账户体系收缴、支付和管理的制度。财政收入通过国库单一账户体系，直接缴入国库；财政支出通过国库单一账户体系，以财政直接支付和财政授权支付的方式，将资金支付到商品和劳务供应者或用款单位，即预算单位使用资金但见不到资金；未支用的资金均保留在国库单一账户，由财政部门代表政府进行管理运作，降低政府筹资成本，为实施宏观调控政策提供可选择的手段。

国库单一账户体系由下列银行账户构成：（1）国库单一账户，用于记录、核算、反映财政预算资金和纳入预算管理的政府性基金的收入和支出；（2）财政部门零余额账户，用于财政直接支付和与国库单一账户清算；（3）预算单位零余额账户，用于财政授权支付清算；（4）预算外资金专户，用于记录、核算和反映预算外资金收入和支出活动，并用于预算外资金日常收支清算；（5）特设专户，用于记录、核算和反映预算单位的特殊专项支出活动，并用于与国库单一账户清算。

**【小资料 2-2】　有价证券的含义**

有价证券是指具有一定价格和代表某种所有权或债权的凭证。包括股票和债券。

股票是向股份公司投资入股的凭证，它代表对企业的股权，可凭股票分得利润。有价证券按其所表明的财产权利的不同性质，可分为三类：商品证券、货币证券及资本证券。有价证券的出现，可以加速资本集中，从而适应商品生产和商品交换规模扩大的需要。

有价证券是虚拟资本的形式，它本身没有价值，但是由于它能为持有者带来一定的收入，因而能够在证券市场上买卖，具有价格。

有价证券的价格取决于证券预期收入的大小和银行存款利率的高低两个因素，同前者成正比，同后者成反比。此外，有价证券供求关系的变化、政局的稳定与否、政策的变化、国家财政状况以及市场银根松紧程度等因素都会引起有价证券价格的波动。有价证券标有票面金额，证明持有人有权按期取得一定收入并可自由转让和买卖。

【小思考2-1】小资料中提到的有价证券和财政总预算会计中使用的有价证券有什么区别?

答：小资料中提到的有价证券是指具有一定价格和代表某种所有权或债权的凭证，包括股票和债券，购买资金来源不受限制。财政总预算会计中的有价证券是指中央财政以信用方式发行的国家公债。各级财政总预算会计只能用各项财政结余购买国家指定由地方各级政府购买的有价证券。

### 2.1.2 有价证券的管理与核算

1）有价证券的管理要求

财政总预算会计中的有价证券是指中央财政以信用方式发行的国家公债。财政总预算会计管理有价证券的要求如下：

（1）各级财政只能用各项财政结余购买国家指定由地方各级政府购买的有价证券；

（2）支付购买有价证券的资金不能列作支出，用财政结余购买的有价证券是财政资金的转化，而不是耗费；

（3）有价证券应按取得时实际支付的价款记账，购入有价证券（含债券收款单）应视同货币妥善保管；

（4）当期取得有价证券的兑付利息及转让有价证券取得的收入与账面成本的差额，视购买时资金来源不同计入当期一般预算收入或基金预算收入。

2）有价证券的会计核算

“有价证券”科目核算各级政府按国家统一规定，用各项财政结余购买的有价证券的库存数。购入有价证券，借记本科目，贷记“国库存款”、“其他财政存款”科目；到期兑付有价证券时，其兑付本金部分，借记“国库存款”、“其他财政存款”科目，贷记本科目。利息收入通过相关收入科目核算。本科目借方余额反映有价证券的实际库存数。

本科目应按有价证券种类和资金性质设置明细账，进行明细核算。

**【例题2-3】**某市财政局发生如下经济业务：

①按规定动用一般预算结余资金购买国库券20 000元。

借：有价证券——国库券　　20 000

　贷：国库存款　　20 000

②用基金预算结余购买特种国债600 000元，凭预算拨款凭证和特种国债收据入账。

借：有价证券——特种国债　　600 000

　贷：国库存款——基金预算存款　　600 000

③用以前年度一般预算结余购买国库券，到期兑付本金450 000元，利息收入10 000元。

收回本金时，记：

借：国库存款——一般预算存款　　450 000

　贷：有价证券——国库券　　450 000

将利息收入作为预算收入入账时，记：

借：国库存款——一般预算存款　　10 000

　贷：一般预算收入　　10 000

④用基金预算结余购买特种国债，到期兑付本金600 000元，利息收入15 000元。

收回本金时，记：

借：国库存款——基金预算存款　　600 000

　贷：有价证券——特种国债　　600 000

将利息收入作为预算收入入账时，记：

借：国库存款——基金预算存款　　15 000

　贷：基金预算收入　　15 000

### 2.1.3 在途款的会计核算

财政总预算会计在途款是指在规定的决算清理期内，收到应属于上年度收入的款项和收回上年度不应列支的款项，或需要通过“在途款”科目过渡处理的资金数。这些款项，在发生时虽然款已收到，但却是属于上个年度的，从上年度的角度来看，这些款尚未到达，需要用“在途款”作过渡性核算。

本科目核算决算清理期和库款报解整理期内发生的上下年度收入、支出业务及需要通过本科目过渡处理的资金数。决算清理期内收到属于上年度收入时，借记本科目，贷记“一般预算收入”、“补助收入”、“上解收入”等收入科目；收回属于上年度拨款或支出时，借记本科目，贷记“预拨经费”或“一般预算支出”等科目；冲转在途款时，借记“国库存款”科目，贷记本科目。

**【例题2-4】**某市财政局收到国库报来的收回上年度各单位基金预算收入300 000元、一般预算收入 500 000 元。

在上年度账上记：

| | | |
|---|---|---|
| 借：在途款 | 800 000 | |
| 贷：基金预算收入 | | 300 000 |
| 一般预算收入 | | 500 000 |

在本年新账上记：

| | | |
|---|---|---|
| 借：国库存款——基金预算存款 | 300 000 | |
| ——一般预算存款 | 500 000 | |
| 贷：在途款 | | 800 000 |

## 2.2 债权的核算

暂付及应收款项属于往来结算中形成的债权。它包括在预算执行过程中，上下级财政结算形成的债权以及对用款单位借垫款形成的债权。

【小思考2-2】上下级财政结算形成的债权与对用款单位借垫款形成的债权有什么区别?

答：由于与财政总预算会计发生暂付应收往来款项的会计分为财政系统内上下级财政机关之间和财政机关系统外的预算单位之间两类，在会计核算上为体现这种区别，将财政与预算单位的暂付应收款项纳入“暂付款”科目核算，将与下级财政间的往来款项纳入“与下级往来”科目核算。

### 2.2.1 暂付及应收款项的核算

1）暂付款的会计核算

暂付款是指在资金活动过程中发生的应收或暂付的待结算款项。为核算各级财政部门借给所属预算单位或其他单位临时急需的款项，设置本科目。借出时，借记本科目，贷记“国库存款”、“其他财政存款”科目；收回或转作预算支出时，借记“国库存款”、“其他财政存款”或有关支出科目，贷记本科目。本科目应及时清理结算，年终，原则上应无余额。

本科目应按资金性质及借款单位名称设置明细账。

【例题2-5】某市财政局发生如下业务：

①某市教育局因修理危险校舍，向市财政局申请借入借款230 000元。市财政局同意并拨付款项。

| | | |
|---|---|---|
| 借：暂付款——教育局 | 230 000 | |
| 贷：国库存款 | | 230 000 |

②市财政局经批准借给市卫生局急需款项400 000元。

| | | |
|---|---|---|
| 借：暂付款——卫生局 | 400 000 | |
| 贷：国库存款 | | 400 000 |

③市教育局以前的借款230 000元，转作财政经费拨款。

| | | |
|---|---|---|
| 借：一般预算支出 | 230 000 | |
| 贷：暂付款——教育局 | | 230 000 |

**【小资料2-3】 设置“与下级往来”账户的原因**

预算收入和预算支出在年度内并不总是平衡的，财政总预算会计在年度的某个时期可能会出现支出大于收入的情况。此时，如果动用预算后备，预算收支仍然不能平衡，下级财政可以向上级财政申请短期贷款，也可以向有结余的上级财政借入款项。这些款项就是上下级财政之间的往来款项。

2）与下级往来的会计核算

为核算与下级财政的往来待结算款项，设置本科目。借给下级财政款时，借记本科目，贷记“国库存款”科目。体制结算中应由下级财政上交的收入数，借记本科目，贷记“上解收入”科目；借款收回、转作补助支出或体制结算应补助下级财政数时，借记“国库存款”、“补助支出”等有关科目，贷记本科目。本科目借方余额，反映下级财政应归还本级财政的款项；本科目贷方余额，反映本级财政欠下级财政的款项。

本科目应及时清理结算。应转作补助支出的部分，应在当年结清；其他年终未能结清的余额，结转下年。本科目是往来性质的科目，如发生贷方余额，在编制“资产负债表”时应以负数反映。

本科目应按资金性质和下级财政部门名称设置明细账进行明细核算。

**【例题2-6】**某市财政局发生如下业务：

①借给甲县临时借垫款20万元。

借：与下级往来——甲县　　200 000

　贷：国库存款　　200 000

②将借给甲县的往来款项15万元转作对该县的补助，余款收回。

转作补助部分：

借：补助支出　　150 000

　贷：与下级往来——甲县　　150 000

归还部分：

借：国库存款　　50 000

　贷：与下级往来——甲县　　50 000

### 2.2.2 预拨款项的核算

预拨款项是按规定预拨给用款单位的待结算资金，包括预拨经费和基建拨款。

预拨款项的管理要求有：(1) 各项预拨款项应按实际预拨数额记账；(2) 预拨经费（不含预拨下年度经费）应在年终前转列支出或清理收回；(3) 基建拨款应按建设单位银行支出数（限额部分）和拨付建设单位数（非限额部分）转列支出账；(4) 对行政事业单位拨款，应按照单位领报关系转拨。凡有上级主管部门的单位，不能作为主管会计单位，直接与各级财政部门发生领报关系。

1）预拨经费的会计核算

预拨经费是用预算资金预拨给用款单位的款项。凡年度预算执行中财政总预算会计用预算资金预拨应在以后各期列支的款项以及会计年度终了前预拨给用款单位的下年度经费款，均应作为预拨经费管理。

本科目核算财政部门预拨给行政事业单位尚未列为预算支出的经费。预拨经费时，借记本科目，贷记"国库存款"科目（未设国库的乡（镇）财政总预算会计，贷记"其他财政存款"科目，下同）；转列支出或收到用款单位交回数时，借记"一般预算支出"、"国库存款"等科目，贷记本科日。本科目借方余额反映尚未转列支出或尚待收回的预拨经费数。

本科目应按拨款单位设明细账进行明细核算。

**【例题2-7】** 某市财政局发生如下经济业务：

①预拨市直属单位经费80万元。

借：预拨经费　　800 000

　贷：国库存款　　800 000

②将预拨给市直属单位的经费35万元转作预算支出，余款收回。

借：一般预算支出　　350 000

　　国库存款　　450 000

　贷：预拨经费　　800 000

2）基建拨款的会计核算

基建拨款是预拨给受托经办基本建设支出的专业银行或拨付基本建设财务管理部门的基本建设款项。

本科目核算拨付给经办基本建设支出的专业银行或拨付基本建设财务管理部门的基本建设拨款和贷款数。直接拨给建设单位的基本建设资金，直接列作支出。拨出款项时，借记本科目，贷记“国库存款”科目；收到基本建设财务管理部门或受委托的专业银行报来拨付建设单位数及缴回财政数时，借记“一般预算支出”、“国库存款”等有关科目，贷记本科目。本科目借方余额反映尚未列报支出数。

本科目应按拨款单位设明细账进行明细核算。

**【例题 2-8】**某市财政局发生如下经济业务：

①按核定的预算拨付给市财政局基本建设资金财务管理部门基本建设款 200 万元。

| | | |
|---|---|---|
| 借：基建拨款 | 2 000 000 | |
| 贷：国库存款 | | 2 000 000 |

②根据基建管理部门报来的基建拨款列表，列基建支出 120 万元，余额交回财政部门。

| | | |
|---|---|---|
| 借：一般预算支出 | 1 200 000 | |
| 国库存款 | 800 000 | |
| 贷：基建拨款 | | 2 000 000 |

**【小资料 2-4】** **预算外资金的管理**

1996 年 7 月，国务院发布了《关于加强预算外资金管理的决定》，要求切实加强对财政预算资金和预算外资金的管理，完善对财政资金的监督检查制度。任何地区、部门和单位都不得隐瞒财政收入，不得将财政预算资金转为预算外资金。财政部门要严格按照“控制规模、限定投向、健全制度、加强监督”的原则，加强财政周转金管理。各部门、各单位未经财政部门批准，不得擅自将财政拨款转为有偿使用，更不得设置账外账和“小金库”。财政部门尤其不能设置“小金库”。从 1996 年起将养路费、车辆购置附加费、铁路建设基金、电力建设基金、三峡工程建设基金、新菜地开发基金、公路建设基金、民航基础设施建设基金、农村教育事业附加费、邮电附加、港口建设费、市话初装基金、民航机场管理建设费 13 项数额较大的政府性基金（收费）纳入财政预算管理。地方财政部门按国家规定收取的各项税费附加，从 1996 年起统一纳入地方财政预算，作为地方财政的固定收入，不再作为预算外资金管理。

## 本章小结

● 财政总预算会计资产是一级财政掌管或控制的能以货币计量的经济资源。包括货币资金和债权。

● 财政总预算会计货币资金包括财政性存款、有价证券以及在途款。财政性存款是财政部门代表政府所掌管的财政资金，包括国库存款、其他财政存款。有价证券是指地方各级政府财政用结余资金购买的中央财政以信用方式发行的国家公债。在途款是指在规定的决算清理期内，收到应属于上年度收入的款项和收回上年不应列支的款项，或需要通过“在途款”科目过渡处理的资金数。

● 财政性存款的管理应遵循以下原则：集中资金，统一调度；严格控制存款开户；按预算和计划拨付资金；转账结算，不提现金；在存款余额内支付，不得透支。

● 债权包括暂付及应收款项和预拨款项。暂付款是指在资金活动过程中发生的应收或暂付的待结算款项、与下级往来与下级财政的往来待结算款项；预拨经费是用预算资金预拨给用款单位的款项；基建拨款是预拨给受托经办基本建设支出的专业银行或拨付基本建设财务管理部门的基本建设款项。

● 为核算一级财政掌管或控制的各类资产，应设置“国库存款”、“其他财政存款”、“有价证券”、“在途款”、“暂付款”、“与下级往来”、“预拨经费”和“基建拨款”等一级会计科目。

## 主要概念和观念

★ 主要概念

财政性存款　有价证券　在途款　暂付款　与下级往来　预拨经费基建拨款

★ 主要观念

财政观念　管理观念　核算观念　资产观念

## 基础训练

2.1　简答题

（1）简述财政性存款及其管理原则。

（2）简述财政性存款的会计核算内容。

（3）简述有价证券的管理要求。

2.2　判断题

（1）由于财政是代表政府办理资金再分配的行政机关，不直接办理预算资金的支出使用，资产中不存在财政物资，所以，财政总预算会计的资产只包括货币资金和债权的核算。（　）

（2）所有的预算资金支付都必须通过转账支付。（　）

（3）所有的预算资金都必须存入国库。（　）

（4）在国库集中收付制度下，所有的财政性资金均纳入国库单一账户体系收缴、支付和管理。（　）

（5）各级财政只能用各项财政结余购买国家指定由地方各级政府购买的有价证券。（　）

（6）支付购买有价证券的资金要求列作支出。（　）

（7）用财政结余购买的有价证券是财政资金的耗费。（　）

（8）有价证券应按取得时实际支付的价款记账，购入有价证券（含债券收款单）应视同货币妥善保管。（　）

（9）当期取得有价证券的兑付利息及转让有价证券取得的收入与账面成本的差额，计入当期支出。（　）

（10）在库款整理期或决算清理期内收回上年款项，在发生时虽然款已收到，但却是属于上个年度的；从上年度的角度来看，这些款尚未到达，需要用“在途款”作过渡性核算。（　）

（11）“与下级往来”账户是一个双重性质的账户，当该账户出现贷方余额时，应当把它作为负债类账户看待。（　）

2.3　综合分析题

某财政部门2012年发生的部分经济业务如下：

（1）收到国库报来的预算收入日报表，当日收到一般预算收入300 000元。

（2）收到国库转来的有关结算凭证，当日收到下级一般预算缴款21 000元。

（3）收到国库报来的日报表，收到基金预算收入130 000元。

（4）在决算清理期内收回上年已列支的基金预算支出70 000元。

（5）收到上级财政部门拨来的专用基金75 000元。

（6）用一般预算结余购买24 000元国库券。

（7）国债到期兑付原一般预算结余购入国债24 000元，获得利息3 000元。

（8）借给下级财政临时急用款270 000元。

（9）在财政体制结算中，应补助所属下级A财政部门财政款项320 000元。

（10）预拨基建财务管理职能部门基建基金50 000元。

根据以上资料做会计分录。

2.4　网上调研

（1）利用电子图书馆和因特网收集我国财政总预算会计资产的相关理论知识，掌握最新的财政总预算会计资产的改革动态，巩固和充实所学的知识。

（2）网上查询国外政府会计资产的管理要求，并比较分析对我国财政总预算会计有何借鉴意义。

2.5　单元实践

以小组为单位，对财政机关的财政总预算会计工作进行实地考察，讨论研究如何加强我国财政性存款的监督和管理。

# 第3章 财政总预算会计负债的核算

## 学习目标

☆**知识目标**

熟悉负债所包括的内容；

掌握暂存款、与上级往来、借入款的概念；

掌握与上级往来账户的含义及具体核算内容。

☆**技能目标**

掌握与上级往来、借入款账户的具体账务处理方法。

☆**能力目标**

具有独立的财政总预算会计负债业务核算的实务操作能力。

**负债**

负债是指过去的交易、事项形成的现实义务，该义务能以货币计量，需以资产或劳务偿还，具有如下一些基本特征：

(1) 负债将在未来时期减少财政或事业、行政单位的经济资源。

(2) 负债是能够用货币计量或合理估计的债务责任。负债若不能用货币计量或合理估计，便失去了核算意义，因此，负债通常有一个可以确定的到期偿付金额。即便一项负债当时没有确切的金额，但必须存在一个可以合理地加以判断并且接近精确的估计数。

(3) 负债只有在偿还、债权人放弃债权，或情况发生变化时才能消失。

**【小思考3-1】** 财政总预算会计负债与一般企业会计负债相比，有哪些特点?

答：(1) 债务主体。财政总预算会计负债是一级政府的负债，而不是财政机关本身的负债。

(2) 债务偿还。财政总预算会计负债只能以减少资产的方式来偿还债务。

(3) 负债内容。财政总预算会计负债，除一般会计的暂收、应付等往来款项外，还包括各级政府按法律规定和核定的预算数额所举借的债务。

负债是一级财政所承担的能以货币计量，需以资产偿付的债务。包括暂收及应付款项、按法定程序及核定的预算举借的债务等。

## 3.1 暂收及应付款项的核算

暂收及应付款项是在预算执行期间，上下级财政或财政与其他部门结算中形成的债务，包括结算中发生的暂存款、与上级往来款以及收到其他性质不明的款项等。

### 3.1.1 暂存款的会计核算

暂存款是指各级财政部门在预算执行过程中与各预算单位之间，由于某些特殊原因，临时发生的应付、暂收和收到不明性质的款项。

“暂存款”科目核算各级财政临时发生的应付、暂收和收到不明性质的款项。收到暂存款时，借记“国库存款”、“其他财政存款”科目，贷记本科目；冲转退还或转作收入时，借记本科目，贷记“国库存款”、“其他财政存款”或有关收入科目。本科目贷方余额，反映尚未结清的暂存款数额。暂存款必须及时清理，不能长期挂账。

本科目应按资金性质、债权单位或款项来源设明细账进行明细核算。

**【例题3-1】** 某市财政局发生如下暂存款业务：

①收到性质不清的预算缴款90 000元，列作暂存款。

借：国库存款　　90 000

　贷：暂存款　　90 000

②上述性质不清的款项中，有30 000元是市公安局交来的罚没收入，转作基金预算收入。

借：暂存款　　30 000

　贷：基金预算收入　　30 000

③性质不清的款项中，另20 000元是市工商行政管理局错收的罚款，需退还被罚者。经核准后，办理退库。

借：暂存款　　20 000

　贷：国库存款　　20 000

④收到邻市财政局汇来代管款项10 000元，凭信汇收款通知填制记账凭证。

借：其他财政存款　　10 000

　贷：暂存款　　10 000

⑤市财政总预算会计将预算资金600 000元划入政府采购资金专户，用于为A预算单位采购设备。

借：暂付款——政府采购款　　600 000

　贷：国库存款　　600 000

同时：

借：其他财政存款　　600 000

　　贷：暂存款——政府采购款　　600 000

⑥接上例，将A预算单位自筹资金150 000元划到政府采购资金专户。

借：其他财政存款　　150 000

　　贷：暂存款——政府采购配套款——A预算单位　　150 000

⑦接上例，财政总预算会计依据采购合同和有关文件资料，支付采购款750 000元。

借：暂存款——政府采购款　　600 000

　　——政府采购配套款——A预算单位　　150 000

　　贷：其他财政存款　　750 000

【小思考3-2】暂存款和暂付款的区别是什么？

答：暂付款是指在资金活动过程中发生的应收或暂付的待结算款项，是为核算各级财政部门借给所属预算单位或其他单位临时急需的款项而设置的，属资产类账户。

暂存款是指各级财政部门在预算执行过程中与各预算单位之间，由于某些特殊原因，临时发生的应付、暂收和收到不明性质的款项，属负债类账户。

【小资料3-1】　“与上级往来”科目的设置

如果某一级财政预算出现入不敷出的情况，可以向上一级财政申请短期借款。这时，下级财政表现为债务。在年终结算时，也会发生下级财政少上解的情况，表现为应付的债务。“与上级往来”和“与下级往来”科目一样，具有双重性质。在核算往来款项时，要辨明是债权还是债务。

### 3.1.2　与上级往来的会计核算

与上级往来是上下级财政之间由于财政资金的周转调度以及预算补助、上解结算等事项而形成的债务。

“与上级往来”科目核算与上级财政的往来待结算款项。从上级财政借入款或体制结算中发生应上交上级财政款项时，借记“国库存款”或“上解支出”科目，贷记本科目；归还借款、转作上级补助收入数或体制结算中应由上级补给款项时，借记本科目，贷记“国库存款”、“补助收入”等科目。本科目贷方余额，为本级财政欠上级财政的款项；借方余额，为上级财政欠本级财政的款项。本科目应及时清理结算，年终未能结清的余额，结转下年。本科目是往来性质的科目，如发生借方余额，在编制“资产负债表”时，应以负数反映。

有基金预算往来的地区，可按资金性质分设明细账。

**【例题 3-2】** 某市财政局发生如下与上级往来业务：

①为了满足对财政资金周转调度的需要，向省财政厅借款 500 000 元，款项存入国库存款户。

| | | |
|---|---|---|
| 借：国库存款 | 500 000 | |
| 　贷：与上级往来 | | 500 000 |

②将上述借款中的 400 000 元归还省财政厅，经省财政厅同意，100 000 元转作本市预算补助款。

| | | |
|---|---|---|
| 借：与上级往来 | 500 000 | |
| 　贷：国库存款 | | 400 000 |
| 　　补助收入 | | 100 000 |

## 3.2 借入款项的核算

财政总预算会计的借入款项，是指各级政府财政按法定程序及核定的预算举借的债务。具体说，是指中央预算按全国人民代表大会批准的数额举借的国内和国外债务，以及地方预算根据国家法律或国务院特别规定举借的债务。

“借入款”科目，核算中央财政和地方财政按照国家法律、国务院规定向社会以发行债券等方式举借的债务。上下级财政之间临时性借垫款，不通过本科目核算。发行债券或举借债务时，借记“国库存款”科目，贷记本科目；到期偿还本金时，借记本科目，贷记“国库存款”科目。本科目贷方余额，反映尚未偿还的债务。

本科目应按债券种类或债权人设明细账进行明细核算。

【例题3-3】①中央财政根据全国人民代表大会的决定，在国内发行一年期国库券6 000 000元。

借：国库存款　　　　6 000 000

　贷：借入款　　　　　　6 00 0000

②经全国人民代表大会批准，中央财政向国外举借债务，折合人民币25 000 000元。

借：国库存款　　　　25 000 000

　贷：借入款　　　　　　25 000 000

③上述中央财政发行一年期国库券6 000 000元到期，偿付全部本金及利息600 000元。

借：借入款　　　　6 000 000

　　一般预算支出　　　　600 000

　贷：国库存款　　　　　　6 600 000

④某省财政根据国家法律举借债务300 000元。

借：国库存款　　　　300 000

　贷：借入款　　　　　　300 000

## 本章小结

● 负债是一级财政所承担的能以货币计量、需以资产偿付的债务。包括暂收及应付款项、按法定程序及核定的预算举借的债务等。

● 暂收及应付款项是在预算执行期间，上下级财政或财政与其他部门结算中形成的债务，包括结算中发生的暂存款、与上级往来款以及收到其他性质不明的款项等。暂存款是指各级财政部门在预算执行过程中与各预算单位之间，由于某些特殊原因，临时发生的应付、暂收和收到不明性质的款项。与上级往来是上下级财政之间由于财政资金的周转调度以及预算补助、上解结算等事项而形成的债务。

● 财政总预算会计的借入款，指中央预算按全国人民代表大会批准的数额举借的国内和国外债务，以及地方预算根据国家法律或国务院特别规定举借的债务。

## 主要概念和观念

★ 主要概念

财政总预算会计负债　暂存款　与上级往来　借入款

★主要观念

信用观念　效益观念　负债观念

## 基础训练

3.1 简答题

(1) 简述财政总预算会计中负债的主要内容。

(2) 简述暂存款、与上级往来和借入款的基本含义及区别。

3.2 判断题

(1) 财政总预算会计负债是一级财政所承担的能以货币计量、需以资产偿付的债务。 (　)

(2) 暂存款指在资金活动过程中发生的应收或暂付的待结算款项。 (　)

(3) "与上级往来"科目具有双重性质，在核算往来款项时，要辨明是债权还是债务。 (　)

(4) 上下级财政的往来款项可以通过"暂存款"来反映。 (　)

(5) "与上级往来"账户出现借方余额时，应把它作为资产类账户；编制资产负债表时，汇编在资产类。 (　)

3.3 综合分析题

某市财政部门2012年发生的部分经济业务如下：

(1) 收到国库报来性质不明款项300 000元。

(2) 上述性质不明款项中，40 000元是市公安局交来的罚没收入，转作基金预算收入。

(3) 性质不明款项中，30 000元是市工商行政管理局错收的罚款，需退还被罚者。经核准后，办理退库。

(4) 为了满足其对财政周转金周转调度的需要，向省财政厅借款63 000元，款项存入国库存款户。

(5) 向上级财政机关借入急需用款250 000元，款项已存入国库存款户。

(6) 向国外金融机构取得借款31 000美元，当日汇率为1美元兑换人民币6.8元。

根据以上资料，编制会计分录。

3.4　网上调研

利用电子图书馆和因特网查阅我国财政总预算会计负债的相关理论知识，掌握最新的财政总预算会计负债的改革动态，巩固和充实所学的知识。

3.5　单元实践

到所在地的财政机关，调研财政总预算会计负债类科目的实际操作情况，并探讨理论知识和实务操作的差别。

# 第 4 章　财政总预算会计收入的核算

## 学习目标

☆**知识目标**

熟悉财政总预算会计收入的内容；

了解一般预算收入的分类；

掌握一般预算收入、基金预算收入、专用基金收入的概念；

了解债务收入和债务转贷收入的含义；

熟悉资金调拨收入的内容。

☆**技能目标**

熟悉预算收入收纳的机构、职责、入库方式、划分原则、错误更正方法；

掌握资金调拨收入、专用基金收入核算的内容；

了解债务收入和债务转贷收入的核算方法。

☆**能力目标**

掌握各收入账户的核算内容、具体账务处理方法及管理要求。

**政府收支分类改革内容**

收支分类改革包括两个方面的内容：一是扩大收支分类范围。原来的预算科目分类范围只包括纳入预算管理的政府收支，不包括预算外收支、社会保险基金收支。改革后，政府收支分类范围包括政府预算收支、预算外收支和社会保险基金收支。分类范围较以前完整、全面。二是调整分类办法，建立新的收支分类体系。也就是将政府预算收支、预算外收支、社会保险基金收支并在一起，按新的标准分类，设置收入分类、支出功能分类和支出经济分类。其中：收入分类主要反映政府收入的来源性质，说明政府的钱从哪里来；支出功能分类主要反映政府的各项职能活动，说明政府究竟做了什么，是办了教育，还是搞了国防；支出经济分类主要反映政府支出的具体用途，说明政府的钱究竟是怎样花出去的，是付了人员工资，还是购置了办公设备。

【小思考4-1】预算会计收入同企业会计收入的区别是什么？

答：财政部门和事业、行政单位的收入，是指一级政府或单位依法取得的非偿还性资金。它可以按照预算会计主体的不同，分为财政总预算收入、事业单位收入和行政单位收入。

预算会计收入和企业会计收入有明显的区别。企业会计收入是企业的经营成果，预算会计收入主要是财政性资金收入，与预算单位的工作业绩没有必然的联系，不是预算单位的“经营成果”；企业会计收入是对经营费用的补偿，是企业盈利的基础；预算会计收入是专门用于费用开支的，因此，对它的使用不产生盈利。

## 4.1 一般预算收入的核算

### 4.1.1 一般预算收入及分类

一般预算收入是由国家通过一定的形式和程序，有计划地组织，并由国家支配，纳入预算集中管理的资金。

根据《2012年政府收支分类科目》，我国一般预算收入科目分设类、款、项、目4级。类级科目下分为税收收入、社会保险基金收入、非税收入、贷款转贷回收本金收入、债务收入和转移性收入6类。一般预算收入类级科目下设置的款级科目及内容如下：

1）税收收入（101）

税收收入包括如下21个款级科目：

（1）增值税（10101）。该科目下设国内增值税、进口货物增值税、出口货物退增值税3个项级科目，反映按《中华人民共和国增值税暂行条例》征收的国内增值税、进口货物增值税和经审批退库的出口货物增值税。各项级科目下再设目级科目。

（2）消费税（10102）。该科目下设国内企业消费税、进口消费品消费税、出口消费品退消费税3个项级科目，反映按《中华人民共和国消费税暂行条例》征收的国内消费税、进口消费品消费税和经审批退库的出口消费品消费税。各项级科目下再设目级科目。

（3）营业税（10103）。该科目下设铁道营业税、金融保险业营业税（中央）、金融保险业营业税（地方）、一般营业税等项级科目，反映按《中华人民共和国营业税暂行条例》征收的营业税。

（4）企业所得税（10104）。该科目下设国有冶金工业所得税、国有有色金属工业所得税、国有煤炭工业所得税、国有电力工业所得税、国有石油和化学工业所得税、国有汽车工业所得税等50个项级科目，反映按《中华人民共和国企业所得税法》征收的各类企业所得税。

（5）企业所得税退税（10105）。该科目下设国有冶金工业所得税退税、国有有色金属工业所得税退税、国有煤炭工业所得税退税、国有电力工业所得税退税、国有石油和化学工业所得税退税、国有汽车工业所得税退税等项级科目，反映财政部门按“先征后退”政策审批退库的企业所得税，口径与“企业所得税”相同。

（6）个人所得税（10106）。该科目下设个人所得税和个人所得税税款滞纳金、罚款收入2个项级科目，反映按《中华人民共和国个人所得税法》、《对储蓄存款利息所得征收个人所得税的实施办法》征收的个人所得税。

（7）资源税（10107）。该科目下设海洋石油资源税、其他资源税和资源税税款滞纳金、罚款收入3个项级科目，反映按《中华人民共和国资源税暂行条例》征收的资源税。

(8) 固定资产投资方向调节税（10108）。该科目下设国有企业固定资产投资方向调节税、集体企业固定资产投资方向调节税、股份制企业固定资产投资方向调节税、联营企业固定资产投资方向调节税等 8 个项级科目，反映按《中华人民共和国固定资产投资方向调节税暂行条例》补征的固定资产投资方向调节税。

(9) 城市维护建设税（10109）。该科目下设国有企业城市维护建设税、集体企业城市维护建设税、股份制企业城市维护建设税、联营企业城市维护建设税等 10 个项级科目，反映按《中华人民共和国城市维护建设税暂行条例》征收的城市维护建设税。

(10) 房产税（10110）。该科目下设国有企业房产税、集体企业房产税、股份制企业房产税、联营企业房产税等 8 个项级科目，反映按《中华人民共和国房产税暂行条例》征收的房产税。

(11) 印花税（10111）。该科目下设证券交易印花税、其他印花税以及印花税税款滞纳金、罚款收入 3 个项级科目，反映按《中华人民共和国印花税暂行条例》征收的印花税。

(12) 城镇土地使用税（10112）。该科目下设国有企业城镇土地使用税、集体企业城镇土地使用税、股份制企业城镇土地使用税、联营企业城镇土地使用税等 8 个项级科目，反映按《中华人民共和国城镇土地使用税暂行条例》征收的城镇土地使用税。

(13) 土地增值税（10113）。该科目下设国有企业土地增值税、集体企业土地增值税、股份制企业土地增值税、联营企业土地增值税等 8 个项级科目，反映按《中华人民共和国土地增值税暂行条例》征收的土地增值税。

(14) 车船税（10114）。该科目下设车船税和车船税税款滞纳金、罚款收入 2 个项级科目，反映按《中华人民共和车船税暂行条例》征收的车船税。

(15) 船舶吨税（10115）。该科目下设船舶吨税和船舶吨税税款滞纳金、罚款收入 2 个项级科目，反映海关按《中华人民共和国海关船舶吨税暂行办法》代为对进出中国港口的国际航行船舶征收的税款。

(16) 车辆购置税（10116）。该科目下设车辆购置税和车辆购置税税款滞纳金、罚款收入 2 个项级科目，反映按《中华人民共和国车辆购置税暂行条例》征收的车辆购置税。

(17) 关税 (10117)。该科目下设关税、特定区域进口自用物资关税、特别关税、关税退税等 6 个项级科目，反映按《中华人民共和国进出口关税条例》征收的关税、按《中华人民共和国反倾销条例》征收的反倾销税、按《中华人民共和国反补贴条例》征收的反补贴税、按《中华人民共和国保障措施条例》征收的保障措施关税以及财政部按“先征后退”政策审批退税的关税。

(18) 耕地占用税 (10118)。该科目下设耕地占用税、耕地占用税退税以及耕地占用税税款滞纳金、罚款收入 3 个项级科目，反映按《中华人民共和国耕地占用税暂行条例》征收的耕地占用税。

(19) 契税 (10119)。该科目下设契税和契税税款滞纳金、罚款收入 2 个项级科目，反映按《中华人民共和国契税暂行条例》征收的契税。

(20) 烟叶税 (10120)。该科目下设烟叶税和烟叶税税款滞纳金、罚款收入 2 个项级科目，反映按《中华人民共和烟叶税暂行条例》征收的烟叶税。

(21) 其他税收收入。

2) 社会保险基金收入 (102)

社会保险基金收入包括如下 10 个款级科目：

(1) 基本养老保险基金收入 (10201)。该科目下设基本养老保险费收入、基本养老保险金财政补贴收入和其他基本养老保险基金收入 3 个项级科目。

(2) 失业保险基金收入 (10202)。该科目下设失业保险费收入、失业保险基金财政补贴收入和其他失业保险基金收入 3 个项级科目，分别反映参加失业保险的单位和个人缴纳的失业保险费、失业保险基金的财政补贴收入和失业保险基金的利息收入、滞纳金收入及其他收入。

(3) 基本医疗保险基金收入 (10203)。该科目下设基本医疗保险费收入、基本医疗保险基金财政补贴收入和其他基本医疗保险基金收入 3 个项级科目，分别反映参加基本医疗保险的单位和个人缴纳的基本医疗保险费、基本医疗保险基金的财政补贴收入和基本医疗保险基金的利息收入、滞纳金收入及其他收入。

（4）工伤保险基金收入（10204）。该科目下设工伤保险费收入、工伤保险基金财政补贴收入和其他保险基金收入3个项级科目，分别反映参加工伤保险的单位缴纳的工伤保险费、工伤保险基金的财政补贴收入和工伤保险基金的利息收入、滞纳金收入及其他收入。

（5）生育保险基金收入（10205）。该科目下设生育保险费收入、生育保险基金补贴收入和其他剩余保险基金收入3个项级科目，分别反映参加生育保险的单位缴纳的生育保险费、生育保险基金的财政补贴收入和生育保险基金的利息收入、滞纳金收入及其他收入。

（6）新型农村合作医疗基金收入（10206）。反映新型农村合作医疗基金的政府补助、集体补助和个人缴费收入。

（7）城镇居民基本医疗保险基金收入（10207）。反映城镇居民基本医疗保险基金的政府补助和家庭缴费收入。

（8）新型农村社会养老保险基金收入（10208）。反映新型农村社会养老保险基金的政府补贴、集体补助和个人缴费收入。

（9）城镇居民养老保险基金收入（10209）。反映城镇居民养老保险基金的政府补贴和个人缴费等收入。

（10）其他社会保险基金收入（10299）。该科目下设保险费收入、其他社会保险基金财政补贴收入和其他收入3个项级科目，反映其他社会保险基金收入。

3）非税收入（103）

非税收入包括如下7个款级科目：

（1）政府性基金收入（10301）。该科目下设农网还贷资金收入、山西省煤炭可持续发展基金收入、铁路建设基金收入和其他政府性基金收入等46个项级科目，反映各级政府及其所属部门根据法律、行政法规规定并经国务院或财政部批准，向公民、法人和其他组织征收的政府性基金，以及参照政府性基金管理或纳入基金预算、具有特定用途的财政资金。

（2）专项收入（10302）。该科目下设排污费收入、水资源费收入、教育费附加收入、矿产资源补偿费收入、三峡库区移民专项收入、铀产品出售收入等10个项级科目，反映按照国家有关规定，如《排污费征收使用管理条例》、《矿产资源补偿费征收管理规定》等征收的专项收入。

（3）行政事业性收费收入（10304）。该科目下设公安行政事业性收费收入、司法行政事业性收费收入、外交行政事业性收费收入、其他行政事业性收费收入等 54 个项级科目，反映各级各类行政事业单位依据国家法律、行政法规、国务院有关规定、国务院财政部门与计划部门共同发布的规章或规定，或依据省、自治区、直辖市的地方性法规、政府规章或规定，省、自治区、直辖市人民政府财政部门与计划（物价）部门共同发布的规定，代为收取缴纳的各项收费收入。

（4）罚没收入（10305）。该科目下设一般罚没收入、缉私罚没收入、缉毒罚没收入、罚没收入退库 4 个项级科目，反映执法机关依法收缴的罚款、没收款、赃款以及没收物资、赃物的变价款收入。

（5）国有资本经营收入（10306）。该科目下设利润收入、产权转让收入、国有资本经营收入退库、国有企业计划亏损补贴等 8 个项级科目，反映经营和使用国有资产等取得的收入。

（6）国有资源（资产）有偿使用收入（10307）。该科目下设海域使用金收入、场地和矿区使用费收入、特种矿产品出售收入、专项储备物资销售收入等 9 个项级科目，反映有偿转让国有资源（资产）使用费而取得的收入。

（7）其他收入（10399）。该科目下设捐赠收入、动用国家储备粮油上交财政收入、国际赠款有偿使用费收入、免税商品特许经营费收入等 14 个项级科目，反映除上述各款之外的收入。

4）贷款转贷回收本金收入（104）

贷款转贷回收本金收入包括如下 4 个款级科目：

（1）国内贷款回收本金收入（10401）。该科目下没有设置项级科目，反映收回的技术改造贷款及其他财政贷款本金收入等。

（2）国外贷款回收本金收入（10402）。该科目下设外国政府贷款回收本金收入、国际组织贷款回收本金收入、其他国外贷款回收本金收入 3 个项级科目，反映收回的我国政府向外国政府贷款的本金收入、我国政府向国际组织贷款的本金收入等。

（3）国内转贷回收本金收入（10403）。该科目下没有设置项级科目，反映收回的我国政府向外国政府、国际金融机构借款再转贷给地方政府、相关部门和企业的款项。

（4）国外转贷回收本金收入（10404）。该科目下没有设置项级科目，反映收回的我国中央政府向外国政府、国际金融机构借款再转贷给国外有关机构和企业的款项。

5）债务收入（105）

债务收入包括如下2个款级科目：

（1）国内债务收入（10501）。该科目下设国债发行收入、社会保险基金结余购买国债收入、向国家银行借款收入、财政部代理发行地方政府债券收入和其他国内借款收入4个项级科目，反映从国内取得的债务收入。

（2）国外债务收入（10502）。该科目下设向外国政府借款收入、向国际组织借款收入、其他国外借款收入和地方向国外借款收入4个项级科目，反映从国外取得的债务收入。

6）转移性收入（110）

转移性收入包括如下9个款级科目：

（1）返还性收入（11001）。该科目下设增值税和消费税税收返还收入、所得税基数返还收入、成品油价格和税费改革税收返还收入、其他税收返还收入4个项级科目，反映地方一级政府收到上级政府的返还性收入。

（2）一般性转移支付收入（11002）。该科目下设体制补助收入、均衡性转移支付补助收入、民族地区转移支付补助收入、调整工资转移支付补助收入等24个项级科目，反映中央政府和地方政府间以及各级地方政府间一般性转移支付收入。

（3）专项转移支付收入（11003）。该科目下设一般公共服务、外交、其他收入等22个项级科目，反映政府间专项转移支付收入。

（4）政府基金转移收入（11004）。该科目下设政府性基金补助收入、政府性基金上解收入2个项级科目，反映政府性基金转移收入。

（5）地震灾后恢复重建补助收入（11007）。该科目下设地震灾后恢复重建补助收入（公共财政预算）、地震灾后恢复重建补助收入（基金预算）和地震灾后恢复重建补助收入（国有资本经营预算）3

个项级科目，反映下级财政收到的上级财政分别通过公共财政预算、政府性基金预算和国有资本经营预算安排的汶川地震灾后恢复重建补助收入。

（6）上年结余收入（11008）。该科目下设公共财政预算上年结余收入、政府性基金预算上年结余收入、社会保险基金预算上年结余收入和其他上年结余收入等4个项级科目，反映一般预算的上年结余。

（7）调入资金（11009）。该科目下设公共财政预算调入资金、政府性基金预算调入资金和其他调入资金等3个项级科目，反映同级政府预算不同性质资金、不同科目资金之间的调入形成的收入。

（8）地震灾后恢复重建调入资金（11010）。该科目下设调入预算稳定调节基金1个项级科目，反映从其他预算调入的用于地震灾区灾后重建的资金。

（9）债券转贷收入（11011）。该科目下设转贷财政部代理发行地方政府债券收入1个项级科目，反映下级政府收到的上级政府转贷的财政部代理发行地方政府债券收入。

### 4.1.2 预算收入的划分

在分税制财政体制下，预算收入分为固定收入和共享收入（亦称分成收入）。固定收入指固定为各级财政的预算收入，由中央固定收入和地方固定收入构成；共享收入按各级财政的财力情况按比例或其他方法进行分配。

1）预算收入在中央与地方间的划分

中央固定收入包括：关税以及海关代征的消费税和增值税；海洋石油资源税；消费税；中央所得税；中央企业上缴利润；铁道部门、各银行总行、保险总公司等集中缴纳的营业税、所得税、利润和城市维护建设税；地方银行和外资银行及非银行金融企业所得税等。

地方固定收入包括：营业税（不含铁道部门、各银行总行及保险总公司集中缴纳的营业税）；地方企业所得税（不含地方银行和外资银行及非银行金融企业所得税）；地方企业上缴利润；个人所得税；城镇土地使用税；城市维护建设税（不含铁道部门、各银行总行、各保险总公司集中缴纳的部分）；房产税；车船税；印花税；耕地占用税；土地增值税；国有土地有偿使用收入等。

中央与地方共享税包括：增值税；证券交易税；海洋石油资源以外的资源税等。

2）地方各级预算收入的划分

地方各级预算收入的划分，在中央财政与地方财政划分的基础上，由上一级财政制定本级与下级之间的财政管理体制，根据各地情况按规定的划分方法执行。

【小资料 4-1】 **共享收入分成比例**

中央地方共享收入包括：增值税、资源税（海洋石油企业缴纳部分归中央）和证券交易税。增值税中央分享 75%，地方分享 25%。资源税按不同的资源品种划分，大部分资源税作为地方收入，海洋石油资源税作为中央收入。企业所得税，中央分享 60%，地方分享 40%；证券交易税，中央与地方各分享 50%。

【小资料 4-2】 **我国预算收入分类的演变**

新中国成立初期，统收统支色彩浓厚。比如，企业收入类包括企业利润收入、企业提缴折旧基金收入、企业固定资产变价收入、企业缴回流动资金收入，其他收入类包括事业收入、特种资金收入等。

1956 年，收入分类适当简化。类级科目按收入性质划分为：税收收入、国营企事业单位收入、借款收入、其他收入、调拨收入。

1979 年，由于合并税种、简化税制，收入科目划分更趋简单。类级科目主要包括：企业收入、企业上缴基本折旧基金、各项税收、其他收入、预算调拨收入。

1984—1986 年，国家预算收入分类体系做了较大调整。主要收入大类包括：工商税收类、关税类、农业税类、国营企业所得税类、国营企业调节税类、国营企业上缴利润类、国营企业计划亏损补贴类、国家能源交通重点建设基金收入类、债务收入类、专款收入类、其他收入类、预算调拨收入类。

1994—2007 年，收入分设一般预算收入科目和基金预算收入科目。其中，一般预算收入科目分类体系也有所调整，主要包括：增值税、消费税、营业税、企业所得税、企业所得税退税、个人所得税、资源税、国有资产经营收益、国有企业计划亏损补贴、行政性收费收入、罚没收入、海域场地矿区使用费收入、专项收入、其他收入、一般预算调拨收入等；基金预算收入科目包括：工业交通部门基金收入、商贸部门基金收入、文教部门基金收入等。直到2007 年政府收支分类改革前，这个基本格局没有明显变化。

【小思考4-2】为什么要实行国库集中收付制度改革？

答：改革财政国库管理制度，就是参照国际惯例，建立一种对财政资金实行集中收缴和支付的管理制度，也称国库集中收付制度，国际上称为国库单一账户制度。其核心是通过国库单一账户体系对财政资金的运行进行管理，各单位不再开设银行账户；所有财政收入直接缴入国库，不再通过各个中间环节；各部门、各单位根据自身需要，在预算确定的范围内，决定购买何种商品和劳务，但付款过程由国库集中处理，所有财政支出由财政集中支付到商品和劳务的提供者，确保财政资金运行的安全和高效。

改革的主要内容有：(1) 由财政统一设立国库单一账户体系，所有财政资金全都在国库单一账户体系中运作；(2) 财政收入通过国库单一账户体系直接缴入国库，财政支出按预算通过国库单一账户体系由财政直接支付或授权预算单位支付到商品或劳务供应者；(3) 建立高效的预算执行机构、科学的信息管理系统和完善的监督检查机制。

### 4.1.3 一般预算收入的缴库方式

实行国库集中收付制度后，财政收入的缴库方式包括直接缴库和集中汇缴两种。

1）直接缴库

直接缴库是由缴款单位或缴款人按有关法律法规的规定，直接将应缴收入缴入国库单一账户或预算外资金财政专户。如直接缴库的税收收入，由纳税人或税务代理人提出纳税申报，经征收机关审核无误后，由纳税人通过开户银行将税款缴入国库单一账户。

2）集中汇缴

集中汇缴是由征收机关（有关法定单位）按有关法律法规的规定，将所收的应缴收入汇总缴入国库单一账户或预算外资金财政专户。如小额零散税收和法律另有规定的应缴收入，由征收机关于收缴收入的当日汇总缴入国库单一账户。

缴纳入库的预算收入即为政府财政资金，除同级财政机关外，任何单位和个人均无权使用。对于特殊原因需要退库的预算收入，要加强监管、严格审核。

### 4.1.4 一般预算收入的会计核算

“一般预算收入”科目核算各级财政部门组织的纳入预算的各项收入。根据国库报来的预算收入日报表所列当日预算收入数，借记“国库存款”科目，贷记本科目；当日收入数为负数时，以红字记入（采用计算机记账的，用负数反映）。年终结账时，将本科目贷方余额全数转入“预算结余”科目，借记本科目，贷记“预算结余”科目。未设国库的乡（镇）财政总预算会计根据征收机关（如税务所）报来的预算收入日报表登记预算收入辅助账，待收到县财政返回收入时，再做收入的账务处理。本科目平时贷方余额，反映预算收入累计数。

本科目应根据“国家预算收支科目”中的“一般预算收入”科目（不含一般预算调拨收入类）设置相应明细账。

**【例题 4-1】**某市财政局发生如下业务：

①收到同级国库报来的“预算收入日报表”以及所附收入凭证，列示当日一般预算收入 250 000 元。

| | | |
|---|---|---|
| 借：国库存款 | 250 000 | |
| 　贷：一般预算收入 | | 250 000 |

②收到国库报来的“预算收入日报表”以及所附收入凭证，列示当日一般预算收入为负数 30 000 元（经审核，系符合规定的退库数大于当日预算收入缴库数）。

借：国库存款 30 000

　　贷：一般预算收入 30 000

③年终将“一般预算收入”科目贷方余额 36 000 000 元转入“预算结余”科目。

借：一般预算收入 36 000 000

　　贷：预算结余 36 000 000

## 4.2 基金预算收入的核算

### 4.2.1 基金预算收入及分类

基金预算收入是按规定收取、转入或通过当年财政安排，由财政管理并具有指定用途的政府性基金。各项基金预算收入以缴入国库数或财政总预算会计实际收到数额为准。

依据《政府预算收支分类科目》，基金预算收入类级科目下设置的款级科目及内容如下：

1）非税收入（103）

非税收入只有政府性基金收入 1 个款级科目。

政府性基金收入（10301）款级科目下设三峡工程建设基金收入、农网还贷资金收入、铁路建设基金收入、民航基础设施建设基金收入等 50 个项级科目，反映各级政府以及政府部门根据法律法规和中共中央、国务院有关文件的规定，向法人组织和公民无偿征收的具有专门具体用途的财政资金。

2）转移性收入（110）

转移性收入包括如下 3 个款级科目：

（1）政府性基金转移收入（11004）。该科目下设政府性基金补助收入和政府性基金上解收入 2 个项级科目，反映政府性基金转移收入。

（2）上年结余收入（11008）。该科目下设政府性基金预算上年结余收入 1 个项级科目，反映政府性基金预算上年结余收入。

（3）调入资金（11009）。该科目下设政府性基金预算调入资金 1

个项级科目，反映从其他预算调入政府性基金预算的资金收入。

基金预算收入的缴库方式和管理要求，与一般预算收入的缴库方式和管理要求基本相同。

### 4.2.2 基金预算收入的会计核算

“基金预算收入”科目核算各级财政部门管理的政府性基金预算收入。取得基金预算收入时，借记“国库存款”科目，贷记本科目。对于财政部明文规定在指定银行存储的基金，应按规定办理转存手续。基金预算收入在银行的存款利息收入，作为基金预算收入处理。

年终转账时，将本科目贷方余额全数转入“基金预算结余”科目，借记本科目，贷记“基金预算结余”科目。本科目平时贷方余额，反映当年基金预算收入累计数。

该科目应按“基金预算收入”科目（不含基金预算调拨收入类）的规定设置明细账。

**【例题4-2】**某市财政局发生如下业务：

①收到城镇公用事业附加收入860 000元。

借：国库存款　　860 000

　贷：基金预算收入——城镇公用事业附加收入　　860 000

②收到烟草商业专营利润收入330 000元。

借：国库存款　　330 000

　贷：基金预算收入——烟草商业专营利润收入　　330 000

③取得基金预算收入在银行的存款利息收入45 000元。

借：国库存款　　45 000

　贷：基金预算收入——银行存款利息收入　　45 000

④年终将“基金预算收入”科目贷方余额2 000 000元转入“基金预算结余”科目。

借：基金预算收入　　2 000 000

　贷：基金预算结余　　2 000 000

## 4.3 专用基金收入的核算

### 4.3.1 专用基金收入的概念

专用基金收入是指财政总预算会计管理的各项限定专门用途的资金收入，如粮食风险基金等。专用基金收入是通过预算安排形成的，包括上级部门拨入和本级预算安排，以财政总预算会计实际收到数额为准。

### 4.3.2 专用基金收入的会计核算

“专用基金收入”科目核算财政部门按规定设置或取得的专用基金收入。从上级财政部门或通过本级预算支出安排取得专用基金收入时，借记“其他财政存款”科目，贷记本科目；退回专用基金收入时，做相反的会计分录。年终转账时，将本科目余额全部转入“专用基金结余”科目，借记本科目，贷记“专用基金结余”科目。本科目年终无余额。

**【例题4-3】** 某市财政局发生如下业务：

①收到上级财政部门粮食风险基金收入20万元。

借：其他财政存款　　200 000

　贷：专用基金收入　　200 000

②年终，“专用基金收入”账户贷方余额为80 000元，转账。

借：专用基金收入　　80 000

　贷：专用基金结余　　80 000

**【小思考4-3】** 基金预算收入和专用基金收入在管理上有何异同？

答：相同之处：它们都必须专款专用，不能随意改变用途，必须做到先收后支，量入为出。

不同之处：基金预算收入是财政部门按规定收取的纳入预算管理的资金收入，而专用基金收入是财政部门按规定设置或取得的在基金预算收入之外单独管理的资金收入；基金预算收入有具体的收入形式，而专用基金收入是通过预算安排形成的；基金预算收入一般需要缴入国库管理，而专用基金收入一般要开立专户管理。

## 4.4 债务收入和债务转贷收入的核算

### 4.4.1 债务收入的核算

债务收入用于核算省级财政部门作为债务主体，发行地方政府债券收到的发行收入等。省级财政部门实际收到地方政府债券发行收入时，借记“国库存款”科目，贷记“债务收入——财政部代理发行地方政府债券收入”。年终转账时，将本科目贷方余额全部转入“预算结余”科目，借记本科目，贷记“预算结余”科目。本科目平时贷方余额，反映省级财政部门当年实际收到的地方政府债券发行收入累计数。

本科目应按照“政府收支分类科目”的规定设置明细账。

【例题4-4】某省财政部门发生如下业务：

①收到所属地方政府债券收入10万元。

借：国库存款　　100 000

　贷：债务收入——财政部代理发行地方政府债券收入　　100 000

②年终，“债务收入”账户贷方余额为40万元，转账。

借：债务收入　　400 000

　贷：预算结余　　400 000

### 4.4.2 债务转贷收入的核算

债务转贷收入用于核算省级以下财政部门（不含省级）收到的来自上级财政部门转贷的债务收入。省级以下财政部门实际收到债务转贷收入时，借记“国库存款”科目，贷记“债务转贷收入——转贷财政部代理发行地方政府债券收入”科目。年终转账时，将本科目贷方余额全部转入“预算结余”科目，借记本科目，贷记“预算结余”科目。本科目平时贷方余额，反映省级以下财政部门当年实际收到的来自上级财政部门转贷的债务收入累计数。

本科目应按照“政府收支分类科目”的规定设置明细账。

此外，地方各级财政部门将债务收入或债务转贷收入安排用于本级政府实际支出时，借记“一般预算支出”，贷记“国库存款”。

【例题 4-5】某市财政部门发生如下业务：

①收到上级财政部门转贷的债务收入 20 万元。

借：国库存款　　200 000

　贷：债务转贷收入——转贷财政部代理发行地方政府债券收入　　200 000

②年终，“债务转贷收入”账户贷方余额为 15 万元，转账。

借：债务转贷收入　　150 000

　贷：预算结余　　150 000

## 4.5 资金调拨收入的核算

### 4.5.1 资金调拨收入的概念

资金调拨收入是根据财政体制规定在各级财政之间进行资金调拨以及在本级财政各项资金之间的调剂所形成的收入。包括补助收入、上解收入和调入资金。

### 4.5.2 资金调拨收入的核算

1）补助收入的会计核算

“补助收入”科目核算上级财政部门拨来的补助款。包括：（1）税收返还收入；（2）按财政体制规定由上级财政补助的款项；（3）上级财政对本级的专项补助和临时性补助。

收到上级拨入的补助款，借记“国库存款”科目，贷记本科目；从“与上级往来”科目转入本科目时，借记“与上级往来”科目，贷记本科目；退还上级补助时，借记本科目，贷记“国库存款”等有关科目。年终本科目贷方余额，应转入“预算结余”科目，借记本科目，贷记“预算结余”科目。本科目平时贷方余额，反映上级补助收入累计数。上级财政的“补助支出”应与所属下级财政的“补助收入”的数额相等。

有基金预算补助收入的地区，应将基金预算补助通过明细科目核算。

【例题 4-6】①某市财政局收到上级部门拨来的专项补助款 600 000 元。

借：国库存款　600 000

　贷：补助收入　600 000

②某市财政局收到上级拨入的基金预算补助款 300 000 元，按规定存入指定银行。

借：其他财政存款　300 000

　贷：补助收入——基金预算补助　300 000

③某市财政局将省财政部门多拨的补助收入 50 000 元退还给省财政部门。

借：补助收入　50 000

　贷：国库存款　50 000

2）上解收入的会计核算

“上解收入”科目核算下级财政上缴的预算上解款。包括：(1) 按体制规定由国库在下级预算收入中直接划解给本级财政的款项；(2) 按体制结算后由下级财政补缴给本级财政的款项和各种专项上解款项。

收到下级上解款时，借记“国库存款”科目，贷记本科目；收入退还时，做相反的会计分录。年终本科目贷方余额，应全数转入“预算结余”科目，借记本科目，贷记“预算结余”科目。本科日平时贷方余额，反映下级上解收入累计数。本级财政的“上解收入”应与所属下级财政的“上解支出”的数额相等。

本科目应按上解地区设明细账。

【例题 4-7】①某市财政局收到下属单位预算上解款 300 000 元。

借：国库存款　300 000

　贷：上解收入　300 000

②年末，将下属单位多上解的收入 20 000 元退还给下属单位。

借：上解收入　20 000

　贷：国库存款　20 000

③年末，“上解收入”账户余额为 100 000 元，转账。

借：上解收入　100 000

　贷：预算结余　100 000

3）调入资金的会计核算

“调入资金”科目核算各级财政部门因平衡一般预算收支从预算外资金结余以及其他渠道调入的资金。调入资金时，借记“国库存款”科目，贷记本科目。年终本科目贷方余额转入“预算结余”科目，借记“调入资金”科目，贷记“预算结余”科目。

**【例题4-8】**①某市财政部门经批准从基金预算收入中调入200 000元，以平衡预算。

借：国库存款　　200 000

　贷：调入资金　　200 000

同时，记：

借：调出资金　　200 000

　贷：国库存款　　200 000

②某县财政部门从预算外资金专户中调出资金320 000元，用于平衡一般预算收支。

借：国库存款　　320 000

　贷：调入资金　　320 000

同时，记：

借：调出资金　　320 000

　贷：其他财政存款　　320 000

③年终，将“调入资金”科目余额4 000 000元转入“预算结余”科目。

借：调入资金　　4 000 000

　贷：预算结余　　4 000 000

## 本章小结

● 财政收入是国家为实现其职能，根据法令和法规所取得的非偿还性资金，是一级财政的资金来源，包括一般预算收入、基金预算收入、专用基金收入、资金调拨收入等。

● 一般预算收入是通过一定的形式和程序，有计划组织并由国家支配，纳入预算管理的资金。

● 基金预算收入是按规定收取、转入或通过当年财政安排，由财政管理并具有指定用途的政府性基金。各项基金预算收入以缴入国库数或财政总预算会计实际收到数额为准。

● 专用基金收入是指财政总预算会计管理的各项限定专门用途的资金收入，如粮食风险基金。专用基金收入以财政总预算会计实际收到数额为准。

● 资金调拨收入是根据财政体制规定在各级财政之间进行资金调拨以及在本级财政各项资金之间的调剂所形成的收入，包括补助收入、上解收入和调入资金。

## 主要概念和观念

★ 主要概念

一般预算收入 基金预算收入 专用基金收入 补助收入 上解收入 调入资金

★ 主要观念

核算观念 管理观念 改革观念

## 基础训练

4.1 简答题

(1) 简述财政总预算会计核算的内容。

(2) 简述一般预算收入及其确认。

(3) 简述预算收入的缴库方式。

(4) 简述资金调拨收入的核算内容。

4.2 判断题

(1) 一般预算收入是通过一定的形式和程序，有计划组织并由国家支配，纳入预算管理的资金。 ( )

(2) 预算收入的缴纳方式可由单位自己决定。 ( )

(3) 共享收入按各级财政的财力情况按比例或其他方法进行分配。 ( )

(4) 基金预算收入的缴库方式和管理要求，与一般预算收入的缴库方式和管理要求基本相同。 ( )

(5) 上解收入是按体制结算后由上级财政补缴给本级财政的款项

和各种专项上解款项。（ ）

（6）一般预算收入上缴国库后，一律不允许退库。（ ）

（7）税收返还收入应通过“与上级往来”账户核算。（ ）

4.3 综合分析题

某市财政部门2012年发生的部分经济业务如下：

（1）收到同级国库报来的“预算收入日报表”以及所附收入凭证，列示当日一般预算收入630 000元。

（2）收到国库报来的“预算收入日报表”以及所附收入凭证，列示当日一般预算收入为负数20 000元（经审核，系符合规定的退库数大于当日预算收入缴库数）。

（3）收到烟草商业专营利润收入46 000元。

（4）取得基金预算收入在银行的存款利息收入80 000元。

（5）收到财政部拨付给该市的粮食风险基金850 000元。

（6）财政部门自筹安排粮食风险基金700 000元，列入本级预算支出。

（7）收到省财政厅拨来的基金预算补助款3 000 000元。

（8）根据上级部门的通知将本部门的500 000元借款转为对市财政的补助款。

（9）收到所属某县按财政体制规定上解的一般预算款项10 000元。

（10）退还下属财政部门的上解收入40 000元。

（11）为了平衡一般预算收支，经批准从基金预算结余中调入620 000元。

（12）年末，将“一般预算收入”科目贷方余额350 000元转入“预算结余”科目；将“专用基金收入”科目贷方余额4 200 000元转入“专用基金结余”科目；将“补助收入”科目贷方余额为500 000元（其中，一般预算补助280 000元，基金预算补助220 000元）转入“预算结余”和“基金预算结余”科目。

根据以上资料编制会计分录。

4.4 网上调研

查找当前国库管理制度改革的理论探索及试点情况。

4.5 单元实践

以小组为单位，到当地财政部门或国库支付中心实地调研，具体操作一般预算收入的缴库和会计核算流程。

# 第5章　财政总预算会计支出的核算

## 学习目标

☆**知识目标**

熟悉预算支出的组成内容；

理解预算支出列报的原则、标准及管理要求；

了解债务还本支出和债务转贷支出的含义；

了解政府收支分类科目中一般预算支出科目的设置情况。

☆**技能目标**

熟悉资金调拨支出、专用基金支出、上解支出、补助支出科目的账务处理方法；

了解债务还本支出和债务转贷支出的账务处理方法。

☆**能力目标**

掌握资金调拨支出、专用基金支出等的具体账务处理方法，包括这些支出的确认与期末分配结转去向的核算方法；

能够准确比较区分以上账户的核算内容。

## 财政支出绩效评价

支出是指一级政府或单位按照批准的预算所发生的资产耗费和损失。

为加强财政支出管理，强化支出责任，提高财政资金的使用效益，应建立科学、合理的财政支出绩效评价体系。财政支出绩效评价是财政部门和预算部门（单位）根据设定的绩效目标，运用科学、合理的评价方法、指标体系和评价标准，对财政支出的产出和效果进行客观、公正的评价。

绩效评价的对象包括部门（单位）预算管理的财政性资金和上级政府对下级政府的转移支付资金。部门预算支出绩效评价包括基本支出绩效评价和项目支出绩效评价。

部门预算支出绩效评价的重点应该是一定金额以上、与本部门职能密切相关、具有明显社会影响和经济影响的项目支出。有条件的地方可以对部门整体支出进行评价。上级政府对下级政府的一般性转移支付支出，原则上应当重点对享受资金较多的地区进行绩效评价；专项转移支付支出，原则上应当以对社会、经济发展有重大影响的支出为重点进行绩效评价。

绩效评价的基本内容有：(1) 财政资金使用情况、财务管理状况和资产配置、使用、处置及收益管理情况；(2) 为加强管理所制定的相关制度、采取的措施等；(3) 绩效目标的实现程度，包括是否达到预定产出和效果等；(4) 需要评价的其他内容。

**【小思考5-1】** 预算会计的支出和企业财务会计的费用有何区别？

答：(1) 预算会计的支出一般没有收益目的，而企业财务会计的费用是为了获取收入和利润。

(2) 预算会计的支出是按照收付实现制确认的，不讲究与收入的配比；而企业财务会计的费用按照权责发生制确认，并遵循收入与费用的配比原则。

(3) 预算会计的支出受国家财政预算的约束，需要按照费用开支标准执行；而企业财务会计的费用开支由企业自己控制。

财政支出是一级政府为实现其职能，对财政资金的再分配。主要包括一般预算支出、基金预算支出、专用基金支出、资金调拨支出和财政周转金支出等。

## 5.1 一般预算支出的核算

**【小资料5-1】政府收支分类改革的必要性和紧迫性**

我国现行的预算科目体系是新中国成立初期参照苏联体制设计的，与计划经济体制下的建设型财政管理体制相适应。几十年来虽然有些小的调整，但总体框架基本没变，随着社会主义市场经济体制的完善、公共财政体制的逐步建立，以及部门预算、国库集中支付、收支两条线和政府采购等各项财政改革的不断深入，现行科目体系的弊端越来越明显，主要体现在：

一是现行科目体系与市场经济体制下的政府职能转变不相适应。目前我国社会主义市场经济体制已基本建立，政府职能也发生了很大转变，市场在资源配置中的基础性作用日益发挥出来，政府公共管理和公共服务的职能日益加强，财政收支结构也发生了很大变化。但作为反映政府职能活动需要的预算收支科目，如“基本建设支出”、“企业挖潜改造支出”、“科技三项费用”、“流动资金”等仍然是按照过去政府代替市场配置资源的思路设计的，不能充分体现目前政府职能转变的需要和建立公共财政体制的根本要求。

二是现行科目体系不能清晰地反映政府职能活动。在市场经济条件下，政府的重要职能就是弥补市场缺陷，满足社会公共需要，讲求公开、透明。政府预算必须反映公共需求，强化公共监督。但现行的预算支出科目主要是按“经费”性质进行分类的，把各项支出划分为行政费、事业费等。这种分类方法使政府究竟办了什么事在科目上看不出来，很多政府的重点工作支出，如农业、教育、科技等都分散在各类科目中，形不成一个完整的概念，不透明，不清晰，往往造成“外行看不懂，内行说不清”，不便于人大代表对政府预算的审查和监督。

三是预算管理的科学化和信息化受到较大制约。按照国际通行做法，政府支出分类体系包括功能分类和经济分类。功能分类反映政府的职能活动，如搞教育、办学校；经济分类是对各项具体支出进行剖析和核算，如办学的钱究竟是发了工资，还是买了设备、盖了校舍。现行的支出目级科目就属于支出经济分类性质，但它涵盖的范围偏窄，财政预算中大多数资本性项目支出以及用于转移支付和债务等方面的支出都没有经济分类科目反映。另外，现有目级科目也不够明细、规范和完整。这些对细化预算编制、加强预算单位财务会计核算，以及提高预算管理信息化水平都带来一些负面影响。

四是财政预算管理和监督职能弱化。现行的《政府预算收支科目》只反映财政预算内收支，不包括应纳入政府收支范围的预算外收支和社会保险基金收支等，给财政预算全面反映政府各项收支活动、加强收支管理带来较大困难。因此，现行的收支分类科目不利于综合预算体系的建立，也不利于从制度上和源头上预防腐败。

五是与国民经济核算体系和国际通行做法不相适应，不利于财政经济分析与决策。我国国民经济核算体系以及金融统计指标体系均按国际通行标准作了调整，而现行的政府预算收支科目体系一直未作相应改革，财政部门每年要作大量的口径调整和数据转换工作，尽管如此，还是难以保证财政数据的准确性以及与其他统计数据的可比性。

总之，方方面面的情况都迫切要求对政府收支分类科目体系进行改革，建立起一套包括收入分类、支出功能分类和支出经济分类在内的完整规范的政府收支分类体系，促进政府职能的调整，进一步推进公共财政体系建设。推行这项改革，财政管理将更加规范，透明度更高。

### 5.1.1 一般预算支出及分类

一般预算支出是政府为提供公共产品和服务、满足社会共同需要，对集中的预算收入有计划地分配和使用而进行的财政资金的支付。预算支出项目的具体划分和内容，按《国家预算支出科目》的规定执行。

根据《2012 年政府收支分类科目》，一般预算支出科目的类、款级科目的设置情况如下：

1）一般公共服务（201）

一般公共服务科目反映政府提供一般公共服务的支出，包括如下 30 个款级科目：

（1）人大事务（20101）。反映中央和地方各级人民代表大会（以下简称“人大”）的事务性支出，如人大会议、人大立法、人大监督、代表培训、人大信访工作等。

（2）政协事务（20102）。反映中央和地方各级政治协商会议的事务性支出，如政协会议、委员视察、参政议政、事业运行等。

（3）政府办公厅（室）及相关机构事务（20103）。反映中央和地方各级政府办公厅（室）及相关机构的事务性支出，如专项服务、政务公开审批、法制建设、信访事务、参事事务等。

（4）发展与改革事务（20104）。反映中央和地方各级政府发展与改革方面的事务性支出，如战略规划与实施、日常经济运行调节、社会事业发展规划、经济体制改革研究、物价管理等。

（5）统计信息事务（20105）。反映中央和地方各级政府统计信息方面的事务性支出，如信息事务、专项统计业务、统计管理、专项普查活动、统计抽样调查等。

（6）财政事务（20106）。反映中央和地方各级政府的财政事务支出，如预算编制业务、财政国库业务、财政监察、信息化建设、财政委托业务支出等。

（7）税收事务（20107）。反映中央和地方各级政府的税收事务支出，如税务办案、税务登记证及发票管理、代扣代收代征税款手续费、税务宣传、协税护税等。

（8）审计事务（20108）。反映中央和地方各级政府的审计事务支出，如审计一般行政管理事务、机关服务、审计业务、审计管理、审计信息化建设等。

（9）海关事务（20109）。反映中央和地方各级政府的海关事务支出，如海关行政运行、一般行政管理事务、收费业务、缉私办案、口岸电子执法系统建设与维护等。

（10）人力资源事务（20110）。反映中央和地方各级政府人事、机构编制等人力资源管理方面的事务支出，如政府特殊津贴、资助留学回国人员、军队转业干部安置、博士后日常经费、公务员考核、公务员培训等。

（11）纪检监察事务（20111）。反映中央和地方各级政府纪检监察方面的事务支出，如行政运行、一般行政管理事务、机关服务、大案要案查处、派驻派出机构、中央巡视、事业运行等。

（12）人口与计划生育事务（20112）。反映中央和地方各级政府人口与计划生育方面的事务支出，如人口规划与发展战略研究、人口和计划生育统计及抽样调查、人口和计划生育信息系统建设、计划生育免费基本技术服务、人口出生性别比综合治理、人口和计划生育服务网络建设、计划生育避孕药具经费等。

（13）商贸事务（20113）。反映中央和地方各级政府商业贸易方面的事务支出，如对外贸易管理、国际经济合作、外资管理、国内贸易管理、招商引资、事业运行、贸促会收费支出等。

（14）知识产权事务（20114）。反映中央和地方各级政府商标、专利、著作权、商业秘密保护等知识产权方面的事务支出，如专利审批、国家知识产权战略、专利试点和产业化推进、专利执法、国际组织专项活动、知识产权宏观管理等。

（15）工商行政管理事务（20115）。反映中央和地方各级政府工商行政管理方面的事务支出，如一般行政管理事务、机关服务、工商行政管理专项、执法办案专项、消费者权益保护、信息化建设等。

（16）质量技术监督与检验检疫事务（20117）。反映中央和地方各级政府质量技术监督与出入境检验检疫方面的事务支出，如出入境检验检疫行政执法和业务管理、出入境检验检疫技术支持、质量技术监督行政执法及业务管理、质量技术监督技术支持、认证认可监督管理、标准化管理等。

（17）民族事务（20123）。反映中央和地方各级政府民族管理方面的事务支出，如行政运行、一般行政管理事务、机关服务、民族工作专项、事业运行、其他民族事务支出等。

（18）宗教事务（20124）。反映中央和地方各级政府宗教管理方面的事务支出，如行政运行、一般行政管理事务、机关服务、宗教工作专项、事业运行、其他宗教事务支出等。

（19）港澳台侨事务（20125）。反映中央和地方各级政府港澳台侨事务管理方面的支出，如行政运行、一般行政管理事务、机关服务、港澳事务、台湾事务、华侨事务、事业运行等。

（20）档案事务（20126）。反映中央和地方各级政府档案管理方面的事务支出，如行政运行、一般行政管理事务、机关服务、档案馆等。

（21）共产党事务（20127）。反映中央和地方各级政府党的机构及所属办事机构党务管理方面的事务支出，如行政运行、一般行政管理事务、机关服务、专项服务、专项业务、事业运行等。

（22）民主党派及工商联事务（20128）。反映中央和地方各级政府的民主党派及其办事机构和工商联的事务支出，如行政运行、一般行政管理事务、机关服务、参政议政、事业运行等。

（23）群众团体事务（20129）。反映中央和地方各级政府的人民团体、社会团体、群众团体等方面的事务支出，如行政运行、一般行政管理事务、机关服务、厂务公开、工会疗养休养等。

（24）党委办公厅（室）及相关机构事务（20131）。反映党委办公厅（室）及相关机构的支出，如行政运行、一般行政管理事务、机关服务等。

（25）组织事务（20132）。反映中国共产党组织部门的支出，如行政运行、一般行政管理事务、事业运行等。

（26）宣传事务（20133）。反映中国共产党宣传部门的支出，如行政运行、一般行政管理事务、其他宣传事务支出等。

（27）统战事务（20134）。反映中国共产党统战部门的事务支出，如行政运行、一般行政管理事务等。

（28）对外联络事务（20135）。反映中国共产党对外联络部门的支出，如行政运行、一般行政管理事务等。

（29）其他共产党事务支出（20136）。反映上述款项以外其他用于中国共产党事务的支出，如行政运行、一般行政管理事务、其他共产党事务支出等。

(30) 其他一般公共服务支出（20199）。反映中央和地方各级政府上述项目以外的一般公共服务支出，如国家赔偿费用支出、其他一般公共服务支出。

2）外交（202）

外交科目反映我国政府外交事务支出，包括如下8个款级科目：

(1) 外交管理事务（20201）。反映中央和地方各级政府外交管理方面的事务支出，如行政运行、一般行政管理事务、机关服务、专项业务事业运行等。

(2) 驻外机构（20202）。反映我国政府驻外使领馆、公署、办事处、留守组及驻国际机构代表团、代表处等方面的支出，如驻外使领馆(团、处)、其他驻外机构支出。

(3) 对外援助（20203）。反映我国政府对外国政府（地区）提供的各种援助和技术合作支出，如对外成套项目援助、对外一般物资援助、对外科技合作援助、对外优惠贷款援助及贴息、对外医疗援助等。

(4) 国际组织（20204）。反映我国政府向一些国际组织缴纳的会费、捐款，联合国维和摊款以及股金、基金等支出，如国际组织会费、国际组织捐赠、维和摊款、国际组织股金及基金等。

(5) 对外合作与交流（20205）。反映我国外交部门和党政、人大、政协领导人出国访问、出席国际会议支出，招待来访、参观以及来华参加各项国际活动的外国代表团的支出，在我国召开国际会议支出等，如出国活动、招待活动、在华国际会议等。

(6) 对外宣传（20206）。反映我国政府用于外交目的对外宣传支出。

(7) 边界勘界联检（20207）。反映我国政府同周边国家进行划界、勘界以及联合检查方面的支出，如边界勘界、边界联检、边界界桩维护等。

(8) 其他外交支出（20299）。反映我国政府除上述项目以外的用于外交方面的其他支出。

3）国防（203）

国防科目反映我国政府用于国防方面的支出，包括如下7个款级科目：

(1) 现役部队（20301）。反映我国政府用于现役部队管理与建设方面的支出。

(2) 预备役部队（20302）。反映我国政府用于预备役部队管理与建设方面的支出。

(3) 民兵（20303）。反映我国政府用于民兵管理与建设方面的支出。

(4) 国防科研事业（20304）。反映我国政府用于国防科研等方面的支出。

(5) 专项工程（20305）。反映我国政府用于国防专项工程方面的支出。

(6) 国防动员（20306）。反映我国政府用于国防动员方面的支出，如兵役征集、经济动员、人民防空、交通战备、国防教育等。

(7) 其他国防支出（20399）。反映我国政府用于国防其他方面的支出。

4）公共安全（204）

公共安全科目反映我国政府维护社会公共安全方面的支出。有关事务包括武装警察、公安、国家安全、检察、法院、司法行政、监狱、劳教、国家保密、缉私警察等方面的支出，包括如下11个款级科目：

(1) 武装警察（20401）。反映各级政府用于各武装警察部队的支出，如内卫、边防、消防、警卫、黄金、森林、交通警察等。

(2) 公安（20402）。反映各级政府用于公安事务及管理方面的支出，如治安管理、国内安全保卫、刑事侦查、经济犯罪侦查、出入境管理、禁毒管理、居民身份证管理、警犬繁育及训养等。

(3) 国家安全（20403）。反映各级政府用于国家安全部门的支出，如行政运行、一般行政管理事务、机关服务、安全业务、事业运行等。

(4) 检察（20404）。反映各级政府用于检察事务的支出，如查办和预防职务犯罪、公诉和审判监督、侦查监督、执行监督、控告申诉、"两房"建设（反映办案用房和专业技术用房及附属设施的建设和修缮支出）等。

(5) 法院（20405）。反映各级政府用于法院（包括各专门法院）

的支出，如一般行政管理事务、机关服务、案件审判、案件执行、“两庭”（审判法庭、人民法庭）建设等。

（6）司法（20406）。反映各级政府用于司法行政事务的支出，如基层司法业务、普法宣传、律师公证管理、法律援助、司法统一考试、仲裁等。

（7）监狱（20407）。反映各级政府用于监狱管理事务的支出，如一般行政管理事务、机关服务、犯人生活、犯人改造、狱政设施建设等。

（8）劳教（20408）。反映各级政府用于劳动教养管理事务的支出，如行政运行、一般行政管理事务、机关服务、劳教人员生活、劳教人员教育、所政设施建设、事业运行等。

（9）国家保密（20409）。反映各级政府用于国家保密事务的支出，如行政运行、一般行政管理事务、机关服务、保密技术、保密管理、事业运行等。

（10）缉私警察（20410）。反映各级政府用于海关缉私警察的支出，如专项缉私活动支出、缉私情报、禁毒及缉毒、网络运行及维护、警服购置等。

（11）其他公共安全支出（20499）。反映除上述各款之外各级政府用于公共安全方面的其他支出。

5）教育（205）

教育科目反映政府教育事务支出，包括如下11个款级科目：

（1）教育管理事务（20501）。反映各级政府教育管理方面的支出，如行政运行、一般行政管理事务、机关服务等。

（2）普通教育（20502）。反映各级政府用于各类普通教育的支出，如学前教育、小学教育、初中教育、高中教育、高等教育、化解农村义务教育债务支出等。

（3）职业教育（20503）。反映各级政府部门用于各类职业教育的支出，如初等职业教育、中专教育、技校教育、职业高中教育、高等职业教育等。

（4）成人教育（20504）。反映各级政府部门用于举办函授、夜大、自学考试等成人教育的支出，如成人初等教育、成人中等教育、成人高等教育、成人广播电视教育等。

（5）广播电视教育（20505）。反映各级政府用于广播电视教育的支出，如广播电视学校、教育电视台等。

（6）留学教育（20506）。反映经国家批准，由教育部门统一归口管理的出国、来华留学生支出，如出国留学教育、来华留学教育等。

（7）特殊教育（20507）。反映各级政府部门用于举办盲童学校、聋哑学校、智力落后儿童学校、其他生理缺陷儿童学校和工读学校的支出，如特殊学校教育、工读学校教育等。

（8）教师进修及干部继续教育（20508）。反映各级政府部门用于教师进修及干部继续教育方面的支出，如教师进修、干部教育等。

（9）教育费附加安排的支出（20509）。反映各级政府部门用教育费附加安排的支出，如农村中小学校舍建设、城市中小学校舍建设等。

（10）地方教育附加安排的支出（20510）。反映用地方教育附加安排的支出，如农村中小学校舍建设、农村中小学教学设施、城市中小学校舍建设等。

（11）其他教育支出（20599）。反映除上述款级科目以外各级政府用于教育方面的其他支出。

6）科学技术（206）

科学技术科目反映政府用于科学技术方面的支出，包括如下 11 个款级科目：

（1）科学技术管理事务（20601）。反映各级政府用于科学技术管理方面的事务支出，如行政运行、一般行政管理事务、机关服务等。

（2）基础研究（20602）。反映各级政府用于从事基础研究、近期无法取得实用价值的应用研究机构的支出、专项科学研究支出，以及重点实验室、重大科学工程的支出，如机构运行、重点基础研究规划、自然科学基金、重点实验室及相关设施、重大科学工程、专项基础科研等。

（3）应用研究（20603）。反映各级政府在基础研究成果之上，针对某一特定的实际目的或目标进行的创造性研究工作的支出，如机构运行、社会公益研究、高技术研究、专项科研试制等。

（4）技术研究与开发（20604）。反映各级政府用于技术研究与开发等方面的支出，如机构运行、应用技术研究与开发、产业技术研究与开发、科技成果转化与扩散等。

（5）科技条件与服务（20605）。反映各级政府用于完善科技条件及从事科技标准、计量和检测，科技数据、种质资源、标本、基因的收集、加工处理和服务，科技文献信息资源的采集、保存、加工和服务等为科技活动提供基础性、通用性服务的支出，如机构运行、技术创新服务体系、科技条件专项等。

（6）社会科学（20606）。反映各级政府用于社会科学方面的支出，如社会科学研究机构、社会科学研究、社科基金支出等。

（7）科学技术普及（20607）。反映各级政府用于科学技术普及方面的支出，如科普活动、青少年科技活动、学术交流活动等。

（8）科技交流与合作（20608）。反映各级政府用于科技交流与合作方面的支出，如国际交流与合作、重大科技合作项目等。

（9）科技重大专项（20609）。反映政府用于科技重大专项的经费支出。

（10）核电站乏燃料处理处置基金支出（20610）。反映核电站乏燃料处理处置基金安排的支出。

（11）其他科学技术支出（20699）。反映政府在上述各款之外用于科技方面的支出。

7）文化体育与传媒（207）

文化体育与传媒科目反映我国各级政府在文化、文物、体育、广播影视、新闻出版等方面的支出，包括如下 8 个款级科目：

（1）文化（20701）。反映各级政府用于公用文化设施、艺术表演团体及文化艺术活动等方面的支出，如图书馆、文化展示及纪念机构、艺术表演场所、艺术表演团体、文化活动、群众文化、文化交流与合作、文化市场管理等。

（2）文物（20702）。反映各级政府用于文物保护和管理等方面的支出，如行政运行、一般行政管理事务、机关服务、文物保护、博物馆、历史名城与古迹等。

（3）体育（20703）。

反映各级政府用于体育方面的支出，如运动项目管理、体育竞赛、体育训练、体育场馆、群众体育、体育交流与合作、外国团体来华登山注册费安排的支出等。

(4) 广播影视 (20704)。反映各级政府用于广播、电影、电视等方面的支出，如行政运行、一般行政管理事务、机关服务、广播、电视、电影、广播电视监控等。

(5) 新闻出版 (20705)。反映各级政府用于新闻出版方面的支出，如行政运行、一般行政管理事务、机关服务、新闻通讯、出版发行、版权管理、出版市场管理等。

(6) 文化事业建设费安排的支出 (20706)。反映各级政府用文化事业建设费安排的支出，如精神文明建设、人才培训教学、文化创作、文化事业单位补助、爱国主义教育基地等。

(7) 国家电影事业发展专项资金支出 (20707)。反映各级政府用国家电影事业发展专项资金安排的支出，如资助国产影片放映、资助城市影院、资助少数民族电影译制等。

(8) 其他文化体育与传媒支出 (20799)。反映除上述项目以外其他用于文化体育与传媒方面的支出，如宣传文化发展专项支出等。

8) 社会保障和就业 (208)

社会保障和就业科目反映各级政府用于社会保障和就业方面的支出，包括如下 22 个款级科目：

(1) 人力资源和社会保障管理事务 (20801)。反映各级政府用于社会人力资源和社会保障管理事务的支出，如劳动保障监察、就业管理事务、社会保险业务管理事务、社会保险经办机构、劳动关系和维权、公共就业服务和职业技能鉴定机构等。

(2) 民政管理事务 (20802)。反映各级政府用于民政管理事务的事务支出，如拥军优属、老龄事务、民间组织管理、行政区划和地名管理、基层政权和社区建设、部队供应等。

(3) 财政对社会保险基金的补助 (20803)。反映各级政府财政对社会保险基金的补助支出，如财政对基本养老保险基金的补助、财政对失业保险基金的补助、财政对基本医疗保险基金的补助、财政对工伤保险基金的补助、财政对新型农村社会养老保险基金的补助等。

(4) 补充全国社会保障基金 (20804)。反映各级政府用于补充全国社会保障基金的支出，如用公共财政预算补充基金、国有资本经营预算补充基金支出、用其他财政资金补充基金等。

（5）行政事业单位离退休（20805）。反映各级政府用于行政事业单位离退休方面的支出，如归口管理的行政单位离退休、事业单位离退休、离退休人员管理机构等。

（6）企业改革补助（20806）。反映各级政府用于企业改革的补助，如企业关闭破产补助、厂办大集体改革补助等。

（7）就业补助（20807）。反映各级政府用于就业的补助支出，如扶持公共就业服务、职业培训补贴、职业介绍补贴、公益性岗位补贴、小额担保贷款贴息、职业技能鉴定补贴、特定就业政策支出等。

（8）抚恤（20808）。反映各级政府用于各类优抚对象和优抚事业单位的支出，如死亡抚恤、伤残抚恤、优抚事业单位、义务兵优待以及在乡复员、退伍军人生活补助等。

（9）退役安置（20809）。反映各级政府用于退役士兵的安置和军队移交政府的离退休人员安置及管理机构的支出，如退伍军人安置、军队移交政府的离退休人员安置、军队移交政府离退休干部管理机构等。

（10）社会福利（20810）。反映各级政府用于社会福利方面的支出，如儿童福利、老年福利、假肢矫形、殡葬、社会福利事业单位等。

（11）残疾人事业（20811）。反映各级政府用于残疾人事业方面的支出，如残疾人康复、残疾人就业和扶贫、残疾人体育、其他残疾人事业支出等。

（12）城市居民最低生活保障（20812）。反映各级政府对城市居民最低生活保障对象的救助支出。

（13）其他城市生活救助（20813）。反映除城市居民最低生活保障之外，用于城市贫困人员基本生活救助的其他支出。

（14）自然灾害生活救助（20815）。反映各级政府用于自然灾害生活救助方面的支出，如中央自然灾害生活补助、地方自然灾害生活补助、自然灾害灾后重建补助等。

（15）红十字事业（20816）。反映各级政府用于支持红十字公益活动的支出，如行政运行、一般行政管理事务、机关服务等。

（16）农村最低生活保障（20817）。反映各级政府用于农村最低生活保障方面的支出。

（17）其他农村生活救助（20818）。反映农村五保供养对象及其他用于农村生活救助方面的支出。

（18）大中型水库移民后期扶持基金支出（20822）。反映用大中型水库移民后期扶持基金安排的支出。

（19）小型水库移民扶助基金支出（20823）。反映用小型水库移民扶助基金安排的支出。

（20）补充道路交通事故社会救助基金（20824）。反映通过财政补助安排给道路交通事故社会救助基金的支出。

（21）残疾人就业保障金支出（20860）。反映残疾人就业保障金安排的支出。

（22）其他社会保障和就业支出（20899）。反映各级政府上述项目以外其他用于社会保障和就业方面的支出。

9）社会保险基金支出（209）

社会保险基金支出反映政府由社会保险基金列支的各项支出，包括基本养老保险基金支出、失业保险基金支出、基本医疗保险基金支出、工伤保险基金支出等。特别说明：在将社会保险基金包括在内统计政府支出时，应将财政对社会保险基金的补助以及由财政承担的社会保险缴款予以扣除，以免重复计算，包括如下10个款级科目：

（1）基本养老保险基金支出（20901）。反映单位基本养老保险基金支出，如基本养老金、医疗补助金等。

（2）失业保险基金支出（20902）。反映失业保险基金支出，如失业保险金、医疗补助金等。

（3）基本医疗保险基金支出（20903）。反映城镇职工基本医疗保险基金支出，如基本医疗保险统筹基金、医疗保险个人账户基金和其他基本医疗保险基金支出。

（4）工伤保险基金支出（20904）。反映工伤保险基金支出，如工伤保险待遇和其他工伤保险基金支出。

（5）生育保险基金支出（20905）。反映生育保险基金支出，如生育保险金和其他生育保险基金支出。

（6）新型农村合作医疗基金支出（20906）。反映新型农村合作医疗基金支出。

（7）城镇居民基本医疗保险基金支出（20907）。反映城镇居民基本医疗保险基金支出。

（8）新型农村社会养老保险基金支出（20908）。反映新型农村社会养老保险基金支出。

（9）城镇居民养老保险基金支出（20909）。反映城镇居民养老保险基金支出。

（10）其他社会保险基金支出（20999）。反映除上述项目以外用其他社会保险基金安排的支出。

10）医疗卫生（210）

医疗卫生科目反映各级政府用于医疗卫生方面的支出，包括如下8个款级科目：

（1）医疗卫生管理事务（21001）。反映各级政府用于医疗卫生管理方面的事务支出，如行政运行、一般行政管理事务、机关服务等。

（2）公立医院（21002）。反映各级政府用于公立医院的支出，如综合医院、中医（民族）医院、传染病医院、职业病防治医院、精神病医院、妇产医院、儿童医院、福利医院等。

（3）基层医疗卫生机构（21003）。反映各级政府用于基层医疗卫生机构的支出，如城市社区卫生机构、乡镇卫生院等。

（4）公共卫生（21004）。反映各级政府用于公共卫生方面的支出，如疾病预防控制机构、卫生监督机构、妇幼保健机构、精神卫生机构、应急救治机构、突发公共卫生事件应急处理等。

（5）医疗保障（21005）。反映各级政府用于医疗保障方面的支出，如行政单位医疗、事业单位医疗、公务员医疗补助、优抚对象医疗补助、城市医疗救助、新型农村合作医疗、农村医疗救助、城镇居民基本医疗保险等。

（6）中医药（21006）。反映各级政府用于中医药方面的支出，如中医（民族医）药专项、其他中医药支出等。

（7）食品和药品监督管理事务（21010）。反映各级政府用于药品和药品监督管理方面的事务支出，如注册审评事务、标准事务、认证事务、食品药品评价、药品保护、执法办案、食品药品安全等。

（8）其他医疗卫生支出（21099）。反映各级政府除上述项目以外用于医疗卫生方面的支出。

11）节能环保（211）

环境保护科目反映各级政府用于环境保护方面的支出，包括如下15个款级科目：

（1）环境保护管理事务（21101）。反映各级政府用于环境保护方面的事务支出，如环境保护宣传、环境国际合作及履约、环境保护行政许可以及环境保护法规、规划及标准等。

（2）环境监测与监察（21102）。反映各级政府用于环境监测与监察方面的支出，如建设项目环评审查与监督、核与辐射安全监督等。

（3）污染防治（21103）。反映各级政府用于环境污染防治方面的支出，如大气、水体、噪声、固体废弃物与化学品、放射源和放射性废物监管、排污费安排的支出等。

（4）自然生态保护（21104）。反映各级政府用于自然生态保护方面的支出，如生态保护、农村环境保护、自然保护区、生物及物种资源保护等。

（5）天然林保护（21105）。反映各级政府用于天然林保护方面的支出，如森林管护、社会保险补助、政策性社会性支出补助、职工分流安置、职工培训、天然林保护工程建设等。

（6）退耕还林（21106）。反映各级政府用于退耕还林方面的支出，如退耕现金、退耕还林粮食折现补贴、退耕还林粮食费用补贴、退耕还林工程建设等。

（7）风沙荒漠治理（21107）。反映各级政府用于风沙荒漠治理方面的支出，如京津风沙源禁牧舍饲粮食折现补助、京津风沙源治理禁牧舍饲粮食折现挂账贴息、京津风沙源治理禁牧舍饲粮食费用补贴、京津风沙源治理工程建设等。

（8）退牧还草（21108）。反映各级政府用于退牧还草方面的支出，如退牧还草粮食折现补贴、退牧还草粮食费用补贴、退牧还草粮食折现挂账贴息、退牧还草工程建设等。

（9）已垦草原退耕还草（21109）。反映各级政府用于已垦草原退耕还草方面的支出。

(10) 能源节约利用（21110）。反映各级政府用于能源节约利用方面的支出。

(11) 污染减排（21111）。反映各级政府用于能源节约利用方面的支出，如环境监测与信息、环境执法监察、减排专项支出、清洁生产专项支出等。

(12) 可再生能源（21112）。反映各级政府用于可再生能源方面的支出。

(13) 资源综合利用（21113）。反映各级政府用于资源综合利用方面的支出。

(14) 能源管理事务（21114）。反映各级政府用于能源管理事务方面的支出，如能源预测预警、能源战略规划与实施、能源科技装备、能源行业管理、能源管理、石油储备发展管理、能源调查等。

(15) 其他环境保护支出（21199）。反映除上述项目以外各级政府用于环境保护方面的其他支出。

12) 城乡社区事务（212）

城乡社区事务科目反映各级政府用于城乡社区事务方面的支出，包括如下 13 个款级科目：

(1) 城乡社区管理事务（21201）。反映各级政府用于城乡社区管理事务方面的支出，如城管执法、工程建设标准规范编制与监管、工程建设管理、市政公用行业市场监管、国家重点风景区规划与保护、住宅建设与房地产市场监管等。

(2) 城乡社区规划与管理（21202）。反映城乡社区、名胜风景区、防灾减灾、历史名城规划制定与管理等方面的支出

(3) 城乡社区公共设施（21203）。城乡社区道路、桥涵、燃气、供暖、公共交通（含轮渡、轻轨、地铁）、道路照明等公共设施建设维护与管理方面的支出。

(4) 城乡社区环境卫生（21205）。城乡社区道路清扫、垃圾清运与处理、公厕建设与维护、园林绿化等方面的支出

(5) 建设市场管理与监督（21206）。各类建筑工程强制性和推荐性标准及规范的制定与修改、建筑工程招投标等市场管理、建筑工程质量与安全监督等方面的支出。

（6）政府住房基金支出（21207）。反映用政府住房基金安排的支出

（7）国有土地使用权出让收入安排的支出（21208）。反映用不含计提和划转部分的国有土地使用权出让收入安排的支出，不包括市县级政府当年按规定用土地出让收入向中央和省级政府缴纳新增建设用地土地有偿使用费支出。

（8）城市公用事业附加安排的支出（21209）。反映用城市公用事业附加收入安排的支出。

（9）国有土地收益基金支出（21210）。反映从国有土地收益基金收入中安排用于土地收购储备等支出。

（10）农业土地开发资金支出（21211）。反映从计提的农业土地开发资金中安排用于农业土地开发的支出。

（11）新增建设用地土地有偿使用费安排的支出（21212）。反映用新增建设用地土地有偿使用费收入安排的各项支出。

（12）城市基础设施配套费安排的支出（21213）。反映用城市基础设施配套费安排用于城市道理、桥涵、道路清扫、公有房屋改造等方面的支出。

（13）其他城乡社区事务支出（21299）。反映反映除上述项目以外其他用于城乡社区事务方面的支出。

13）农林水事务（213）

农林水事务科目反映各级政府用于农林水事务方面的支出，包括如下 17 个款级科目：

（1）农业（21301）。反映财政用于种植业、畜牧业、渔业、兽医、农机、农垦、农场、农业产业化经营组织、农村和垦区公益事业、农产品加工等方面的支出，如病虫害控制、农产品质量安全、农业行业业务管理、农业生产保险补贴、农产品加工与促销等。

（2）林业（21302）。反映各级政府用于林业方面的支出，如林业事业机构、森林培育、林业技术推广、森林资源管理、林业自然保护区、动植物保护、湿地保护、防沙治沙、林业质量安全、林业工程与项目管理、林业产业化等。

（3）水利（21303）。反映各级政府用于水利方面的支出，如水利

行业业务管理、水利工程建设、水利工程运行与维护、长江黄河等流域管理、水利执法监督、水资源管理与保护、农田水利、水利技术推广和培训等。

(4) 南水北调(21304)。反映各级政府用于南水北调工程方面的支出，如南水北调工程建设、政策研究与信息管理、工程稽查、前期工作、南水北调技术推广和培训，以及环境、移民及水资源管理与保护等。

(5) 扶贫(21305)。反映各级政府用于农村(包括国有农场、国有林场)扶贫开发等方面的支出，如农村基础设施建设、生产发展、社会发展、扶贫贷款奖补和贴息、扶贫事业机构等。

(6) 农业综合开发(21306)。反映各级政府用于农业综合开发方面的支出，如机构运行、土地治理、产业化经营、科技示范贷款贴息等。

(7) 农村综合改革(21307)。反映各级政府用于农村综合改革方面的支出，如对村级一事一议的补助、乡村债务化解、实施减轻农业用水负担综合改革补助、国有农场分离办社会职能改革补助、对村民委员会和村党支部的补助等。

(8) 新菜地开发建设基金支出(21360)。反映新菜地开发建设基金安排的支出，如开发新菜地工程、改造老菜地工程、技术培训与推广。

(9) 育林基金支出(21361)。反映育林基金安排的支出，如森林培育、林业有害生物防治、森林资源监测等。

(10) 森林植被恢复费安排的支出(21362)。反映森林植被恢复费安排的支出，如林地调查规划设计、林业有害生物防治、森林资源管护等。

(11) 中央水利建设基金支出(21363)。反映中央水利建设基金安排的支出。

(12) 地方水利建设基金支出(21364)。反映地方水利建设基金安排的支出。

(13) 大中型水库库区基金支出(21366)。反映大中型水库库区基金安排的支出，如基础设施建设和经济发展、解决移民遗留问题等。

（14）三峡水库库区基金支出（21367）。反映三峡水库库区基金安排的支出，如基础设施建设和经济发展、解决移民遗留问题等。

（15）南水北调工程基金支出（21368）。反映南水北调工程基金安排的支出，如南水北调工程建设、偿还南水北调工程贷款本息等。

（16）国家重大水利工程建设基金支出（21369）。反映国家重大水利工程建设基金安排的支出，如南水北调工程建设、三峡工程后续工作等。

（17）其他农林水事务支出（21399）。反映除上述项目以外其他用于农林水事务方面的支出。

14）交通运输（214）

交通运输科目反映各级政府用于交通运输和邮政业方面的支出，包括如下14个款级科目：

（1）公路水路运输（21401）。反映各级政府用于公路、水路运输方面的支出，如公路新建、公路改建、公路养护、公路路政管理、公路和运输安全、公路客货运站（场）建设、港口设施、航道维护、安全通信、内河运输、远洋运输、船舶港务费支出等。

（2）铁路运输（21402）。反映各级政府用于铁路运输方面的支出，如一般行政管理事务、机关服务、铁路路网建设、铁路还贷专项、铁路安全等。

（3）民用航空运输（21403）。反映各级政府用于民用航空运输方面的支出，如空管系统建设、民航还贷专项支出、民用航空安全、民航专项运输、民航政策性购机专项支出、民用航空国有资本经营预算支出等。

（4）石油价格改革对交通运输的补贴（21404）。反映石油价格改革财政对城市公交、农村道路客运和出租车的补贴，如对城市公交的补贴、对农村道路客运的补贴、对出租车的补贴等。

（5）邮政业支出（21405）。反映各级政府用于邮政业方面的支出，如行政运行、一般行政管理事务、机关服务、行业监管、邮政普遍服务与特殊服务等。

（6）车辆购置税支出（21406）。反映用车辆购置税收入安排的支出，如车辆购置税用于公路等基础设施建设支出、车辆购置税用于农村公路建设支出、车辆购置税用于老旧汽车报废更新补贴支出等。

(7) 海南省高等级公路车辆通行附加费安排的支出 (21460)。反映海南省高等级公路车辆通行附加费安排的支出。

(8) 转让政府还贷道路收费权收入安排的支出 (21461)。反映转让政府还贷道路收费权收入安排的支出，如公路还贷、公路建设等。

(9) 车辆通行费安排的支出 (21462)。反映车辆通行费安排的支出，如政府还贷公路养护、政府还贷公路管理等。

(10) 港口建设费安排的支出 (21463)。反映港口建设费安排的支出，如港口设施、航道建设和维护等。

(11) 铁路建设基金支出 (21464)。反映铁路建设基金安排的支出，如铁路建设投资、购置铁路机车车辆等。

(12) 民航基础设施建设基金支出 (21466)。反映民航基础设施建设基金安排的支出，如民航机场建设、空管系统建设、民航安全等。

(13) 民航机场管理建设费安排的支出 (21467)。反映民航机场管理建设费安排的支出，如民航机场建设、空管系统建设、民航安全等。

(14) 其他交通运输支出 (21499)。反映各级政府除上述项目以外其他用于交通运输方面的支出。

15) 资源勘探电力信息等事务 (215)

资源勘探电力信息等事务反映各级政府用于资源勘探电力信息等事务方面的支出，包括如下 14 个款级科目：

(1) 资源勘探开发和服务支出 (21501)。反映煤炭、石油和天然气、黑色金属、有色金属、非金属矿等资源勘探开发和服务支出，如煤炭勘探开采和洗选、石油和天然气勘探开采、黑色金属矿勘探和采选、有色金属矿勘探和采选、非金属矿勘探和采选等。

(2) 制造业 (21502)。反映纺织、轻工、化工、医药、机械、冶炼、建材、交通运输设备、烟草、兵器、核工、航空、航天、船舶、电子及通讯设备等制造业支出，如纺织业、医药制造业、非金属矿物制品业等。

(3) 建筑业 (21503)。反映土木工程建筑业以及线路、管道和设备安装业等方面的支出，如行政运行、一般行政管理事务、机关服务、建筑业国有资本经营预算支出等。

（4）电力监管支出（21504）。反映电力监管方面的支出，如电力监管、电力稽查、争议调节、安全事故调查、电力市场建设、电力输送改革试点、农村电网建设等。

（5）工业和信息产业监管支出（21505）。反映工业和信息产业监管方面的支出，如战备应急、信息安全建设、专用通信、无线电监管、工业和信息产业战略研究与标准制定、工业和信息产业支持、电子专项工程、行业监管、军工电子等。

（6）安全生产监管（21506）。反映国家安全生产监督管理部门、煤矿安全监察部门的支出，如一般行政管理事务、机关服务、国务院安委会专项、安全监管监察专项、应急救援支出、煤炭安全等。

（7）国有资产监管（21507）。反映国有资产监督管理委员会的支出，如行政运行、一般行政管理事务、机关服务、国有企业监事会专项、中央企业专项管理等。

（8）支持中小企业发展和管理支出（21508）。反映用于中小企业管理及支持中小企业发展方面的支出，如行政运行、一般行政管理事务、机关服务、科技型中小企业技术创新基金、中小企业发展专项等。

（9）散装水泥专项资金支出（21560）。反映散装水泥专项资金安排的支出，如建设专用设施、专用设备购置和维修等。

（10）新型墙体材料专项基金支出（21561）。反映新型墙体材料专项基金安排的支出，如技改贴息和补助、技术研发和推广、宣传和培训等。

（11）农网还贷资金支出（21562）。反映中央或地方农网还贷资金安排用于农村电网改造贷款还本付息等方面的支出。

（12）山西省煤炭可持续发展基金支出（21563）。反映山西省煤炭可持续发展基金安排用于跨区域生态环境治理的支出。

（13）电力改革预留资产变现收入安排的支出（21564）。反映纳入政府性基金预算的电力改革预留资产变现收入安排的支出。

（14）其他资源勘探电力信息等事务支出（21599）。反映除上述项目以外用于其他资源勘探电力信息等事务方面的支出，如黄金事务、建设项目贷款贴息、技术改造支出、中药材扶持资金支出、重点产业振兴和技术改造项目贷款贴等。

16）商业服务业等事务（216）

商业服务业等事务科目反映对商业服务业等事务的支出。具体包括：商业流通事务支出、旅游业管理与服务支出、涉外发展服务支出等，包括如下5个款级科目：

（1）商业流通事务（21602）。反映各级供销社的行政事业支出及商业物质和供销社专项补贴支出，如食品流通安全补贴、市场监测及信息管理、民贸网点贷款贴息等。

（2）旅游业管理与服务支出（21605）。反映旅游业管理与服务方面的支出，如行政运行、一般行政管理事务、机关服务、旅游宣传、旅游行业业务管理等。

（3）涉外发展服务支出（21606）。反映对从事外贸业务单位、外商投资单位、从事对外经济合作单位和境外单位的资助，如行政运行、一般行政管理事务、机关服务、外商投资环境建设补助资金、涉外发展国有资本经营预算支出等。

（4）旅游发展基金支出（21660）。反映旅游发展基金安排的支出，如宣传促销、行业规划等。

（5）其他商业服务业等事务支出（21699）。反映除上述项目以外其他用于商业服务业等事务方面的支出，如服务业基础设施建设等。

17）金融监管等事务支出（217）

金融监管等事务支出科目反映各级政府用于金融监管等事务方面的支出，包括如下6个款级科目：

（1）金融部门行政支出（21701）。反映金融部门行政支出，如行政运行、一般行政管理事务、机关服务、安全防卫、事业运行等。

（2）金融部门监管支出（21702）。反映金融部门监管支出，如货币发行、金融服务、反洗钱及反假币、重点金融机构监管、金融稽查与案件处理、金融行业电子化建设、从业人员资格考试等。

（3）金融发展支出（21703）。反映金融发展支出，如政策性银行亏损补贴、商业银行贷款贴息、补充资本金、风险基金补助等。

（4）金融调控支出（21704）。反映金融调控支出，如中央银行亏损补贴等。

（5）农村金融发展支出（21705）。反映农村金融发展方面的支出，如金融机构涉农贷款增量奖励支出、农村金融机构定向费用补贴支出。

（6）其他金融监管等事务支出（21799）。反映除上述项目以外其他用于金融监管等事务方面的支出。

18）地震灾后恢复重建支出（218）

震灾后恢复重建支出科目反映在车辆购置税、彩票公益金及其他政府性基金之外安排的汶川地震灾后恢复重建支出，由车辆购置税、彩票公益金及其他政府性基金安排的地震灾后恢复重建支出，分别在“车辆购置税用于地震灾后恢复重建的支出”、“用于地震灾后恢复重建的彩票公益金支出”等科目中反映，不在本科目反映，包括如下8个款级科目：

（1）倒塌毁损民房恢复重建（21801）。反映对城乡居民住房的恢复重建补助和贷款贴息等。倒塌毁损民房的范围参照支出功能分类“城乡社区住宅”等科目的相关规定执行。

（2）基础设施恢复重建（21802）。反映中央和地方财政对非经营性城镇市镇设施恢复重建给予的项目投资补助，对经营性或有收费（收入）来源的城镇市政设施恢复重建给予的贷款贴息，对受损的交通、水利等基础设施恢复重建给予的项目投资补助、贷款贴息等。基础设施的具体范围参照支出功能分类“交通运输”、“城乡社区事务”等科目的有关口径执行。

（3）公益服务设施恢复重建（21803）。反映中央和地方财政用于学校、医院、社会福利等公益事业单位及其设施（不包括农业、林业、水利、南水北调、扶贫、农业综合开发等农林水事业单位及其设施，农业、林业、水利、南水北调、扶贫、农业综合开发等农林水事业单位及其设施的恢复重建支出，在21804“农业林业恢复生产和重建”中反映）的恢复重建支出。本科目不包括各级教育、卫生、文化等国家机关的恢复重建支出，各级教育、卫生、文化等国家机关的恢复重建支出，在21806款“党政机关恢复重建”中反映。

（4）农业林业恢复生产和重建（21804）。反映中央和地方财政用于农林水事业单位及其设施的恢复重建支出，农林水企业恢复生产和重建方面的支出，如项目投资补助、贷款贴息。农林水事业单位和企业的口径，参照支出功能分类“农林水事务”的口径，主要包括农业、林业、水利、扶贫、农业综合开发等事业单位及农林水企业等。本科目不包括受损水库、堤防河道的恢复重建和堰塞湖处理支出（受损水库、堤防河道的恢复重建和堰塞湖处理支出在2180209“水利工程”中反映)，也不包括农林水等管理机构如农业局、林业局、水利局的恢复重建支出，上述管理机构的支出，在21806“党政机关恢复重建”中反映。

(5）工商企业恢复生产和重建（21805)。反映中央和地方财政安排的用于工商企业恢复生产和重建方面的支出（国有资本经营预算安排的用于工商企业恢复生产和重建的支出在本款51～59项中反映)。工商企业主要包括交通运输企业（参照支出功能分类“交通运输”的口径)、工业商业金融企业（参照支出功能分类“资源勘探电力信息等事务”、“商业服务业等事务”、“金融监管等事务支出”等科目的口径）等。

(6）党政机关恢复重建（21806)。反映党政机关（包括各级人大、政协、民主党派、群众团体、政府机关及实行公务员管理的事业单位（含上述机构所属后勤服务等附属事业单位及设施））的恢复重建支出，如一般公共服务机关恢复重建支出、公共安全机构恢复重建支出、教育管理机构恢复重建支出、科学技术理机构恢复重建支出等。

(7）军队武警恢复重建支出（21807)。反映中央和地方财政安排的军队和武警部队（含附属事业单位及设施）恢复重建支出，如军队恢复重建支出、武警恢复重建支出等。

(8）其他恢复重建支出（21899)。反映除上述项目以外其他恢复重建方面的支出，如震后地质灾害治理支出等。

19）国土资源气象等事务（220）

国土资源气象等事务科目反映政府用于国土资源、海洋、测绘、地震、气象等公益服务事业方面的支出，包括如下6个款级科目：

(1）国土资源事务（22001)。反映国土资源管理等方面的支出，如土地资源调查、土地资源利用与保护、国土资源社会公益服务、国土资源行业业务管理、国土资源大调查、地质灾害防治、土地资源储备支出等。

(2）海洋管理事务（22002)。反映用于海洋管理事务方面的支出，如海域使用管理、海洋环境保护与监测、海洋权益维护、海洋执法监察、海洋防灾减灾、海洋矿产资源勘探研究、海洋工程排污费支出等。

（3）测绘事务（22003）。反映用于国家测绘事务方面的支出，如行政运行、机关服务、基础测绘、航空摄影、测绘工程建设、事业运行等。

（4）地震事务（22004）。反映地震事务的支出，如地震流动观测、地震信息传输及管理、震情跟踪、地震预报预测、地震灾害预防、地震事业机构等。

（5）气象事务（22005）。反映用于气象事务方面的支出，如气象事业机构、气象技术研究应用与培训、气象探测、气象信息传输及管理、气象预报预测、气象服务、气象台站建设与维护等。

（6）其他国土资源气象等事务支出（22099）。反映除上述项目以外其他用于国土资源气象等事务方面的支出。

20）住房保障支出（221）

住房保障支出科目集中反映各级政府用于住房方面的支出，包括如下 3 个款级科目：

（1）保障性安居工程支出（22101）。反映各级政府用于保障性住房方面的支出，如廉租住房、沉陷区治理、棚户区改造等。

（2）住房改革支出（22102）。反映行政事业单位用财政拨款资金和其他资金等安排的住房改革支出，如住房公积金、提租补贴、购房补贴等。

（3）城乡社区住宅（22103）。反映各级政府用于城乡社区廉租房规划建设维护、住房制度改革、产权产籍管理、房地产市场监督等方面的支出。

21）粮油物资储备事务（222）

粮油物资储备管理事务科目反映各级政府用于粮油物资储备管理事务方面的支出，包括如下 5 个款级科目：

（1）粮油事务（22201）。反映粮油事务方面的支出，如粮食财务与审计支出、粮食信息统计、粮食专项业务活动、国家粮油差价补贴、储备粮油利息费用补贴、储备粮（油）库建设、处理陈化粮补贴等。

（2）物资储备事务（22202）。反映物资储备部门的支出，如护库武警和民兵支出、物资收储、物资转移、物资轮换、仓库建设、仓库安防、事业运行等。

（3）能源储备（22203）。反映国家能源储备的有关支出，如公共财政预算石油储备支出、国家留成油串换石油储备支出等。

（4）粮油储备（22204）。反映国家粮油储备的有关支出，如储备粮油补贴支出、储备粮油差价补贴等。

（5）重要商品储备（22205）。反映除能源、粮油项目以外的其他重要商品物资储备支出，如棉花储备、食糖储备、肉类储备等。

22）预备费（227）

预备费科目反映各级政府预算中安排的预备费。其目的是解决当年预算执行中的自然灾害救灾开支及其他难以预见的特殊开支。

23）国债还本付息支出（228）

国债还本付息支出科目反映国债还本、付息、发行等方面的支出，包括如下 13 个款级科目：国内债务还本（22801）、向国家银行借款还本（22802）、其他国内借款还本（22803）、向外国政府借款还本（22804）、向国际组织借款还本（22805）、中央其他国外借款还本（22806）、地方向国外借款还本（22807）、国内债务付息（22808）、国外债务付息（22809）、国内外债务发行（22810）、补充还贷准备金（22811）、财政部代理发行地方政府债券还本（22812）、财政部代理发行地方政府债券付息（22813）。

24）其他支出（229）

其他支出科目反映不能划分到上述功能科目的其他政府支出，包括年初预留（22902）、其他政府性基金支出（22904）、汶川地震捐赠支出（22906）、彩票发行销售机构业务费安排的支出（22908）、彩票公益金安排的支出（22960）和其他支出（22999）6 个款级科目。

25）转移性支出（230）

转移性支出科目反映政府的转移支付以及不同性质资金之间的调拨支出，包括返还性支出（23001）、一般性转移支付（23002）、专项转移支付（23003）、政府基金转移支付（23004）、地震灾后恢复重建补助支出（23007）、调出资金（23008）、年终结余（23009）、债券转贷支出（23011）8 个款级科目。

### 5.1.2 一般预算支出支付方式

在国库单一账户制度下，一般预算支出的支付方式主要分为财政直接支付和财政授权支付两种。

1）财政直接支付方式

财政直接支付是指由财政部门开具支付令，通过国库单一账户体系，直接将财政资金支付到供应商或收款人（用款单位）账户。实行财政直接支付的财政性资金包括：工资支出、工程采购支出、物品、服务采购支出。

在财政直接支付方式下，预算单位按照批复的部门预算和资金使用计划，提出支付申请；财政直接支付的申请由一级预算单位汇总，填写“财政直接支付汇总申请书”，报财政部门国库支付执行机构。财政部门国库支付执行机构根据批复的部门预算和资金使用计划及相关要求，对一级预算单位提出的预算申请审核无误后，开具“财政直接支付汇总清算额度通知单”和“财政直接支付凭证”，经财政部门国库管理机构加盖印章签发后，分别送中国人民银行和代理银行。代理银行根据“财政直接支付凭证”及时将资金直接支付给收款人或用款单位。代理银行依据财政部门国库支付执行机构的支付令，将当日实际支付的资金，按一级预算单位分预算科目汇总，附实际支付清单，与国库单一账户进行资金清算。

代理银行根据“财政直接支付凭证”办理支出后，开具“财政直接支付入账通知书”，发一级预算单位和基层单位。“财政直接支付入账通知书”作为一级预算单位和基层预算单位收到或付出款项的凭证。一级预算单位负责向二级或多级预算单位提供收到和付出款项的凭证。预算单位根据收到的支付凭证做好相应会计核算。

2）财政授权支付方式

财政授权支付是国库集中支付的另一种方式，是指预算单位按照部门预算和用款计划确定资金用途，根据财政部门的授权，自行开具支付令送代理银行，通过国库单一账户体系中的单位零余额账户或特设专户，将财政性资金支付到收款人或用款单位账户。财政授权支付的支出范围是指除财政直接支付支出以外的全部支出。具体包括单件物品或单项服务购买额不足10万元人民币的购买支出；年度财政投资不足50万元人民币的工程采购支出；经财政部批准的其他支出。

在财政授权支付方式下，预算单位按照批复的部门预算和资金使用计划，申请授权支付的月度用款限额；财政授权支付的月度用款限额申请由一级预算单位汇总，报财政部门国库支付执行机构。财政部门根据批准的一级预算单位用款计划中月度授权支付额度，每月 25 日前以“财政授权支付汇总额度通知单”、“财政授权支付额度通知单”的形式分别通知中国人民银行、代理银行。

代理银行在收到财政部门下达的“财政授权支付额度通知单”时，向相关预算单位发出“财政授权支付额度到账通知书”。基层预算单位凭据“财政授权支付额度到账通知书”所确定的额度支用资金；代理银行根据“财政授权支付额度通知单”受理预算单位财政授权支付业务，控制预算单位的支付金额，并与国库单一账户进行资金清算。

预算单位支用授权额度时，填制财政部门统一制定的“财政授权支付凭证”（或新版银行票据和结算凭证）送代理银行，代理银行根据“财政授权支付凭证”，通过零余额账户办理资金支付。

### 5.1.3 一般预算支出的列报口径

一般预算支出列报口径如下：

（1）实行限额管理的基本建设支出，按用款单位银行支出数列报支出。不实行限额管理的基本建设支出，按拨付用款单位的拨款数列报支出。

（2）对行政事业单位的非包干性支出和专项支出，平时按财政拨款数列报支出，清理结算收回拨款时，再冲销已列支出。对于收回以前年度已列支出的款项，除财政部门另有规定者外，应冲销当年支出。

除以上两款以外的其他各项支出，均以财政拨款数列报支出。

### 5.1.4 一般预算支出的管理要求

财政总预算会计按拨款数办理预算支出时，必须做到以下几点：

（1）严格执行《中华人民共和国预算法》。办理拨款支出必须以预算为准，预备费的动用必须经同级人民政府批准。

（2）认真审核预算单位的用款申请。对主管部门（主管会计单位）提出的季度分月用款计划及分“款”、“项”填制的“预算经费请拨单”，应认真审核。根据经审核批准的拨款申请，结合库款余存情况按时向用款单位拨款。

（3）及时核算、列报支出。财政总预算会计应根据预算管理的要求和拨款的实际情况，分“款”、“项”核算、列报当期预算支出。

（4）按计划专款专用。主管会计单位应按计划控制用款，不得随意改变资金用途。“款”、“项”之间如确需调剂，应填制“科目流用申请书”，报经同级财政部门核准后使用。财政总预算会计凭核定的流用数调整预算支出明细账。

财政总预算会计不得列报超预算的支出；不得任意调整预算支出科目；未拨付的经费，原则上不得列报当年支出。因特殊情况确需在当年预留的支出，应严格控制，并按规定的审批程序办理。

### 5.1.5 一般预算支出的会计核算

“一般预算支出”科目核算各级财政总预算会计办理的应由预算资金支付的各项支出。财政总预算会计办理预算直接支出时，借记本科目，贷记“国库存款”等有关科目；将预拨行政事业单位经费转列支出时，借记本科目，贷记“预拨经费”科目。办理基本建设支出时，实行限额管理的，根据中国建设银行报来的银行支出数借记本科目；不实行限额管理的，根据拨付用款单位数，借记本科目。支出收回或冲销转账时，借记有关科目，贷记本科目。年终，本科目借方余额应全数转入“预算结余”科目，借记“预算结余”科目，贷记本科目。本科目平时借方余额，反映预算支出累计数。

本科目应根据“国家预算收支科目”中的“一般预算支出科目”（不含一般预算调拨支出类）分“款”、“项”设明细账。

**【例题5-1】**某财政部门有关预算支出的业务如下：

①拨付给市民政局本月经费60 000元。

借：一般预算支出　　60 000

　贷：国库存款　　60 000

②年终，将一般预算支出科目的借方余额230 000元全数转入预算结余科目。

借：预算结余　　230 000

　贷：一般预算支出　　230 000

同时，财政总预算会计应结清所有一般预算支出的明细账。

【例题5-2】①年终，中央财政总预算会计确定一项已经安排预算的资金2 000 000元，由于用款单位用款进度的原因未能拨付出去。

借：一般预算支出　　2 000 000

　贷：暂存款　　2 000 000

②下一年度，该项资金拨付给用款单位。

借：暂存款　　2 000 000

　贷：国库存款　　2 000 000

## 5.2 基金预算支出和专用基金支出的核算

### 5.2.1 基金预算支出的会计核算

基金预算支出是财政预算部门用基金预算收入安排的支出。与一般预算支出相比，基金预算支出具有专款专用的特征。基金预算支出纳入政府预算管理，属于政府预算内支出。包括工业交通部门基金支出、商贸部门基金支出、文教部门基金支出、社会保障基金支出、农业部门基金支出、其他部门基金支出、地方财政税费附加支出等。

“基金预算支出”科日核算各级财政部门用基金预算收入安排的支出。发生基金预算支出时，借记本科目，贷记“国库存款（其他财政存款）”等有关科目；支出收回或冲销转账时，借记有关科目，贷记本科目。年终，本科目借方余额应全数转入“基金预算结余”科目冲销，借记“基金预算结余”科目，贷记本科目。本科目平时借方余额，反映基金预算支出累计数。

本科目根据“基金预算支出科目”（不含基金预算调拨支出类）设置明细账。

【例题5-3】2012年，某市财政局发生如下经济业务：

①根据预算及基金使用情况，向城建部门拨付城市建设支出20万元。

借：基金预算支出——城市建设支出　　200 000

　贷：国库存款　　200 000

②经核实，拨付给城建部门的拨款应为12万元，多拨的予以收回。

借：国库存款　　80 000

贷：基金预算支出　　80 000

③年终，该市财政部门"基金预算支出"科目借方余额为3万元，转入"基金预算结余"科目。

借：基金预算结余　　30 000

贷：基金预算支出　　30 000

**【小资料5-2】　基金预算支出**

基金预算支出是财政部门依据专款专用原则集中的，以基金预算安排的预算支出。一般来说，它与基金预算收入是相对应的，在实行部门预算、政府收支分类改革等一系列改革措施下，纳入部门预算统筹安排。2007年后，我国颁布的《政府收支分类科目》的"支出功能分类科目"或"支出经济分类科目"中均没有相应地再分为一般预算支出和基金预算支出科目，政府性基金收支不再单独反映。不仅如此，一般预算支出科目与基金预算支出科目所使用的政府职能的类别也是一样的。

### 5.2.2　专用基金支出的会计核算

专用基金支出是用专用基金收入安排的支出。包括粮食风险基金支出、粮食政策性挂账利息费用补贴支出、国家储备粮油补贴支出。作为具有特定用途的资金，专用基金在管理与核算上必须遵循先收后支、量入为出的原则。专用基金支出实行计划管理，按照规定的用途和使用范围办理支出。各项基金未经上级主管部门批准不得挪作他用。年终结余可结转下年继续使用。

发生专用基金支出时，借记"专用基金支出"科目，贷记"国库存款"（对于根据国家规定将基金存在指定银行的，应为"其他财政存款"）科目；支出收回时，做相反的会计分录。年终，本科目借方余额应全数转入"专用基金结余"科目冲销，借记"专用基金结余"科目，贷记本科目。本科目平时借方余额，反映专用基金支出累计数。

**【例题5-4】**某市财政局发生如下支出业务：

①拨付社保部门残疾人就业保障金150 000元。

借：专用基金支出——残疾人就业保障金　　150 000

贷：其他财政存款——专用基金存款　　150 000

②经核实，上述拨款应为100 000元，多拨的50 000元予以收回。

借：国库存款　　50 000

贷：专用基金支出——残疾人就业保障金　　50 000

③年终，将“专用基金支出”科目借方余额350 000元，全数转入“专用基金结余”账户。

借：专用基金结余　　350 000

贷：专用基金支出　　350 000

【小资料5-3】　**基金预算支出的要求**

财政总预算会计在管理和核算基金预算支出中，除了遵循一般预算支出的要求外，还应遵循：（1）先收后支。由于基金预算有较强的专用性，财政总预算会计在办理基金预算拨款时，必须认真审查单位请拨的项目是否有足够的资金来源，即该项目的历年滚存结余加本年已实现的收入减本年已支拨数是否大于或等于请拨数。如少于请拨数，即使符合计划，也不得拨付。（2）分项核算。由于基金的专用性，大多数基金几乎都由对口主管部门管理，专款专用，不能相互调剂。

【小思考5-2】基金预算支出和专用基金支出有什么异同？

答：相同点：同属于财政总预算会计支出类科目。

不同点：专用基金支出与基金预算支出相比，具有以下特点：（1）专门性。专用基金支出属于专门资金，实行专款专用，年度结余只能用于下年的这项支出，而不能用于平衡预算。这一点与基金预算的某些项目有共同性。二者的不同之处在于，专用基金用于政府某一具体的专门行为，并委托下级政府执行；基金预算收入是本级政府的收入，用于本级政府支出，因而本级政府是执行者。（2）委托性。专用基金的资金来源主要是政府的一般预算资金，也可以是基金预算基金，只有实行年终结余单独结转下年度方式管理的那些资金才能称为专用基金。

## 5.3 债务还本支出和债务转贷支出的核算

【小资料5-4】　财政部代理发行地方政府债券

财政总预算会计核算办法

为适应财政部代理发行地方政府债券管理需要，规范和加强财政部代理发行地方政府债券会计核算，根据国务院有关规定、《2009年地方政府债券预算管理办法》（财预［2009］21号）、《财政部代理发行2009年地方政府债券发行兑付办法》（财库［2009］15号）和《财政总预算会计制度》，在现行《财政总预算会计制度》中增设收入类科目“408债务收入”、“409债务转贷收入”，支出类科目“508债务还本支出”、“509债务转贷支出”，此科目适用于财政部代理发行地方政府债券中地方财政总预算会计的账务处理。

### 5.3.1 债务还本支出的核算

债务还本支出用于核算各级财政部门发生的债务还本支出。各级财政部门偿还债务本金时，借记本科目，贷记“国库存款”科目。年终转账时，将本科目借方余额全部转入“预算结余”科目，借记“预算结余”科目，贷记本科目。本科目平时借方余额，反映各级财政部门当年发生的债务还本支出累计数。

本科目应按照“政府收支分类科目”规定设置明细账。

**【例题5-5】**①2012年10月，某市财政部门发生债务还本支出300 000元。

借：债务还本支出　　300 000

　贷：国库存款　　300 000

②2012年12月31日，该市财政部门将“债务还本支出”借方余额2 000 000元全部转入“预算结余”科目。

借：预算结余　　2 000 000

贷：债务还本支出　　2 000 000

### 5.3.2 债务转贷支出的核算

债务转贷支出用于核算地方各级财政部门对下级财政部门转贷的债务支出。地方各级财政部门对下级财政部门进行债务转贷时，按照转出资金数，借记“债务转贷支出——转贷财政部代理发行地方政府债券支出”科目，贷记“国库存款”科目。年终转账时，应将本科目借方余额全部转入“预算结余”科目，借记“预算结余”科目，贷记本科目。本科目平时借方余额，反映地方各级财政部门当年对下级财政部门转贷的债务支出累计数。

本科目应按照“政府收支分类”科目的规定及下级财政部门设置明细账。

**【例题 5-6】**①某市财政部门对所属下级财政发生债务转贷支出600 000元。

借：债务转贷支出——转贷财政部代理发行地方政府债券支出
600 000

贷：国库存款　　600 000

②年终，该市财政部门将“债务转贷支出”借方余额4000 000 元全部转入“预算结余”科目。

借：预算结余　　4 000 000

贷：债务转贷支出　　4 000 000

此外，地方各级财政部门上缴本级承担的地方政府债券付息资金时，借记“一般预算支出——财政部代理发行地方政府债券付息”，贷记“国库存款”。上级财政部门代收地方政府债券付息资金时，借记“国库存款”，贷记“暂存款——××地方政府债券付息”。上缴代收的地方政府债券付息资金时，借记“暂存款——××地方政府债券付息”，贷记“国库存款”。

地方各级财政部门未按时上缴地方政府债券本金，通过年终结算扣缴时，借记“暂付款——××地方政府债券还本”，贷记“与上级往来”；列报支出时，对应由本级财政部门承担的还本支出，借记“债务还本支出——财政部代理发行地方政府债券还本”，贷记“暂付款——××地方政府债券还本”。

上级财政部门年终结算扣缴时，借记“与下级往来”，贷记“暂存款——××地方政府债券还本”或“暂付款——××地方政府债券还本”。

地方各级财政部门未按时上缴地方政府债券利息，通过年终结算扣缴利息时，借记“暂付款——××地方政府债券付息”，贷记“与上级往来”；列报支出时，对应由本级财政部门承担的付息支出，借记“一般预算支出——财政部代理发行地方政府债券付息”，贷记“暂付款——××地方政府债券付息”。

上级财政部门年终结算扣缴时，借记“与下级往来”，贷记“暂存款——××地方政府债券付息”或“暂付款——××地方政府债券付息”。

## 5.4 资金调拨支出的核算

### 5.4.1 资金调拨支出的概念

资金调拨支出是根据财政体制规定在各级财政之间进行资金调拨以及在本级财政各项资金之间的调剂所形成的支出。包括补助支出、上解支出、调出资金等。

### 5.4.2 资金调拨支出的核算

1）补助支出的会计核算

补助支出是本级财政按财政体制规定或因专项需要补助给下级财政的款项及其他转移支付的支出。

“补助支出”科目核算本级财政对下级财政的补助支出。包括：(1) 税收返还支出；(2) 按原财政体制结算应补助给下级财政的款项；(3) 专项补助或临时性补助。

发生补助支出或从“与下级往来”科目转入时，借记本科目，贷记“国库存款”、“与下级往来”科目；支出退转时，做相反的会计分录。年终，本科目借方余额应转入“预算结余”科目冲销，借记“预算结余”科目，贷记本科目。本科目平时借方余额，反映补助支出累计数。

用基金预算资金补助下级财政的地区，要将基金预算补助支出通过明细账科目核算，对基金预算补助和一般预算补助支出实行分别核算。

【例题5-7】某市财政部门发生如下支出业务：

①按文件规定拨付甲县税收返还支出300 000元。

借：补助支出——一般预算补助支出——甲县　　300 000

　贷：国库存款　　300 000

②经批准，将原借给所属甲县的款项60 000元转作对该县的一般预算补助。

借：补助支出　　60 000

　贷：与下级往来——甲县　　60 000

③根据基金预算向所属乙县拨付基金预算专项补助120 000元。

借：补助支出——基金专项补助支出——乙县　　120 000

　贷：国库存款　　120 000

④年终，将属于一般预算的“补助支出”账户借方余额300 000元和属于基金预算的“补助支出”账户借方余额70 000元，分别转入“预算结余”和“基金预算结余”。

借：预算结余　　300 000

　基金预算结余　　70 000

　贷：补助支出　　370 000

2）上解支出的会计核算

上解支出是按财政体制规定由本级财政上交给上级财政的款项。上解支出核算解缴上级财政的款项。包括：（1）按体制由国库在本级预算收入中直接划解给上级财政的款项；（2）按体制结算补解给上级财政款项和各种专项上解款项。

发生上解支出时，借记“上解支出”科目，贷记“国库存款”等有关科目；支出退转时，借记有关科目，贷记本科目。年终，本科目借方余额转入“预算结余”科目，借记“预算结余”科目，贷记本科目。本科目平时借方余额，反映上解支出累计数。

本科目可不设明细账。

【例题5-8】某市财政部门发生如下业务：

①按规定向上级财政解缴体制款项80 000元。

借：上解支出　　80 000

　贷：国库存款　　80 000

②结算时，本级财政应补缴上级财政上解款120 000元。

借：上解支出　　120 000

　贷：与上级往来　　120 000

③年终，将上解支出总额350 000元转入“预算结余”账户。

借：预算结余　　350 000

　贷：上解支出　　350 000

3）调出资金的会计核算

调出资金是为平衡一般预算收支而从基金预算的地方财政税费附加收入结余中调出，补充预算的资金。

“调出资金”科目用于核算各级财政部门从基金预算的地方财政税费附加收入结余中调出，用于平衡预算收支的资金。调出基金预算结余时，借记本科目，贷记“调入资金”科目。凡是一般预算与基金预算分设存款账户的地区，应同时调整国库存款的明细账。年终转账时，应将本科目借方余额转入“基金预算结余”科目，借记“基金预算结余”科目，贷记本科目。

【例题5-9】某市财政局发生如下经济业务：

①为平衡一般预算，从基金预算结余中调出资金320 000元。

借：调出资金　　320 000

　贷：调入资金　　320 000

同时，记：

借：国库存款——一般预算存款　　320 000

　贷：国库存款——基金预算存款　　320 000

②年终，将“调出资金”账户借方余额150 000元转入“基金预算结余”账户。

借：基金预算结余　　150 000

　贷：调出资金　　150 000

同时，财政总预算会计应结清调出资金明细账。

## 本章小结

● 财政支出是一级政府为实现其职能，对财政资金的再分配。包括一般预算支出、基金预算支出、专用基金支出、资金调拨支出等。

● 一般预算支出是国家对集中的预算收入有计划地分配和使用而安排的支出。在国库单一账户制度下，一般预算支出的支付方式主要分为财政直接支付和财政授权支付两种。

● 基金预算支出是用基金预算收入安排的支出。基金预算支出的会计事务处理比照预算支出的有关规定办理，还应遵循先收后支、分项核算原则。

● 专用基金支出是用专用基金收入安排的支出。作为具有特定用途的资金，专用基金在管理与核算上必须遵循先收后支、量入为出的原则。

● 资金调拨支出是根据财政体制规定在各级财政之间进行资金调拨以及在本级财政各项资金之间的调剂所形成的支出。资金调拨支出包括补助支出、上解支出、调出资金等。

## 主要概念和观念

★ 主要概念

一般预算支出　基金预算支出　专用基金支出　补助支出　上解支出　调出资金

★ 主要观念

财政观念　绩效观念　专款专用观念

## 基础训练

5.1　简答题

(1) 简述财政总预算会计支出核算的内容。

(2) 简述一般预算支出的含义。

(3) 简述一般预算支出的核算和管理要求。

(4) 简述一般预算支出的列报基础。

(5) 简述基金预算支出的概念及其与专用基金支出的区别。

(6) 比较债务还本支出和债务转贷支出的不同。

(7) 简述资金调拨支出的核算内容。

5.2 判断题

(1) 一般预算支出是国家对集中的预算收入有计划地分配和使用而安排的支出。 ( )

(2) 财政授权支付是指由财政部门开具支付令，通过国库单一账户体系，直接将财政资金支付到供应商或收款人（用款单位）账户。 ( )

(3) 财政授权支付是国库集中支付的另一种方式，是指预算单位按照部门预算和用款计划确定资金用途，根据财政部门授权，自行开具支付令送代理银行，通过国库单一账户体系中的单位零余额账户或特设专户，将财政性资金支付到收款人或用款单位账户。 ( )

(4) 在国库单一账户制度下，一般预算支出的支付方式主要分为财政直接支付和财政授权支付两种。 ( )

(5) 基金预算支出未纳入政府预算管理，属于政府预算外支出。 ( )

(6) 基金预算支出平时贷方余额，反映基金预算支出累计数。 ( )

(7) 专用基金支出的各项基金未经上级主管部门批准不得挪作他用。年终结余不可结转下年继续使用。 ( )

(8) 资金调拨支出是根据财政体制规定在各级财政之间进行资金调拨以及在本级财政各项资金之间的调剂所形成的支出。 ( )

(9) 资金调拨支出包括补助支出、上解支出、调出资金等。 ( )

(10) 财政总预算会计预拨以后各期的经费，不得按预拨数列作本期支出。 ( )

5.3 综合分析题

某省财政部门2012年12月发生如下支出业务：

(1) 收到国库支付机构报来的预算支出结算清单，支付下属单位属于一般预算支出的款项500 000元。

(2) 拨付给市粮食储备有限公司粮食风险基金250 000元。

(3) 拨付给下属给某建设单位的基本建设支出420 000元。

(4) 根据审核无误的用款计划和用款申请，拨付给市教育局教育基金支出250 000元。

(5) 经年终结算，拨付给下属某市财政局一般补助款360 000元。

(6) 经批准，将原借给所属某县的财政周转调度款10 000元转作对该县的一般财政补助。

(7) 向所属甲县拨付财政基金预算补助70 000元。

(8) 按财政管理体制的规定向上级财政上解一般预算款项820 000元。

(9) 在年终结算中，按财政管理体制的规定上解上级款项500 000元。

(10) 年终，分别将“上解支出”科目借方余额620 000元转入“预算结余”科目；将“调出资金”科目借方余额880 000元转入“基金预算结余”科目；将“补助支出”科目借方余额380 000元转入“预算结余”科目；将“专用基金支出”科目借方余额260 000元，全数转入“专用基金结余”账户；将“基金预算支出”科目借方余额350 000元转入“基金预算结余”账户；将“一般预算支出”科目借方余额5 700 000元转入“预算结余”账户。

根据以上资料，编制会计分录。

5.4 网上调研

利用电子图书馆和因特网查阅我国财政总预算会计支出的相关理论知识，掌握最新的财政总预算会计支出的改革动态，巩固和充实所学的知识。

5.5 单元实践

查阅对比政府收支分类科目和财政总预算会计收支科目设置，总结财政总预算会计收入科目和支出科目的设置规律。

# 第6章 财政总预算会计净资产的核算

## 学习目标

☆**知识目标**

熟悉净资产的含义和内容；

掌握结余核算所运用的账户及内容；

能够区分预算结余、基金预算结余、专用基金结余的核算内容；

了解预算周转金的定义、内容、设置与管理。

☆**技能目标**

熟悉一般预算结余、基金预算结余、专用基金结余的核算内容及具体账务处理；

掌握预算周转金的设置与管理、核算内容及具体账务处理。

☆**能力目标**

能够综合运用净资产各科目进行年终转账；

具备净资产管理能力。

**净资产**

净资产是指资产减去负债的差额，在企业会计中称为所有者权益，是指企业投资人对企业净资产的所有权益，在预算会计中称为净资产。与企业相比，预算单位不存在注册资本，大都不计盈亏，其净资产并不体现所有者权益或投资人权益，也就不会实行资本保全的原则，所以，预算单位的净资产不称为所有者权益。在正常情况下，企业的净资产会随着生产经营活动的变化而发生变化，而预算单位的净资产如果不考虑固定资产的增减变化，从年初至年末会随着货币性资产的不断耗用而逐步减少。

## 6.1 各项结余的核算

### 6.1.1 净资产的概念

净资产，是财政总预算会计要素之一。财政部门的净资产是指资产减去负债的差额，包括各项结余、预算周转金等。财政资产减去财政负债的差额，即属于财政会计核算主体所有的资产净值。

各级财政部门代表同级政府所拥有的净资产，从量上看是财政资产减去财政负债，由财政部门代表同级政府行使支配权。

### 6.1.2 结余的管理要求

结余是财政预算收支的执行结果。财政各项结余包括一般预算结余、基金预算结余和专用基金结余。年终将各项收入与相应的支出冲销后，即成为该项资金的当年结余。当年结余加上年年末滚存结余为本年年末滚存结余。

各项结余必须分别核算，不得混淆；各项结余应每年结算一次。

各级政府预算上年结余的使用，应当按照下列顺序施行：（1）在下年度用于上一年度结转项目的支出；（2）用于上年结转项目支出后的余额，可用于补充预算周转金；（3）用于上年结转项目支出和补充预算周转金后的余额，转入事业基金，可用于下一年度必需的预算开支。

### 6.1.3 结余的会计核算

1）一般预算结余

“预算结余”科目核算各级财政一般预算收支的年终执行结果。年终转账时，财政部门应将“一般预算收入”、“补助收入——一般预算补助”、“上解收入”、“调入资金”等科目贷方余额转入本科目贷方；将“预算支出”、“补助支出——一般预算补助”、“上解支出”等科目借方余额转入本科目借方。根据有关规定从本年预算结余增设周转金时，按增设数借记本科目，贷记“预算周转金”。本科目年终贷方余额，反映本年的预算滚存结余（含有价证券），转入下年度。

【例题6-1】某市财政总预算会计年终结账前预算收入、支出账户余额如表6-1所示。

表6-1 预算收入、支出账户余额

| 账户名称 | 金额（元） |
| --- | --- |
| 收入类账户 | |
| 一般预算收入 | 3 000 000 |
| 补助收入——一般预算补助 | 250 000 |
| 上解收入 | 36 000 |
| 调入资金 | 100 000 |
| 收入合计 | 3 386 000 |
| 支出类账户 | |
| 一般预算支出 | 230 000 |
| 补助支出——一般预算补助 | 76 000 |
| 上解支出 | 420 000 |
| 支出合计 | 726 000 |

①将收入类账户贷方余额转入“预算结余”科目。

借：一般预算收入　　3 000 000

　　补助收入——一般预算补助　　250 000

　　上解收入　　36 000

　　调入资金　　100 000

　贷：预算结余　　3 386 000

②将支出类账户借方余额转入“预算结余”科目。

借：预算结余　　726 000

　贷：一般预算支出　　230 000

　　　补助支出——一般预算补助　　76 000

　　　上解支出　　420 000

③本年预算结余 =（3 000 000+250 000+36 000+100 000）－（230 000+76 000+420 000）

=2 660 000（元）

2）基金预算结余

“基金预算结余”科目核算各级财政管理的政府性基金收支的年终执行结果。年终转账时，应将“基金预算收入”、“补助收入——基金预算补助”、“上解收入——基金预算上解”科目余额转入本科目贷方；将“基金预算支出”、“补助支出——基金预算补助”、“调出资金”科目余额转入本科目借方。本科目年终贷方余额，反映本年基金预算滚存结余，转入下年度。

本科目应根据基金预算科目所列的基金项目逐一反映各项基金的结余。

**【例题6-2】** 某市财政总预算会计年终结账前，基金预算收入、支出账户余额如表6-2所示。

①将收入类账户贷方余额转入“基金预算结余”账户。

借：基金预算收入　　540 000

　　补助收入——基金预算补助　　483 000

　　上解收入——基金预算上解　　165 000

　贷：基金预算结余　　1 188 000

②将支出类账户借方余额转入“基金预算结余”账户。

表6-2　**基金预算收入、支出账户余额**

| 账户名称 | 金额（元） |
| --- | --- |
| 收入类账户 | |
| 基金预算收入 | 540 000 |
| 补助收入——基金预算补助 | 483 000 |
| 上解收入——基金预算上解 | 165 000 |
| 收入合计 | 1 188 000 |
| 支出类账户 | |
| 基金预算支出 | 531 000 |
| 补助支出——基金预算补助 | 320 000 |
| 调出资金 | 37 820 |
| 支出合计 | 888 820 |

借：基金预算结余　888 820

　贷：基金预算支出　531 000

　　　补助支出——基金预算补助　320 000

　　　调出资金　37 820

③本年预算结余 =（540 000+483 000+165 000）－（531 000+320 000 +37 820）

=299 180（元）

3）专用基金结余

“专用基金结余”科目用于核算财政总预算会计管理的专用基金收支的年终执行结果。年终转账时，将“专用基金收入”科目余额转入本科目，借记“专用基金收入”，贷记本科目；将“专用基金支出”科目余额转入本科目，借记本科目，贷记“专用基金支出”科目。本科目年终贷方余额，反映本年专用基金的滚存结余，转入下年度。

【例题6-3】某市财政总预算会计年终转账，“专用基金收入”账户贷方余额为320 000元，“专用基金支出”账户借方余额为64 000元，上一年度专用基金结余为100 000元。

①将全年专用基金收入320 000元结转“专用基金结余”账户。

借：专用基金收入　320 000

贷：专用基金结余　　320 000

②将全年专用基金支出64 000元结转“专用基金结余”账户。

借：专用基金结余　　64 000

贷：专用基金支出　　64 000

③专用基金结余全年累计数=100 000+320 000-64 000=356 000（元）

【小思考6-1】财政部一方面讲要节约财政资金，一方面又要求加强结余资金管理。那么，加强结余资金管理是否会造成负面影响(如不利于部门节约开支)?

答：财政拨款结余资金是财政资源的一部分，在传统管理方式下，部门拥有财政拨款结余资金的使用权和再分配权，结余资金为部门更好地执行部门职能、完成工作任务提供了一定的灵活性，但是，也存在不少问题。随着结余资金问题的显现，加强和规范财政拨款结余资金管理已成为一个亟待解决的问题。

对中央部门结余资金进行管理，并不是财政部要收权。一方面，这是落实全国人大、审计署的意见，深化部门预算改革、提高财政资金使用效率的需要；另一方面，这对中央部门加强自身的财务管理也有重要的促进作用。根据《中央部门财政拨款结余资金管理暂行规定》（以下简称《规定》）确定的原则，结余资金的使用权仍主要由部门掌握，各部门应加强对规范结余资金管理的认识，认真执行《规定》，本着厉行节约的原则，加强对结余资金的管理，提高财政资金的使用效率。

## 6.2　预算周转金的管理和核算

### 6.2.1　设置和动用预算周转金的原则

预算周转金是为调剂预算年度内季节性收支差额、保证及时用款而设置的周转资金。预算周转金一般用年度预算结余资金设置、补充或由上级财政部门拨入。各级政府预算周转金从本级政府预算的结余中设置和补充，其额度应当逐步达到本级政府预算支出总额的4%。

设置必要的预算周转金，是各级财政灵活调度预算资金的重要保证。预算的收支往往是不一致的，虽然全年预算收支平衡，但月份之间、季度之间往往是不平衡的，会出现收大于支或收不抵支的情况。收入是逐日收取的，每月的支出都要在月初拨付，同时，财政资金在征收、报解、转拨的途中又需要一定的时间。因此，各级财政为了平衡季节性预算收支，必须设置相应的预算周转金。

设置和动用预算周转金的原则如下：

（1）预算周转金一般从年度预算结余中提取设置、补充或由上级财政部门拨入。

（2）预算周转金由本级政府财政部门管理，只供平衡预算收支的临时周转使用，不能用于财政开支。

（3）已设置或补充的预算周转金，未经上级财政部门批准，不得随意减少。年终，必须保持原核定数，逐年结转。

（4）预算周转金的数额，应与预算支出规模相适应。随着预算支出的逐年增长，预算周转金也应相应地扩充。

### 6.2.2 预算周转金的会计核算

“预算周转金”科目核算各级财政设置的用于平衡季节性预算收支差额周转使用的资金。预算周转金应根据《中华人民共和国预算法》的要求设置，并不得随意减少。设置和补充预算周转金时，借记“预算结余”科目，贷记本科目。本科目借方一般无发生额。

**【例题6-4】** 某市财政局发生如下业务：

①经上级机关批准，用预算结余增设预算周转金162 000元。

| | | |
|---|---|---|
| 借：预算结余 | 162 000 | |
| 　贷：预算周转金 | | 162 000 |

②收到上级机关拨来的预算周转金25 000元。

| | | |
|---|---|---|
| 借：国库存款 | 25 000 | |
| 　贷：预算周转金 | | 25 000 |

## 本章小结

● 各级财政部门代表同级政府所拥有的净资产，从量上看是财政资产减去财政负债，由财政部门代表同级政府行使支配权。

● 净资产是指资产减去负债的差额。包括各项结余、预算周转金等。财政资产减去财政负债的差额，即属于财政会计核算主体所有的资产净值。

● 与企业会计相比，预算单位不存在注册资本，其净资产并不体现所有者权益或投资人权益，也就不会实行资本保全的原则。

● 结余是财政收支的执行结果。财政各项结余包括一般预算结余、基金预算结余和专用基金结余。

● 各项结余必须分别核算，不得混淆；各项结余应每年结算一次。

● 预算周转金是为调剂预算年度内季节性收支差额、保证及时用款而设置的周转资金。预算周转金一般用年度预算结余资金设置、补充或由上级财政部门拨入。

● 预算周转金由本级政府财政部门管理，只供平衡预算收支的临时周转使用，不能用于财政开支。

## 主要概念和观念

★ 主要概念

结余　一般预算结余　基金预算结余　专用基金结余　预算周转金

★ 主要观念

预算观念　平衡观念　周转观念

## 基础训练

6.1　简答题

(1) 简述财政总预算会计净资产的内容。

(2) 简述预算周转金及其设置和动用原则。

(3) 简述各项结余的使用顺序。

(4) 简述基金预算结余和一般预算结余的区别。

(5) 简述基金预算结余及其核算。

(6) 简述专用基金结余及其核算。

6.2　判断题

(1) 预算周转金用于平衡预算，也可以用于财政支出。　(　　)

（2）财政资产减去财政负债的差额，即属于财政会计核算主体所有的资产净值。（　）

（3）各项结余应每月结算一次。月末将各项收入与相应的支出冲销后，即成为该项资金的当月结余。（　）

（4）各级政府预算的上年结余，应当按照下列顺序使用：首先，用于上年结转项目支出后的余额，可用于补充预算周转金；其次，在下年度用于上一年度结转项目的支出；最后，用于上年结转项目支出和补充预算周转金后的余额，可用于下一年度必需的预算支出。（　）

（5）基金预算结余应根据基金预算科目所列的基金项目逐一反映各项基金的结余。（　）

（6）预算周转金的变动要通过同级人民政府和上级财政部门的批准。（　）

（7）基金预算结余可以用来弥补一般预算出现的赤字，一般预算结余也可用于弥补基金预算的赤字。（　）

（8）用预算资金增补预算周转金时，借记有关预算支出科目，贷记“国库存款”科目。（　）

6.3　综合分析题

某市财政总预算会计2012年发生业务如下：

（1）收到上级财政拨来资金790 000元，用于财政设置预算周转金。

（2）根据本年预算收支结余情况，用一般预算结余460 000元增补预算周转金。

（3）年终，有关账户余额如下：一般预算收入20 000元；基金预算收入42 000元；专用基金收入4 700 000元；补助收入——一般预算补助250 000元；上解收入650 000元；调入资金730 000元；一般预算支出270 000元；基金预算支出490 000元；专用基金支出82 000元；补助支出——一般预算补助280 000元；上解支出4 300 000元；调出资金240 000元。

根据以上资料，编制会计分录，并进行年终转账。

6.4　网上调研

（1）利用电子图书馆和因特网收集我国财政总预算会计净资产的

相关理论知识，掌握最新的财政总预算会计净资产管理改革动态，巩固和充实所学的知识。

(2) 网上查询国外非营利组织会计净资产的管理要求，并比较分析对我国财政总预算会计有何借鉴意义。

6.5 单元实践

以小组为单位，对财政机关的财政总预算会计工作进行实地考察，讨论研究如何加强我国结余资金的监督和管理。

# 第7章　财政总预算会计报表

## 学习目标

☆**知识目标**

理解会计报表的概念、含义；

熟悉会计报表的种类、内容和编报要求；

熟悉年终清理的内容。

☆**技能目标**

掌握会计报表的编报程序、方法及审核技巧；

掌握年终结算的方法。

☆**能力目标**

学会运用科学适用的方法填制会计报表并对会计报表进行综合分析和运用。

## 7.1 会计报表概述

【小资料 7-1】 **财政决算**

政府、机关、团体和事业单位的年度会计报告，是根据年度预算的最终执行结果编制的。决算同预算相适应，有国家决算、单位决算，通过决算可以检查和总结预算执行情况。国家决算是经法定程序批准的年度预算执行结果的会计报告，包括报表和文字说明两部分。

### 7.1.1 会计报表的概念

财政总预算会计报表是反映政府财政资金状况和预算收支执行情况及结果的定期书面报告，是各级政府和财政部门了解财政收支情况、制定财政政策、指导预算执行工作的重要依据。

### 7.1.2 会计报表的种类

（1）按编报的时间分为旬报、月报和年报。旬报是反映各级政府财政部门从月初至本旬为止的预算收支主要完成情况的报表；月报是反映各级政府财政部门从年初至本月末为止的财政资金状况和预算收支执行情况的报表；年报是反映各级政府财政收支的决算报表，是各级政府全年政治经济活动在财政上的集中反映。

（2）按报表的性质和经济内容分为资产负债表、预算执行情况表、其他附表及预算执行情况说明书等。资产负债表是反映各级政府财政部门至某一特定时日实际所控制的资产、承担的负债以及拥有的净资产情况的报表；预算执行情况表是反映各级政府财政部门某一时期预算收支执行进度、构成等情况的报表；其他附表包括基本数字表、政府性基金收支表、行政事业单位汇总表及所附会计报表等。

（3）按报表的内容范围和编制单位分为本级报表和汇总报表。本级报表是反映一级政府财政本级的财政资金状况和预算执行情况的报表；汇总报表是一级政府财政总预算会计根据本级政府和经审核的所属下级政府的财政总预算会计报表汇总编制的反映本级政府和所属下级政府总的财政资金状况和预算执行情况的报表。

## 7.2 年度会计报表的准备工作

### 7.2.1 年终清理

年终清理是各级财政总预算会计在年终结算时，在规定时限内对全年各项预算资金的收支及资金活动进行全面的彻底清查、核对工作。年终清理的主要内容如下：

1）核对年度预算收支数字

年度结束前，各级财政总预算会计应在财政预算管理部门的部署下，把本级财政总预算全年预算数同上下级财政总预算以及本级各预算单位的单位预算全年预算数核对清楚。追加追减和上划下划数字，必须在年度终了前核对完成。为便于年终清理工作的进行，本年度预算追加追减和企事业单位的上划下划，一般截至 11 月不再办理。各项预算拨款截至 12 月 25 日。

2）清理本年各预算收支

凡属本年的预算收入，包括一般预算收入、基金预算收入、专用基金收入，都要认真进行清理，年终前必须如数足额缴入国库或指定的专业银行。应督促国库在年终库款报解整理期内，迅速及时报齐当年预算收入。应在本年预算支领列报的款项，非有特殊原因，须在年终前办理完毕。

3）组织征收机关和国库进行年度对账

年度终了后，按国库制度规定，支库应设置 10 天的库款报解整理期（设置决算清理期的年度，库款报解整理期相应顺延）。12 月 31 日前，各国库经收处所收款项均应在“库款报解整理期”内报达支库，列入当年决算。同时，各级国库要按年度决算对账办法编制收入对账单，分送同级财政部门和征收机关核对签章，确保相互之间财政收入数字的一致性。

4）清理核对当年拨款支出

各级财政总预算会计对本级各预算单位的拨款支出应与相应各预算

单位的拨款收入核对一致。对于当年安排的非包干使用拨款的结余部分，应根据具体情况处理。属于单位正常周转占用的资金，仍可作为预算支出处理；属于预拨下年度的经费，不得列入当年预算支出。

实行国库集中收付制度的，还应做好清理零余额账户用款额度、直接支付和授权支付等业务事项。

5）清理往来款项

年度终了前，各级财政总预算会计要对其暂收、暂付等各种往来款项进行认真清理结算，做到“人欠收回、欠人归还”。该转作各项收入和支出的款项，要及时转入本年度有关收支账户。

**【小资料 7-2】 预算追加追减和预算划转**

预算追加追减是指对原定预算收支总额的增加或缩减。预算追加追减会引起预算收支总额的改变，关系财政收支平衡的实现。因此，追加收入必须建立在发展经济的基础上，减少支出要相应调整事业计划，要严格控制追减收入和追加支出。

预算划转是指在预算执行过程中发生企业、事业单位隶属关系或行政区划的改变，需要相应改变预算隶属关系时，将原预算划归新的领导部门或接管单位，即预算关系的转移。企业、事业单位隶属关系改变后，划出单位应将上交的各项预算收入以及应给单位的预算支出，按照全年预算划转，年度预算执行中已经交入国库的收入和已经实现的支出，由划出和划入双方进行结算。

### 7.2.2 年终结算

年终结算也称财政体制结算，是财政决算编审工作中，按照财政管理体制的规定，在本级财政与上级财政之间、本级财政与所属下级财政之间进行的资金结算工作。

在结算中，首先根据财政管理体制的规定，计算出全年应补助、应上解和应返还的数额；然后，将上述数字与年度预算执行过程中已经补助、上解和返还的数额进行核对比较；最后，上级财政部门根据年终财政体制结算项目，结合借垫款项，计算出全年最后应补或应退的数额，填制“年终财政决算结算单”，作为下级财政结算的依据。各级财政总预算会计应根据经上级财政部门审批的“年终财政决算结算单”中核定的税收返还收入、原体制补助或上解等数额，通过“与上级往来”和“与下级往来”账户办理转账业务。

【例题 7-1】根据“年终财政决算结算单”，某市财政局按年度预算计算应上解省财政部门的数额为 80 000 000 元，省财政部门应专项补助该市9 800 000元。年度预算执行中，该市实际上解数额为 67 000 000 元。

①市财政总预算会计年终计算应补上解省财政部门数额 = 应上解省财政部门的数额 − 市实际上解数额 − 省财政部门应专项补助该市数额

=80 000 000−67 000 000−9 800 000

=3 200 000（元）

②市财政总预算会计根据经省财政部门审批的“年终财政决算结算单”，通过“与上级往来”科目与省财政部门办理结算，做会计分录：

借：上解支出　　13 000 000

　贷：与上级往来　　13 000 000

借：与上级往来　　9 800 000

　贷：补助收入　　9 800 000

“与上级往来”科目贷方余额 3 200 000 元，是该市财政局应补省财政部门上解数额与省财政部门应专项补助该市的轧差数。

③同时，省财政总预算会计通过“与下级往来”科目与该市办理结算，做会计分录：

借：与下级往来　　13 000 000

　贷：上解收入　　13 000 000

借：补助支出　　9 800 000

　贷：与下级往来　　9 800 000

【小资料 7-3】　　财政体制

财政体制也叫财政管理体制，指国家通过规定各级政权管理财政收支的权限和各企事业单位在财务管理上的权限，据以处理国家各级政权之间、国家与企事业单位之间的财政分配关系的管理制度。这是国家财政管理工作中的一项主要制度。财政体制包括预算管理体制、企业财务管理体制、事业财务管理体制、税收管理体制、基本建设管理体制等。

财政分税制是指按照公平和效率的原则，在科学合理地划分事权、明确中央和地方税收管辖权的基础上，依据各种税收本身的特征和税源大小、征管难易程度，划分和建立中央与地方两个税收体系，实行分级管理，分别发挥各自税收对宏观与微观经济的调节作用，以确保各级政府职能顺利实现的一种财政管理体制。

### 7.2.3 年终结账

1）年终转账

首先计算出财政总预算会计各账户12月份累计数和全年累计数，结出12月末余额，再根据各账户12月末余额，编制结账前的“资产负债表”，试算平衡。试算平衡后，编制记账凭证，把“一般预算收入”、“基金预算收入”、“专用基金收入”、“补助收入”、“上解收入”、“调入资金”等收入类账户贷方余额及“一般预算支出”、“基金预算支出”、“专用基金支出”、“补助支出”、“上解支出”、“调出资金”等支出类账户借方余额分别转入“预算结余”、“基金预算结余”、“专用基金结余”账户的贷方和借方。年终转账后，财政总预算会计各收支类账户期末余额应为零。

2）结清旧账

年终转账后，结出资产、负债、净资产、收入和支出各类账户借、贷方全年累计数，然后在其下方画双红线，表示该账户已完全结清。年终有余额的账户，在其摘要栏内注明“结转下年”字样，表示旧账余额结束，转入新账。

3）记入新账

结清旧账后，根据本年度各总账账户和明细账户年终转账后的余额，编制结账后的“资产负债表”和有关明细表，将表列各账户余额直接计入新年度有关总账和明细账各账户预留空行的余额栏内。同时，在“摘要”栏内注明“上年结转”字样，以区别新年度发生数。

## 7.3 会计报表的编制

### 7.3.1 财政总预算会计报表的编制要求和程序

1）会计报表的编制要求

（1）数字正确。财政总预算会计报表中的各项数字，必须根据审核无误的账户记录和所属预算单位报表数字汇总填列，切实做到有根有据、数字确凿、账表相符，不能估列代编和弄虚作假。

（2）内容完整。财政总预算会计报表要严格按照国家统一规定的种类、格式、内容、计算方法和编制口径认真填制，以保证全国的统一汇总和分析。编制汇总报表的单位要把所属单位的报表汇集齐全，不得漏报。

（3）报送及时。各级财政总预算会计要加强日常会计核算工作，督促有关单位及时记账、结账。所有预算会计单位都应在规定的期限内报出报表，以便主管部门和财政部门及时汇总。

2）会计报表的编制程序

财政总预算会计报表由乡（镇）、县（市）、市（设区的市）、省（自治区、直辖市）以及计划单列市的财政机关根据统一规定的会计科目、编制口径和报送时间，从基层预算单位开始，逐级汇总编报，不得估列代编。

各预算单位的会计报表是同级财政总预算会计报表的组成部分，由各行政事业单位逐级汇总，最后由各主管部门汇总后报送同级财政机关。

参与政府预算执行的国家金库和中国建设银行、农业银行及办理、监督中央及限额拨款的国家银行也要分别向同级财政机关报送预算收入和预算支出的各种报表，它们作为财政总预算会计报表的附表也是财政总预算会计的组成内容。

逐级汇总编成定期的政府预算收支执行情况报表后，由财政部报送国务院。地方各级财政总预算会计报表，由财政机关报送同级人民政府。

### 7.3.2 资产负债表

1）资产负债表的编制方法

（1）财政总预算会计资产负债表的结构分为左右两部分（左方为资产部类，右方为负债部类），按照“资产+支出=负债+净资产+收入”的平衡公式设置，左右两方合计数相等。

（2）各级财政总预算会计应先编制出本级的财政总预算会计资产负债表，然后再汇总经审核无误的所属下级财政总预算会计汇总的资产负债表，编成本地区财政总预算会计的汇总资产负债表。

（3）在汇编过程中，要将本级财政的“与下级往来”与下级财政的“与上级往来”、本级财政的“上解收入”与下级财政的“上解支出”、本级财政的“补助支出”与下级财政的“补助收入”等有勾稽关系的科目核对无误后相互冲销，以免重复汇总，导致虚收虚支。

（4）该表的“年初数”一栏，根据上年年末资产负债表中有关项目的“期末数”填列；该表的“期末数”一栏，根据年终结账后的总账余额填制，这是旧账转入新账的依据。

（5）结账前的资产负债表编制结束后，应试算平衡后才能作为年终转账的依据，并在年终转账后编制结账后的资产负债表。

2）资产负债表的表式样例

表7-1是某市财政总预算会计根据各账户12月末余额编制的结账前的“资产负债表”。

表7-1 **资产负债表（结账前）**

编报单位：某市财政局　　2012年12月31日　　金额单位：千元

| 资产部类 | | | 负债部类 | | |
|---|---|---|---|---|---|
| 科目名称 | 年初数 | 期末数 | 科目名称 | 年初数 | 期末数 |
| 资产 | | | 负债 | | |
| 国库存款 | | 9 550 | 暂存款 | | 5 700 |
| 其他财政存款 | | 3 850 | 与上级往来 | | 3 860 |
| 有价证券 | | 4 700 | 借入款 | | 0 |
| 在途款 | | 50 | 负债合计 | | 9 560 |

续表

| 资产部类 | | | 负债部类 | | |
|---|---|---|---|---|---|
| 科目名称 | 年初数 | 期末数 | 科目名称 | 年初数 | 期末数 |
| 暂付款 | | 7 700 | 净资产 | | |
| 与下级往来 | | 0 | 预算结余 | | 11 600 |
| 预拨经费 | | 5 000 | 基金预算结余 | | 9 200 |
| 基建拨款 | | 3 200 | 专用基金结余 | | 0 |
| 资产合计 | | 34 050 | 预算周转金 | | 5 600 |
| 支出 | | | 净资产合计 | | 26 400 |
| 一般预算支出 | | 122 000 | 收入 | | |
| 基金预算支出 | | 5 400 | 一般预算收入 | | 286 000 |
| 补助支出 | | 5 600 | 基金预算收入 | | 7 350 |
| 上解支出 | | 185 460 | 补助收入 | | 23 200 |
| 调出资金 | | 5 000 | 调入资金 | | 5 000 |
| 支出合计 | | 323 460 | 收入合计 | | 321 550 |
| 资产部类合计 | | 357 510 | 负债部类合计 | | 357 510 |

试算平衡后，根据结账前的资产负债表 7-1 编制年终转账的会计分录如下：

①将全年预算收入、调入资金、上级补助收入转入“预算结余”账户。

借：一般预算收入　　286 000 000
　　补助收入　　23 200 000
　　调入资金　　5 000 000
　贷：预算结余　　314 200 000

②将全年预算支出、上解支出、补助支出转入“预算结余”账户。

借：预算结余　　313 060 000
　贷：一般预算支出　　122 000 000
　　上解支出　　185 460 000
　　补助支出　　5 600 000

③将本年基金预算收入转入“基金预算结余”账户。

借：基金预算收入　　　　　　　　　　7 350 000

　贷：基金预算结余　　　　　　　　　　　　　7 350 000

④将本年基金预算支出转入“基金预算结余”账户。

借：基金预算结余　　　　　　　　　10 400 000

　贷：基金预算支出　　　　　　　　　　　　　5 400 000

　　　调出资金　　　　　　　　　　　　　　　5 000 000

年终转账后，根据各账户余额填制结账后的资产负债表，见表7-2。

表 7-2　　**资产负债表（结账后）**

编报单位：某市财政局　　2012 年 12 月 31 日　　金额单位：千元

| 资产部类 | | | 负债部类 | | |
|---|---|---|---|---|---|
| 科目名称 | 年初数 | 期末数 | 科目名称 | 年初数 | 期末数 |
| 资产 | | | 负债 | | |
| 国库存款 | | 9 550 | 暂存款 | | 5 700 |
| 其他财政存款 | | 3 850 | 与上级往来 | | 3 860 |
| 有价证券 | | 4 700 | 借入款 | | 0 |
| 在途款 | | 50 | 负债合计 | | 9 560 |
| 暂付款 | | 7 700 | 净资产 | | |
| 与下级往来 | | 0 | 预算结余 | | 12 740 |
| 预拨经费 | | 5 000 | 基金预算结余 | | 6 150 |
| 基建拨款 | | 3 200 | 预算周转金 | | 5 600 |
| 资产合计 | | 34 050 | 净资产合计 | | 24 490 |
| 资产部类合计 | | 34 050 | 负债部类合计 | | 34 050 |

【小思考 7-1】财政总预算会计资产负债表与企业资产负债表的主要区别是什么？

答：(1) 报表构成要素不同。财政总预算会计资产负债表由资产、负债、净资产、收入和支出5大会计要素科目构成；企业资产负债表由资产、负债、所有者权益、收入、利润和费用6大要素科目构成。

(2) 报表反映内容不同。财政总预算会计资产负债表反映的是各级政府财政部门至某一特定时日实际所控制的资产、承担的负债以及拥有的净资产情况；企业资产负债表反映的是企业资产、负债、所有者权益的总体规模和结构。

(3) 报表平衡原理不同。财政总预算会计资产负债表根据资产、负债、净资产之间的勾稽关系，按照一定的分类标准和顺序，把一级政府财政部门至某一特定时日实际所控制的资产、承担的负债以及拥有的净资产各项目予以适当排列，遵循的是“资产=负债+净资产”这一平衡原理；企业资产负债表根据资产、负债、所有者权益（或股东权益，下同）之间的勾稽关系，按照一定的分类标准和顺序，把企业一定日期的资产、负债和所有者权益各项目予以适当排列，遵循的是“资产=负债+所有者权益”这一平衡原理。

(4) 报表会计主体不同。财政总预算会计报表的会计主体是非营利性的各级政府；企业资产负债表的会计主体是以营利为目的的各类企业。

### 7.3.3 预算执行情况表

1）旬报的编制

旬报的收入和支出只列报主要的大类数，数字从有关收支账户中查阅获取。旬报于每月上旬、中旬后报送，下旬免报，由月报代替。

旬报的内容、报送时间由财政部根据情况规定，并逐级布置。县级财政旬报一般在旬后1日内以电话方式上报上级财政部门；上级财政部门收齐下级财政部门的旬报后，加上本级财政收支大类数字，再汇总上一级财政部门；省、自治区、直辖市一级财政预算的旬报一般要求在旬后3日内上报财政部。

2）月报的编制

月报的内容较旬报要详细一些，一般填列到政府收支分类的“款”级科目，并且要附上本月预算收支执行情况的文字说明。

月报可以分为一般预算收入月报、一般预算支出月报、基金预算收入月报、基金预算支出月报，也可合并编报财政总预算会计收支月报。

其基本样式如表7-3、表7-4。

表7-3　　____年____月份预算收入月报　　金额单位：

| 预算科目 | 当月数 | 累计数 | 预算科目 | 当月数 | 累计数 |
|---|---|---|---|---|---|
| | | | | | |
| | | | | | |
| | | | | | |
| | | | | | |
| | | | | | |

表7-4　　____年____月份预算支出月报　　金额单位：

| 科目名称 | 本月完成数 | 累计完成数 | 科目名称 | 本月完成数 | 累计完成数 |
|---|---|---|---|---|---|
| | | | | | |
| | | | | | |
| | | | | | |
| | | | | | |
| | | | | | |

3）年报的编制

各级政府财政总预算会计的年报由财政收支决算总表、收入决算明细表、支出决算明细表、基金预算收支决算总表、基金收支明细表、资产负债表等组成。具体内容与编制方法，根据当年财政部有关决算报表的规定办理。

## 7.4 会计报表的审核、分析

### 7.4.1 财政总预算会计报表的审核

1）政策性审核

政策性审核是依据《中华人民共和国预算法》、国家有关财经方针政策及各项财务制度的规定，对各级政府的财政收入和支出的合规性、合法性进行的审核。在收入方面，重点审查各项收入是否符合政策规定；应缴库的各项财政收入是否已及时足额地缴入国库；财政收入退库是否符合有关政策规定等。在支出方面，重点审查各项支出是否按计划、按预算、按进度执行；有关支出是否符合规定的开支标准和开支范围；有关支出是否贯彻了专款专用原则；有无浪费、挪用现象等。

2）技术性审核

技术性审核是对在财政总预算会计报表的编制汇总过程中可能出现的工作误差进行的审核。技术性审核主要审查报表之间的有关数字是否一致；上下年度有关数字是否一致；主表和附表的数字是否一致；上下级财政部门之间报表的数字是否一致；财政决算报表的有关数字和其他有关部门的财务决算及国库年报的有关数字是否一致；表中有关数据填列是否齐全，计算是否准确等。

### 7.4.2 财政总预算会计报表的分析

1）财政总预算会计报表的分析方法

财政总预算会计报表的分析方法主要采用“对比分析法”，即将两个有关的可比数字进行对比，来分析有关项目之间相互联系的一种方法。这是财政总预算会计分析中使用最为普遍的方法。

除此而外，还可采用综合分析法对预算执行中的共性和规律性问题进行总体、概括性分析，也可采用专题分析法对预算执行中的典型问题进行针对性分析。

2）财政总预算会计报表的分析内容

（1）预算收支完成总情况。预算收支完成总情况的分析，主要是对预算收入和预算支出总体情况进行描述、判断和分析，预计全年的财政趋势和财政收支平衡状况。

（2）预算收入完成情况。预算收入完成情况的分析，主要是对影响预算完成和国民经济发展的主要收入项目进行分析，描述收入完成情况，分析收入变化的原因等。

（3）预算支出完成情况。预算支出完成情况的分析，主要是分析各主要支出项目完成的情况及原因、专项资金的使用情况、财政资金的使用效率等。

## 本章小结

● 财政总预算会计报表是反映政府财政资金状况和预算收支执行情况及结果的定期书面报告，是各级政府和财政部门了解财政收支情况、制定财政政策、指导预算执行工作的重要依据。

● 财政总预算会计报表，按编报的时间分为旬报、月报和年报；按报表的性质和经济内容分为资产负债表、预算执行情况表、其他附表及预算执行情况说明书等；按报表的内容范围和编制单位分为本级报表和汇总报表。

● 年度会计报表的准备工作包括年终清理、年终结算和年终结账。

● 年终结账工作依次包括年终转账、结清旧账、记入新账三个环节。

● 资产负债表是反映各级政府财政部门至某一特定时日实际所控制的资产、承担的负债以及拥有的净资产情况的报表；预算执行情况表是反映各级政府财政部门某一时期预算收支执行进度、构成等情况的报表；其他附表包括基本数字表、政府性基金收支表、行政事业单位汇总表及所附会计报表等。

● 会计报表的编制要求数字准确、内容完整、报送及时。

● 逐级汇总编成定期的政府预算收支执行情况报表后，由财政部报送国务院。地方各级财政总预算会计报表，由财政机关报送同级人民政府。

● 财政总预算会计资产负债表的结构分为左右两部分（左方为资产部类，右方为负债部类），按照“资产+支出=负债+净资产+收入”

的平衡公式设置，左右两方合计数相等。

● 财政总预算会计报表的审核内容包括政策性审核和技术性审核两大方面。

● 财政总预算会计报表分析方法主要采用“对比分析法”，此外还可采用综合分析法和专题分析法。

● 财政总预算会计报表的分析内容主要是预算收支完成总情况的分析、预算收入完成情况的分析和预算支出完成情况的分析。

## 主要概念和观念

★ 主要概念

会计报表　旬报　月报　资产负债表　预算执行情况表　年终清理　年终结算

★ 主要观念

决算观念　政策观念　全局观念

## 基础训练

7.1　简答题

(1) 简述财政总预算会计报表的概念、种类。

(2) 简述年终清理的主要事项。

(3) 简述财政总预算会计报表的编制要求和程序。

(4) 简述资产负债表的编制方法。

(5) 简述财政总预算会计报表的审核内容。

(6) 简述财政总预算会计报表的分析方法。

7.2　判断题

(1) 财政总预算会计报表中的月报，预算收入按“国家预算收支科目”列报到类级科目。 (　　)

(2) 年度会计报表的准备工作包括年终转账、结清旧账、记入新账。 (　　)

(3) 年终结账工作依次包括年终清理、年终结算和年终结账三个环节。 (　　)

(4) 会计报表的编制要求数字准确、内容完整、报送及时。 ( )

(5) 逐级汇总编成定期的政府预算收支执行情况报表后，由财政部报送国务院。 ( )

(6) 地方各级财政总预算会计报表，由财政机关报送上级人民政府。 ( )

(7) 财政总预算会计资产负债表的结构分为上下两部分。 ( )

(8) 财政总预算会计分析中使用的最为普遍的方法是对比分析法。 ( )

(9) 旬报于每月上旬、中旬、下旬后报送。 ( )

(10) 财政总预算会计报表从基层预算单位开始，逐级汇总编报，不得估列代编。 ( )

7.3 综合分析题

某市财政局2012年12月31日全部账户余额如表7-5。

表7-5 **某市财政局账户余额**

| 科目 | 借方余额（万元） | 科目 | 借方余额（万元） |
|---|---|---|---|
| 国库存款 | 7 000 | 借入款 | 200 |
| 其他财政存款 | 1 720 | 暂存款 | 232 |
| 有价证券 | 1 400 | 与上级往来 | 500 |
| 在途款 | 212 | 预算结余 | 4 300 |
| 暂付款 | 128 | 基金预算结余 | 2 700 |
| 与下级往来 | 200 | 专用基金结余 | 1 186 |
| 基建拨款 | 1 880 | 预算周转金 | 2 600 |
| 预拨经费 | 1 000 | 一般预算收入 | 17 800 |
| 一般预算支出 | 15 720 | 基金预算收入 | 1 700 |
| 基金预算支出 | 1 780 | 专用基金收入 | 1 300 |
| 专用基金支出 | 1 600 | 补助收入 | 1 160 |
| 补助支出 | 1 000 | 上解收入 | 880 |
| 上解支出 | 800 | 调入资金 | 400 |
| 调出资金 | 600 | | |

要求：根据以上数字编制结账前资产负债表；编制年终转账会计分录；根据转账后有关余额编制结账后资产负债表。

## 7.4 网上调研

网上调研预算执行中的主要问题，在对会计报表的审核中如何更加准确地发现这些问题，提出你的思考建议。

## 7.5 单元实践

以小组为单位，到当地财政部门实地调研，具体操作有关财政总预算会计报表的填制并考察如何进一步规范财政总预算会计报表的填制工作。

# 第二篇

# 行政单位会计

# 第 8 章　行政单位会计概述

## 学习目标

☆**知识目标**

了解行政单位的概念；

掌握行政单位会计的概念；

明确行政单位会计的基本任务。

☆**技能目标**

熟悉行政单位会计的科目设置与核算内容。

☆**能力目标**

实地调研行政单位的科目设置情况。

**行政单位的概念和范围**

行政单位是指进行国家行政管理、组织经济建设和文化建设、维护社会公共秩序的单位，主要包括国家权力机关、行政机关、司法机关、检察机关以及实行预算管理的其他机关、政党组织等。行政单位与行政机关是有区别的，这里主要是财政上的概念。

国家权力机关，即全国人民代表大会和地方各级人民代表大会及其常务委员会；国家行政机关，即国务院和地方各级人民政府及其所属工作机构；国家审判机关，即各级人民法院；国家检察机关，即各级人民检察院；政党组织包括中国共产党、中国国民党革命委员会、中国民主同盟、中国民主建国会、中国民主促进会、中国农工民主党、中国致公党、九三学社、台湾民主自治同盟等。政党组织的中央和地方各级常设工作机构，从一般意义上讲，不属于国家机关，但由于其业务活动的方式和财务活动的特点与国家机关类似，因此，作为行政单位管理。

此外，中国人民政治协商会议各级常设工作机构也作为行政单位管理。

行政单位依法设立，工作人员一般列为国家行政编制，活动经费由国家财政供给。

## 8.1 行政单位会计的基本任务和特点

### 8.1.1 行政单位会计的含义

行政单位会计是指各级行政党派、政协机关核算和监督国家预算资金的取得、使用及结果的一门专业会计，是一种非营利组织会计，是预算会计体系中的重要组成部分。其会计主体是中华人民共和国各级权力机关、行政机关、审判机关和检察机关以及党派、政协机关，客体是国家预算资金的取得、使用和结果；职能是核算和监督国家预算资金款项的领报，目的是提高社会效益。

根据国家机构建制和经费领报关系，行政单位会计组织系统分为主管会计单位、二级会计单位和基层会计单位三级。向财政部门领报经费并发生预算管理关系的，为主管会计单位。向主管会计单位或上一级会计单位领报经费并发生预算管理关系，有下一级会计单位的，为二级会计单位。向上一级会计单位领报经费并发生预算管理关系，没有下级会计单位的，为基层会计单位。向同级财政部门领报经费，没有下级会计单位的，视同基层会计单位。

主管会计单位、二级会计单位和基层会计单位实行独立会计核算，负责组织管理本部门、本单位的全部会计工作。不具备独立核算条件的行政单位，实行单据报账制度，作为“报销单位”管理。

### 8.1.2 行政单位会计的基本任务

根据《中华人民共和国会计法》和《行政单位会计制度》的规定，会计具有核算和监督两大基本职能，行政单位作为反映和监督中央和地方各级行政单位预算执行情况的专业会计，其主要任务是进行会计核算，实行会计监督，参与经济事业计划实施的管理。其基本任务如下：

（1）进行会计核算。会计核算是会计工作的重要组成部分和最基本的任务，它以货币为主要计量单位，对会计主体一定时期的经济活动进行真实、准确、完整的记录、计算和报告。会计的核算对象具体表现为各种各样的经济业务，主要包括经费领拨、收入、支出、货币资金、往来款项、财产物资等事项的会计核算，并根据会计核算的结果编报有关会计报表。

（2）实行会计监督。在正确做好会计核算的基础上，认真实行会计监督是行政单位会计的另一项主要任务。会计监督的主体是单位的会计机构、会计人员，会计监督的对象是单位经济活动的合法性和有效性。具体说来，就是按照国家有关规定，对会计凭证、会计账簿、会计报表等会计信息、资料的真实性、合法性和有效性进行监督。

（3）执行国家规定的会计制度，做好日常核算管理工作。行政单位会计应该根据会计制度的规定，认真做好各项资金的记账、对账、报账等日常工作，做到凭证合法、手续完备、数据准确，为国家预算管理和行政单位财务管理提供准确的核算资料。

（4）参与本部门有关业务计划的拟定，考核、分析预算执行情况，妥善调度、合理安排和有效使用资金，保证行政工作任务的完成。行政单位预算是各级财政总预算会计的重要组成部分，行政单位会计不仅要发挥反映和监督经济业务的职能，而且应承担会计工作的拟定、考核职能，主动参与行政业务计划和预算计划的编制工作，并定期检查和分析预算执行情况。

### 8.1.3 行政单位会计的特点

与财政总预算会计和事业单位会计相比，行政单位会计具有以下特点：

（1）会计主体是一个具体的行政单位。财政总预算会计的会计主体是国家或一级政府，行政单位会计与事业单位会计的会计主体则是一个具体的单位。

（2）核算对象是纯预算收支运动。财政总预算会计的核算对象是国家和各级政府预算资金的集中、分配及结果。事业单位会计的核算对象是预算资金的领拨使用、事业收支、经营收支等资金活动。行政单位所需经费完全由国家预算拨给，不允许其利用自身职权从事生产经营活动，所以其核算对象是纯预算收支运动。

（3）核算基础是收付实现制。根据业务活动性质，事业单位会计的核算基础可以采用收付实现制，也可采用权责发生制；而行政单位会计与财政总预算会计的核算基础则是收付实现制。

（4）支出列报口径是经费实际支出数。行政单位会计和事业单位会计均以经费的实际支出数作为列报支出的口径和依据，而财政总预算会计则大多以拨款数作为列报支出的口径依据。

（5）会计核算简单、不计盈亏。行政单位的业务活动不同于事业单位，其经济业务活动范围受到一定的限制，根本目的是行使政府职能、为社会公众提供服务，因而会计核算不像事业单位会计那样复杂，也不计算盈亏。

**【小思考8-1】** 行政单位会计与企业会计相比具有哪些特点？

答：（1）会计核算基础不同。行政单位会计以收付实现制为会计核算基础，企业会计均以权责发生制为会计核算基础。

(2) 会计要素构成不同。预算会计要素分为五大类：资产、负债、净资产、收入和支出；企业会计要素分为六大类：资产、负债、所有者权益、收入、费用和利润。即使相同名称的会计要素，其内容也存在较大差异。

(3) 会计等式不同。预算会计的会计等式为：资产=负债+净资产；企业会计的会计等式为：资产=负债+所有者权益。

(4) 会计核算内容及方法不同。在预算会计中，固定资产一般应与固定基金相对应，固定资产不计提折旧；对外投资一般与投资基金相对应；对专用基金实行专款专用办法；一般不实行成本核算，即使有成本核算，也是内部成本核算；没有利润及利润分配的核算等。这些均与企业会计有明显差异。

**【小资料8-1】　行政单位会计制度——总则**

第一条　为了规范行政单位会计核算，保证会计信息质量，根据《中华人民共和国会计法》和其他有关法律、行政法规和部门规章，制定本制度。

第二条　本制度适用于各级各类国家机关、政党组织（以下统称行政单位）。

第三条　行政单位会计核算目标是向会计信息使用者提供与行政单位财务状况、预算执行情况等有关的会计信息，反映行政单位受托责任的履行情况，有助于会计信息使用者进行管理、监督和决策。

行政单位会计信息使用者包括人民代表大会、政府及其有关部门、行政单位自身和其他会计信息使用者。

第四条　行政单位应当对其自身发生的经济业务或者事项进行会计核算。

第五条　行政单位会计核算应当以行政单位各项业务活动持续正常地进行为前提。

第六条　行政单位应当划分会计期间，分期结算账目和编制财务报表。会计期间至少分为年度和月度。会计年度、月度等会计期间的起讫日期采用公历日期。

第七条　行政单位会计核算应当以人民币作为记账本位币。发生外币业务时，应当将有关外币金额折算为人民币金额计量。

第八条　行政单位会计应当按照业务或事项的经济特征确定会计要素。会计要素包括资产、负债、净资产、收入和支出。

第九条　行政单位会计核算一般采用收付实现制，特殊经济业务和事项应当按照本制度的规定采用权责发生制核算。

第十条　行政单位应当采用借贷记账法记账。

第十一条　行政单位的会计记录应当使用中文，少数民族地区可以同时使用本民族文字。

## 8.2　行政单位会计科目的设置与核算内容

### 8.2.1　行政单位会计科目的设置

行政单位会计会计科目是对行政单位会计核算对象的具体内容进行科学分类的一种方法。行政单位会计科目是各级行政单位会计设置账户、确定核算内容的依据。行政单位会计与财政总预算会计相比，需增设现金、材料、固定资产等科目；与事业单位会计相比，没有应收账款、应收票据、应付账款及有关经营收支科目。这是由行政单位会计的核算内容决定的。

### 8.2.2　行政单位会计科目的核算内容

行政单位主要依靠国家预算拨款履行其立法、行政和司法等管理职能，因此，行政单位向国家取得预算拨款收入，向所属单位拨出经费，自身为行使管理职能而发生的经费支出以及经费结余就是行政单位会计核算的主要内容。详见表8-1。

表 8-1　　　　　　行政单位会计科目和核算内容

| 类别 | 序号 | 编码 | 会计科目 | 核算内容 |
| --- | --- | --- | --- | --- |
| 一、资产类 | 1 | 1001 | 库存现金 | 核算行政单位的库存现金 |
| | 2 | 1002 | 银行存款 | 核算行政单位存入银行或者其他金融机构的各种存款 |
| | 3 | 1011 | 零余额账户用款额度 | 核算实行国库集中支付的行政单位根据财政部门批复的用款计划收到和支用的零余额账户用款额度 |
| | 4 | 1021 | 财政应返还额度 | 核算实行国库集中支付的行政单位应收财政返还的资金额度 |
| | 5 | 1212 | 应收账款 | 核算行政单位出租资产、出售物资等应当收取的款项。行政单位收到的商业汇票，也通过本科目核算 |
| | 6 | 1213 | 预付账款 | 核算行政单位按照购货、服务合同规定预付给供应单位（或个人）的款项 |
| | 7 | 1215 | 其他应收款 | 核算行政单位除应收账款、预付账款以外的其他各项应收及暂付款项 |
| | 8 | 1301 | 存货 | 核算行政单位在开展业务活动及其他活动中为耗用而储存的各种物资 |
| | 9 | 1501 | 固定资产 | 核算行政单位各类固定资产的原价 |
| | 10 | 1502 | 累计折旧 | 核算行政单位固定资产、公共基础设施计提的累计折旧 |
| | 11 | 1511 | 在建工程 | 核算行政单位已经发生必要支出，但尚未完工交付使用的各种建筑（包括新建、改建、扩建、修缮等）、设备安装工程和信息系统建设工程的实际成本 |
| | 12 | 1601 | 无形资产 | 核算行政单位各项无形资产的原价 |
| | 13 | 1602 | 累计摊销 | 核算行政单位无形资产计提的累计摊销 |
| | 14 | 1701 | 待处理财产损溢 | 核算行政单位待处理财产的价值及财产处理损溢 |
| | 15 | 1801 | 政府储备物资 | 核算行政单位直接储存管理的各项政府应急或救灾储备物资等 |
| | 16 | 1802 | 公共基础设施 | 核算由行政单位占有并直接负责维护管理、供社会公众使用的工程性公共基础设施资产 |
| | 17 | 1901 | 受托代理资产 | 核算行政单位接受委托方委托管理的各项资产，包括受托指定转赠的物资、受托储存管理的物资等 |

续表

| 类别 | 序号 | 编码 | 会计科目 | 核算内容 |
|---|---|---|---|---|
| 二、负债类 | 18 | 2001 | 应缴财政款 | 核算行政单位取得的按规定应当上缴财政的款项 |
| | 19 | 2101 | 应缴税费 | 核算行政单位按照税法等规定应当缴纳的各种税费 |
| | 20 | 2201 | 应付职工薪酬 | 核算行政单位按照有关规定应付给职工及为职工支付的各种薪酬 |
| | 21 | 2301 | 应付账款 | 核算行政单位因购买物资或服务、工程建设等而应付的偿还期限在1年以内（含1年）的款项 |
| | 22 | 2302 | 应付政府补贴款 | 核算负责发放政府补贴的行政单位，按照规定应当支付给政府补贴接受者的各种政府补贴款 |
| | 23 | 2305 | 其他应付款 | 核算行政单位除应缴财政款、应缴税费、应付职工薪酬、应付政府补贴款、应付账款以外的其他各项偿还期在1年以内（含1年）的应付及暂存款项 |
| | 24 | 2401 | 长期应付款 | 科目核算行政单位发生的偿还期限超过1年（不含1年）的应付款项，如跨年度分期付款购入固定资产的价款等 |
| | 25 | 2901 | 受托代理负债 | 核算行政单位接受委托，取得受托管理资产时形成的负债 |
| 三、净资产类 | 26 | 3001 | 财政拨款结转 | 核算行政单位滚存的财政拨款结转资金，包括基本支出结转、项目支出结转 |
| | 27 | 3002 | 财政拨款结余 | 核算行政单位滚存的财政拨款项目支出结余资金 |
| | 28 | 3101 | 其他资金结转结余 | 核算行政单位除财政拨款收支以外的其他各项收支相抵后剩余的滚存资金 |
| | 29 | 3501 | 资产基金 | 核算行政单位的预付账款、存货、固定资产、在建工程、无形资产、政府储备物资、公共基础设施等非货币性资产在净资产中占用的金额 |
| | 30 | 3502 | 待偿债净资产 | 核算行政单位因发生应付账款和长期应付款而相应需在净资产中冲减的金额 |
| 四、收入类 | 31 | 4001 | 财政拨款收入 | 核算行政单位从同级财政部门取得的财政预算资金 |
| | 32 | 4011 | 其他收入 | 核算行政单位取得的除财政拨款收入以外的其他各项收入 |
| 五、支出类 | 33 | 5001 | 经费支出 | 核算行政单位在开展业务活动中发生的各项支出 |
| | 34 | 5101 | 拨出经费 | 核算行政单位向所属单位拨出的纳入单位预算管理的非同级财政拨款资金，如拨给所属单位的专项经费和补助经费等 |

行政单位会计核算的具体内容是行政单位会计的资产、负债、净资产、收入、支出五大要素。

资产是指行政单位占有或者使用的，能以货币计量的经济资源。行政单位的资产包括流动资产、固定资产、在建工程、无形资产等。其中，流动资产是指可以在 1 年以内（含 1 年）变现或者耗用的资产，包括库存现金、银行存款、零余额账户用款额度、财政应返还额度、应收及预付款项、存货等。

负债是指行政单位所承担的能以货币计量，需要以资产等偿还的债务。行政单位的负债按照流动性，分为流动负债和非流动负债。流动负债是指预计在 1 年内（含 1 年）偿还的负债。非流动负债是指流动负债以外的负债。

净资产是指行政单位资产扣除负债后的余额。行政单位的净资产包括财政拨款结转、财政拨款结余、其他资金结转结余、资产基金、待偿债净资产等。

收入是指行政单位依法取得的非偿还性资金。行政单位的收入包括财政拨款收入和其他收入。

支出是指行政单位为保障机构正常运转和完成工作任务所发生的资金耗费和损失。行政单位的支出包括经费支出和拨出经费。

**【小资料 8-2】　行政单位各会计要素之间的关系**

资产、负债、净资产三大要素之间的关系：

资产＝负债+净资产

资产、负债、净资产、收入、支出五要素之间的关系：

资产＝负债+净资产+收入－支出

或者可以表示为：资产+支出＝负债+净资产+收入

## 8.3　行政单位会计凭证

### 8.3.1　原始凭证

原始凭证是经济业务发生时取得的证明经济业务发生的书面证明，

是记录会计事项的唯一合法证明，是登记明细账的依据。

行政单位使用的原始凭证主要有收款收据、借款凭证、预算拨款凭证、固定资产调拨单、往来结算凭证、开户银行转来的收付款凭证、库存材料出入库单、其他足以证明会计事项发生的凭证和文件。

原始凭证必须符合以下一些基本要求：

（1）为了保持原始凭证记录的实际情况，对原始凭证不能涂改、挖补。

（2）原始凭证基本要素必须齐全，包括凭证的名称、填制凭证的日期、填制凭证单位名称或者填制人的姓名、经办人员的签名或盖章、接受凭证单位名称、经济业务内容、数量、单位和金额等。

（3）如果原始凭证为收据，必须印有财政局监制章；若原始凭证为发票，必须印有全国统一发票监制章或地方税务机关监制章。

（4）从外单位取得的原始凭证，必须盖有填制单位的公章；从个人取得的原始凭证，必须有填制人员的签名或盖章；自制原始凭证必须有经办单位领导人或者其指定人员签名或盖章。

（5）凡填有大写和小写金额的原始凭证，大写与小写金额必须相符。购买实物的原始凭证，必须有验收证明。

（6）一式几联的发票和收据，必须用双面复写纸（发票和收据本身具备复写功能的除外）套写。

（7）单位不能用“白条”充当原始凭证。“白条”是指单位或个人开具的、没有固定格式的、不具备规定内容、未经财政或税务机关批准使用的非正式原始凭证。

### 8.3.2 记账凭证

记账凭证又称记账凭单，或称分录凭单，是会计人员根据审核无误的原始凭证，按照经济业务事项的内容加以归类，并据以确定会计分录后所填制的会计凭证。这是登记账簿的直接依据。

行政单位会计记账凭证按其适用的经济业务，分为专用记账凭证和通用记账凭证两类。专用记账凭证是用来专门记录某一类经济业务的记账凭证，按其所记录的经济业务与现金和银行存款的收付有无关系，又分为收款凭证、付款凭证和转账凭证三种。通用记账凭证是用来记录各种经济业务的记账凭证。在经济业务比较简单的行政单位，为了简化凭证，可以使用通用记账凭证，记录所发生的各种经济业务。

填制记账凭证的基本要求如下：

（1）记账凭证各项内容必须完整。包括填制凭证的日期、凭证编号、经济业务摘要、会计科目、金额、所附原始凭证张数以及填制凭证人员、稽核人员、记账人员、会计机构负责人、会计主管人员签名或者盖章。收款和付款记账凭证还应当由出纳人员签名或者盖章。

（2）记账凭证应连续编号。一笔经济业务需要填制两张以上记账凭证的，可以采用分数编号法编号。

（3）记账凭证的书写应清楚、规范。

（4）记账凭证可以根据每一张原始凭证填制，或根据若干张同类原始凭证汇总编制，也可以根据原始凭证汇总表填制，但不得将不同内容和类别的原始凭证汇总填制在一张记账凭证上。

（5）除结账和更正错误的记账凭证可以不附原始凭证外，其他记账凭证必须附有原始凭证。

（6）填制记账凭证时若发生错误应当重新填制。已登记入账的记账凭证在当年内发现填写错误的，可以用红字填写一张与原内容相同的记账凭证，在摘要栏注明“注销某月某日某号凭证”字样，同时再用蓝字重新填制一张正确的记账凭证，注明“订正某月某日某号凭证”字样。如果会计科目没有错误，只是金额错误，也可将正确数字与错误数字之间的差额，另编一张调整的记账凭证，调增金额用蓝字，调减金额用红字。发现以前年度记账凭证有错误的，应当用蓝字填制一张更正的记账凭证。

（7）记账凭证填制完成后，如有空行，应当自金额栏最后一笔金额数字下的空行处至合计数上的空行处画线注销。

## 本章小结

● 行政单位是指进行国家行政管理、组织经济建设和文化建设、维护社会公共秩序的单位，主要包括国家权力机关、行政机关、司法机关、检察机关以及实行预算管理的其他机关、政党组织等。

● 行政单位会计是指各级行政党派、政协机关核算和监督国家预算资金的取得、使用及结果的一门专业会计，是一种非营利组织会计，是预算会计体系中的重要组成部分。

● 行政单位会计主体是中华人民共和国各级权力机关、行政机关、审判机关和检察机关以及党派、政协机关，客体是国家预算资金的取得、使用和结果；职能是核算和监督国家预算资金款项的领报，目的是提高社会效益。

● 行政单位会计作为反映和监督中央和地方各级行政单位预算执行情况的专业会计，其主要任务是进行会计核算，实行会计监督，参与经济事业计划实施的管理。

● 行政单位会计科目是对行政单位会计核算对象的具体内容进行科学分类的一种方法。行政单位会计科目是各级行政单位会计设置账户、确定核算内容的依据。

● 行政单位会计的主体是一个具体的行政单位，核算基础是收付实现制，核算对象是纯预算收支运动，支出列报口径是经费实际支出数，且不计盈亏。

● 行政单位使用的原始凭证主要有收款收据、借款凭证、预算拨款凭证、固定资产调拨单、往来结算凭证、开户银行转来的收付款凭证、库存材料出入库单、其他足以证明会计事项发生的凭证和文件。

● 行政单位会计记账凭证按其适用的经济业务，分为专用记账凭证和通用记账凭证两类。

● 行政单位会计核算的具体内容是行政单位会计的资产、负债、净资产、收入、支出五大要素。

## 主要概念和观念

★ 主要概念

行政单位　行政单位会计　会计科目　资产　负债　收入　支出　净资产

★ 主要观念

行政观念　核算观念　监督观念　管理观念

## 基础训练

8.1 简答题

(1) 简述行政单位会计的概念及特点。

(2) 简述行政单位会计的基本任务。

(3) 简述行政单位使用的会计凭证。

(4) 简述原始凭证的基本要求。

(5) 简述记账凭证的基本要求。

(6) 简述行政单位会计的核算内容。

8.2 判断题

(1) 行政单位会计是指各级行政单位以货币为主要计量单位，对行政单位预算资金和其他资金的运动进行反映和监督的专业会计。 (　　)

(2) 向主管会计单位或上一级会计单位领报经费并发生预算管理关系，有下一级会计单位的，为二级会计单位。 (　　)

(3) 主管会计单位、二级会计单位和基层会计单位实行独立会计核算，负责组织管理本部门、本单位的全部会计工作。 (　　)

(4) 行政单位会计的核算对象是纯预算收支运动。 (　　)

(5) 行政单位会计核算的具体内容是行政单位会计的资产、负债、净资产、收入、支出和费用6大要素。 (　　)

(6) 行政单位会计科目是对行政单位会计核算对象的具体内容进行科学分类的一种方法。 (　　)

(7) 财政总预算会计和行政单位会计以权责发生制为会计核算基础。 (　　)

(8) 原始凭证是经济业务发生时取得的证明经济业务发生的书面证明，是记录会计事项的唯一合法证明，是登记明细账的依据。 (　　)

(9) 记账凭证是会计人员根据审核无误的原始凭证，按照经济业务事项的内容加以归类，并据以确定会计分录后所填制的会计凭证。它是登记账簿的直接依据。 (　　)

（10）记账凭证在编号时，应有意留出一些空号，以备急需。

（　　）

8.3　综合分析题

行政单位会计在1998年以前与财政总预算会计分立，与事业单位会计相融合，成为单位预算会计的组成部分。2013年12月18日，财政部以财库〔2013〕218号印发《行政单位会计制度》，分总则、会计信息质量要求、资产、负债、净资产、收入、支出、会计科目、财务报表、附则10章46条，自2014年1月1日起施行。1998年2月6日财政部印发的《行政单位会计制度》（财预字〔1998〕49号）予以废止。社会主义市场经济体制确立后，事业单位进入市场，会计不仅要核算预算资金的领报，而且要核算自行组织的收入、支出，以及收支盈亏情况，形成与原事业行政单位会计不同的事业单位会计。为适应政企分离、转变政府职能的需要，行政单位主要执行政府的管理职能，行政单位会计主要核算和监督拨付预算资金的取得、运用，形成与事业单位会计不同的行政单位会计。至此，原预算会计的两个组成部分（财政总预算会计和单位预算会计）变为三个会计系统（各级人民政府财政会计、事业单位会计和行政单位会计）。

新的行政单位会计分设资产、负债、净资产、收入、支出五个会计要素。以"资产=负债+净资产"、"收入-支出=结余"为会计平衡等式，实行收付实现制，采用借贷记账法。

根据以上资料分析我国行政单位会计改革的发展趋势。

8.4　网上调研

利用电子图书馆和因特网查找我国行政单位会计现行的基本制度，巩固和充实所学的知识。

8.5　单元实践

（1）总结区分行政单位会计和财政总预算会计核算内容的差别。

（2）以小组为单位到行政单位识别原始凭证和记账凭证并练习填制。

# 第9章　行政单位资产的核算

## 学习目标

☆**知识目标**

掌握资产、流动资产的概念与内容、分类；

熟悉固定资产的定义与内容、分类；

熟悉无形资产的定义、确认；

熟悉行政单位固定资产的会计核算与企事业单位固定资产核算的异同；

掌握应收账款核算的内容。

☆**技能目标**

理解流动资产核算中各会计科目的运用及具体账务处理方法；

掌握固定资产核算中各会计科目的运用及具体账务处理方法；

清楚政府储备物资、公共基础设施和受托代理资产核算的具体账务处理方法。

☆**能力目标**

正确使用会计科目和记账方法对行政单位各项资产进行准确的核算和管理。

## 行政单位国有资产管理沿革情况

经过多年的建设与积累，我国行政单位国有资产已具备了相当的规模。根据《国务院关于编制2007年中央预算和地方预算的通知》的要求，2007年财政部在全国范围内组织开展了行政事业单位资产清查工作。据清查结果显示，截至2006年12月31日，全国行政事业单位资产总额为8.01万亿元，扣除负债后资产净额为5.31万亿元，其中行政单位占总额的25.63%。根据历史发展的进程，我国行政单位国有资产管理的发展情况大致分为三个发展阶段。

(1) 财政统一管理（1950—1988年）

这一时期，我国经历了从传统的计划经济体制到计划经济体制与市场调节手段并存的双轨制阶段。从新中国成立初期到改革开放以前，我国财政体制采取了高度集中的模式。自1980年起，在放权让利、扩大地方和企业财权、重构财政收支运行机制的同时，调整中央和地方分配格局，实行“划分收支，分级包干”的财政体制，经济和社会得到了长足发展，财政收入逐年增加。行政单位实行“预算包干”制，行政单位保障工作开展的经费投入不断增加，沉淀下来的行政单位国有资产数量不断增大，质量也在不断改善。这一阶段，行政单位国有资产管理作为财务管理工作的一部分，是在财政部门统一领导下实行分级管理。

(2) 国家国有资产管理局管理（1988—1998年）

这一时期，我国确立了社会主义市场经济体制的改革目标，也是我国财政体制发生重大变革、实行分税制、正式确立公共财政改革目标模式的关键阶段。在这样的宏观经济背景下，行政单位国有资产管理进入了专门管理阶段。1988年，国务院成立了国家国有资产管理局，归口财政部管理，设有行政事业资源司，统一行使行政单位国有资产所有权管理职能。

(3) 财政综合管理（1998年至今）

这一时期，随着我国社会主义市场经济体制改革的不断深入和公共财政框架体系的建立、完善，我国财政管理制度以实行部门预算、国库集中支付、政府采购等为突破口，在资金管理层面进行了一系列重大改革。作为财政管理重要组成部分之一的行政单位国有资产管理，也被提到了重要的议事日程。1998年，根据第九届全国人民代表大会第一次会议批准的国务院机构改革方案，原国家国有资产管理局被撤销，相应的国有资产管理职能合并到财政部。

从省级地方政府的情况看，省级国资局被撤销后，绝大部分省份将行政单位国有资产管理职责划回财政部门，个别省份交给了国资部门。大部分省份设有省级机关事务管理局，并承担行政单位国有资产管理的一些具体工作。

行政单位资产是指行政单位占有或者使用的，能以货币计量的经济资源。其中，占有是指行政单位对经济资源拥有法律上的占有权。由行政单位直接支配，供社会公众使用的政府储备物资、公共基础设施等，也属于行政单位核算的资产。

行政单位会计资产具有以下特点：应为特定行政单位所占有或者使用；应能用货币进行计量；应是有助于单位进行正常公务活动的经济资源。其具体内容包括流动资产、固定资产、在建工程、无形资产等。

**【小思考9-1】** 行政单位会计制度（2014）有哪些变化？

答：自2014年1月1日起全面施行的新制度可以全面、准确地反映行政单位的财务状况和预算执行情况，进一步提高会计信息质量，有利于贯彻落实“建立权责发生制的政府综合财务报告制度”要求，对于深化公共财政管理改革、提升行政单位财务管理水平将发挥积极作用。

新制度通过完善会计科目和财务报表体系，详细规定了会计科目使用和财务报表编制，较为全面地规范了行政单位经济业务或者事项的确认、计量、记录和报告。新制度既继承了原制度的合理内容，又体现了若干重大突破和创新。例如，进一步扩大了“双分录”会计核算方法的应用范围；将原制度中的资产负债科目进行了细分，新增了无形资产、在建工程等会计科目，更好地满足了财务管理的需要；增设“政府储备物资”“公共基础设施”科目，单独核算反映为社会提供公共服务的资产情况，与行政单位自用资产相区分，使会计信息反映更科学；增加固定资产折旧和无形资产摊销的会计处理；解决了基建会计信息未在行政单位“大账”上反映的问题；进一步完善了净资产核算；完善了财务报表体系和结构等等。

## 9.1 流动资产的核算

流动资产是指可以在1年以内（含1年）变现或者耗用的资产，包括库存现金、银行存款、零余额账户用款额度、财政应返还额度、应收及预付款项、存货等。

### 9.1.1 库存现金的管理与核算

1）库存现金的管理要求

库存现金是行政单位重要的货币资金，是通用的支付手段，具有很强的流动性。为保证现金的安全，行政单位会计必须加强对现金的管理，严格遵守国家关于现金管理的有关规定。

（1）关于现金的使用范围。根据《现金管理暂行条例》，国家鼓励开户单位和个人在经济活动中，采取转账方式进行结算，减少使用现金。开户单位可以在下列范围内使用现金：职工工资、津贴；个人劳务报酬；根据国家规定颁发给个人的科学技术、文化艺术、体育等各种奖金；各种劳保、福利费用以及国家规定的对个人的其他支出；向个人收购农副产品和其他物资的价款；出差人员必须随身携带的差旅费；结算起点以下的零星支出（目前结算起点定为1 000元）；中国人民银行确定需要支付现金的其他支出。

（2）关于库存现金的限额。开户银行根据实际需要，核定开户单位3~5天的日常零星开支所需的库存现金限额。边远地区和交通不便地区的开户单位库存现金限额，可以多于5天，但不得超过15天的日常零星开支。

经核定的库存现金限额，开户单位必须严格遵守，超过库存限额的部分必须在当天或次日上午解交银行。需要增加或者减少库存现金限额的，应当向开户银行提出申请，由开户银行核定。

（3）关于坐支现金。坐支，是指以本单位收入的现金直接支付本单位自己的支出。开户单位支付现金，应从本单位库存现金限额中支付或者从开户银行提取，不得从本单位的现金收入中直接支付（即坐支）。因特殊情况需要坐支现金的，应当事先报经开户银行审查批准，由开户银行核定坐支范围和限额。坐支单位应当定期向开户银行报送坐支金额和使用情况。

(4) 关于内部稽核。为如实反映现金库存，要定期或不定期由内部审计人员查核。严防“白条”抵库、行政单位间相互借用现金、钱账混管等，严格现金收付款凭证审核。

2) 库存现金的核算

行政单位从银行等金融机构提取现金，按照实际提取的金额，借记本科目，贷记“银行存款”、“零余额账户用款额度”等科目；将现金存入银行等金融机构，借记“银行存款”，贷记本科目；将现金退回单位零余额账户，借记“零余额账户用款额度”科目，贷记本科目。

因支付内部职工出差等原因所借的现金，借记“其他应收款”科目，贷记本科目；出差人员报销差旅费时，按照应报销的金额，借记有关科目，按照实际借出的现金金额，贷记“其他应收款”科目，按照其差额，借记或贷记本科目。

因开展业务或其他事项收到现金，借记本科目，贷记有关科目；因购买服务、商品或者其他事项支出现金，借记有关科目，贷记本科目。

收到受托代理的现金时，借记本科目，贷记“受托代理负债”科目；支付受托代理的现金时，借记“受托代理负债”科目，贷记本科目。

行政单位应当设置“现金日记账”，由出纳人员根据收付款凭证，按照业务发生顺序逐笔登记。每日终了，应当计算当日的现金收入合计数、现金支出合计数和结余数，并将结余数与实际库存数核对，做到账款相符。

每日终了结算现金收支，核对库存现金时发现有待查明原因的现金短缺或溢余，应通过“待处理财产损溢”科目核算。属于现金短缺，应当按照实际短缺的金额，借记“待处理财产损溢”科目，贷记本科目；属于现金溢余，应当按照实际溢余的金额，借记本科目，贷记“待处理财产损溢”科目。待查明原因后作如下处理：

(1) 如为现金短缺，属于应由责任人赔偿或向有关人员追回的部分，借记“其他应收款”科目，贷记“待处理财产损溢”科目。

(2) 如为现金溢余，属于应支付给有关人员或单位的，借记“待处理财产损溢”科目，贷记“其他应付款”科目。

行政单位有外币现金的，应当分别按照人民币、外币种类设置“现金日记账”进行明细核算。有关外币现金业务的账务处理参见“银行存款”科目的相关规定。

本科目期末借方余额，反映行政单位实际持有的库存现金。

**【例题 9-1】**①某行政单位从银行提取现金 3 000 元。

| | | |
|---|---|---|
| 借：库存现金 | 3 000 | |
| 贷：银行存款 | | 3 000 |

②某行政单位用现金购买办公用品共计 800 元，并直接领用。

| | | |
|---|---|---|
| 借：经费支出 | 800 | |
| 贷：库存现金 | | 800 |

③某行政单位收到委托代理现金 2 000 元。

| | | |
|---|---|---|
| 借：库存现金 | 2 000 | |
| 贷：受托代理负债 | | 2 000 |

④某行政单位盘点库存现金时，发现长款 480 元，原因待查。

| | | |
|---|---|---|
| 借：库存现金 | 480 | |
| 贷：待处理财产损溢 | | 480 |

**【小资料 9-1】** **“小金库”**

2009 年 7 月 24 日，中央纪委对设立“小金库”和使用“小金库”款项违纪行为适用《中国共产党纪律处分条例》若干问题解释的文件中指出：“小金库”是指违反法律法规及其他有关规定，应列入而未列入符合规定的单位账簿的各项资金（含有价证券）及其形成的资产。

“小金库”主要有七种形式：违规收费、罚款及摊派；资产处置、出租收入；以会议费、劳务费、培训费和咨询费等名义套取资金；经营收入不纳入规定账户核算；虚列支出转出资金；以假发票等非法票据骗取资金；上下级单位之间相互转移资金。

“小金库”虽冠以“小”字，容量却大得惊人。据披露，1998—2006 年上半年，全国审计机关共查出“小金库”（含挤占挪用）金额1 406亿元。“小金库”的显著特征是化大公为小公、化小公为私分，公款沦为“私房钱”也就成为了必然。这种行为本身就是一种不折不扣的腐败，往往也容易滋生更大的腐败。

2010年1月8日，中央纪委副书记李玉赋在中央纪委监察部召开的新闻通气会上，通报2009年党风廉政建设和反腐败工作情况时指出，“小金库”专项治理工作取得了积极成果，2009年1—11月底，全国通过自查和重点检查，共发现“小金库”22 884个，涉及金额101.58亿元，因设立“小金库”和使用“小金库”款项给予党纪政纪处分298人。

### 9.1.2 银行存款的管理与核算

1）银行存款的管理要求

行政单位银行存款是指行政单位存入银行和其他金融机构的各种存款，包括人民币存款和外币存款。行政单位银行存款必须遵循下列管理要求：

（1）关于结算。行政单位的各项资金往来都要在当地银行机构办理结算。除规定的小额现金外，各单位的资金都要存入银行，在银行开立“银行存款”账户，办理转账结算。在实际工作中，行政单位经常使用的银行结算方式是支票、汇兑和预算拨款凭证。

（2）关于银行存款户。行政单位必须严格按照银行存款的开户管理，禁止多头开户。行政单位的预算经费应统一在同级财政部门或主管部门指定的银行开户，不得自行转移资金。银行账户只限于本单位使用，不得出租、出借或转让。

（3）关于对账工作。行政单位应定期（每月至少一次）将银行存款余额与银行进行对账。对账是由银行将对账单送行政单位，单位会计经核对无误，将对账单的回执联加盖单位会计印章退还银行。如核对不符，应及时查找原因，并编制“未达账项调节表”，对双方的账面余额进行调整。

**【小资料9-2】 未达账项及其调节**

未达账项是指因凭证在传递过程中而造成的单位与银行入账时间不一致，即一方已经入账而另一方尚未入账。对于未达账项，应该进行调节。

调节的方法是将本单位的银行存款余额和银行对账单各自加进对方已收而本单位未收的未达账项，减去对方已付而本单位未付的未达账项后，检查两方的余额是否相等。如果相等，说明双方账簿记录是正确的；如果不相等，应与开户银行联系，查明原因。单位银行存款与银行对账单余额经调节相符后，还不能据以调整账面记录，必须等到未达账项变成“已达账项”后，再根据银行转来的有关凭证，进行账务处理。

2）银行存款的核算

“银行存款”科目核算行政单位存入银行及其他金融机构的各种存款。行政单位将款项存入银行或者其他金融机构，借记本科目，贷记“库存现金”、“其他收入”等有关科目。提取和支出存款时，借记有关科目，贷记本科目。收到银行存款利息，借记本科目，贷记“其他收入”等科目；支付银行手续费或银行扣收罚金等时，借记“经费支出”科目，贷记本科目。

行政单位收到受托代理的银行存款时，借记本科目，贷记“受托代理负债”科目；支付受托代理的存款时，借记“受托代理负债”科目，贷记本科目。

**【例题 9-2】**①某行政单位开出现金支票，从银行提取现金 3 500 元。

| | | |
|---|---|---|
| 借：库存现金 | 3 500 | |
| 贷：银行存款 | | 3 500 |

②某行政单位开出转账支票，购买办公用品 4 000 元。

| | | |
|---|---|---|
| 借：经费支出 | 4 000 | |
| 贷：银行存款 | | 4 000 |

行政单位发生外币业务的，应当按照业务发生当日或当期期初的即期汇率，将外币金额折算为人民币金额记账，并登记外币金额和汇率。期末，各种外币账户的期末余额，应当按照期末的即期汇率折算为人民币，作为外币账户期末人民币余额。调整后的各种外币账户人民币余额与原账面余额的差额，作为汇兑损益计入当期支出。

行政单位以外币购买物资、劳务等，按照购入当日或当期期初的即期汇率将支付的外币或应支付的外币折算为人民币金额，借记有关科目，贷记本科目、“应付账款”等科目的外币账户。以外币收取相关款项等，按照收入确认当日或当期期初的即期汇率将收取的外币或应收取的外币折算为人民币金额，借记本科目、“应收账款”等科目的外币账户，贷记有关科目。

期末，根据各外币账户按期末汇率调整后的人民币余额与原账面人民币余额的差额，作为汇兑损益，借记或贷记本科目、“应收账款”、“应付账款”等科目，贷记或借记“经费支出”等科目。

行政单位应当按开户银行或其他金融机构、存款种类及币种等，分别设置“银行存款日记账”，由出纳人员根据收付款凭证，按照业务的发生顺序逐笔登记，每日终了应结出余额。“银行存款日记账”应定期与“银行对账单”核对，至少每月核对一次。月度终了，行政单位账面余额与银行对账单余额之间如有差额，必须逐笔查明原因并进行处理，按月编制“银行存款余额调节表”，调节相符。

本科目期末借方余额，反映行政单位实际存放在银行或其他金融机构的款项。

**【例题9-3】** ①某年年初，某行政单位取得预算外收入1 000美元，取得外币当日的美元兑换比率是1∶6.8。

1 000×6.8=6 800（元）

借：银行存款　　6 800

　贷：预算外资金收入　　6 800

②年末，该单位预算外收入仍为1 000美元，以人民币计量的账面余额是6 800元，12月31日美元兑换人民币的比率是1∶7.0。

1 000×7.0=7 000（元）

7 000-6 800=200（元）

借：银行存款　　200

　贷：经费支出　　200

### 9.1.3　零余额账户用款额度的核算

“零余额账户用款额度”科目核算实行国库集中支付的行政单位根据财政部门批复的用款计划收到和支用的零余额账户用款额度。

行政单位收到“财政授权支付额度到账通知书”时，根据通知书所列数额，借记本科目，贷记“财政拨款收入”科目。按规定支用额度时，借记“经费支出”等科目，贷记本科目。从零余额账户提取现金时，借记“库存现金”科目，贷记本科目。

年末，根据代理银行提供的对账单作银行注销额度的相关账务处理，借记“财政应返还额度——财政授权支付”科目，贷记本科目。如单位本年度财政授权支付预算指标数大于财政授权支付额度下达数，根据两者间的差额，借记“财政应返还额度——财政授权支付”科目，贷记“财政拨款收入”科目。

下年度年初，行政单位根据代理银行提供的额度恢复到账通知书作恢复额度的相关账务处理，借记本科目，贷记“财政应返还额度——财政授权支付”科目。行政单位收到财政部门批复的上年未下达零余额账户用款额度时，借记本科目，贷记“财政应返还额度——财政授权支付”科目。

本科目期末借方余额，反映行政单位尚未支用的零余额账户用款额度。年度终了注销单位零余额账户用款额度后，本科目应无余额。

**【例题 9-4】**①某行政单位收到代理银行转来的“财政授权支付到账通知书”，本月该单位财政授权支付额度为 450 000 元 。

借：零余额账户用款额度　　450 000

　贷：财政拨款收入　　450 000

②某行政单位从零余额账户提取现金 1 500 元，用于支付材料款。

借：库存现金　　1 500

　贷：零余额账户用款额度　　1 500

### 9.1.4　财政应返还额度的核算

“财政应返还额度”科目核算实行国库集中支付的行政单位应收财政返还的资金额度。本科目应当设置“财政直接支付”、“财政授权支付”两个明细科目进行明细核算。

1）年末国库集中支付尚未使用资金额度的账务处理

（1）财政直接支付。年末，行政单位根据本年度财政直接支付预算指标数与财政直接支付实际支出数的差额，借记本科目（财政直接支付），贷记“财政拨款收入”科目。

（2）财政授权支付。年末，财政授权支付尚未使用资金额度的账务处理，参见“零余额账户用款额度”科目。

下年初恢复以前年度财政资金额度的账务处理，参见“零余额账户用款额度”科目。

2）行政单位使用以前年度财政资金额度的账务处理

（1）财政直接支付。行政单位使用以前年度财政直接支付额度发生支出时，借记“经费支出”科目，贷记本科目（财政直接支付）。

（2）财政授权支付。行政单位使用以前年度财政授权支付额度发生支出时的账务处理，参见“零余额账户用款额度”科目。

本科目期末借方余额，反映行政单位应收财政返还的资金额度。

**【例题9–5】**某行政单位是财政直接支付单位，发生如下业务：

①本年度财政支付预算数与财政直接支付实际支出数差值为10 000元。

借：财政应返还额度——财政直接支付　　10 000

　贷：财政拨款收入　　10 000

②使用以前年度财政直接支付额度20 000元。

借：经费支出　　20 000

　贷：财政应返还额度——财政直接支付　　20 000

**【小思考9–2】**《行政单位会计制度（财预字〔1998〕49号）》中设置的“暂付款”、“有价证券”与《行政单位会计制度（财库〔2013〕218号）》的会计科目如何衔接？

答：（1）“暂付款”科目。新制度未设置“暂付款”科目，但设置了“应收账款”、“预付账款”和“其他应收款”科目。转账时，应对原账中“暂付款”科目的余额进行分析，将符合上述新科目的余额分别转入新账中对应科目。同时，按照转入“预付账款”科目的金额，将相应的结余科目余额转入新账中“资产基金——预付款项”科目。

（2）“有价证券”科目。新制度未设置“有价证券”科目，转账时，应将原账中“有价证券”科目余额转入新账中“其他应收款”科目。

### 9.1.5 应收账款的核算

应收账款是行政单位出租资产、出售物资等应当收取的款项。行政单位收到的商业汇票，也通过本科目核算。本科目应当按照购货、接受服务单位（或个人）或开出、承兑商业汇票的单位等进行明细核算。应收账款应当在资产已出租或物资已出售且尚未收到款项时确认。

1）出租资产发生的应收账款

（1）出租资产尚未收到款项时，按照应收未收金额，借记本科目，贷记“其他应付款”科目。

（2）收回应收账款时，借记“银行存款”等科目，贷记本科目；同时，借记“其他应付款”科目，按照应缴的税费，贷记“应缴税费”科目，按照扣除应缴税费后的净额，贷记“应缴财政款”科目。

2）出售物资发生的应收账款

（1）物资已发出并到达约定状态且尚未收到款项时，按照应收未收金额，借记本科目，贷记“待处理财产损溢”科目。

（2）收回应收账款时，借记“银行存款”等科目，贷记本科目。

3）收到商业汇票

（1）出租资产收到商业汇票，按照商业汇票的票面金额，借记本科目，贷记“其他应付款”科目。

出售物资收到商业汇票，按照商业汇票的票面金额，借记本科目，贷记“待处理财产损溢”科目。

（2）商业汇票到期收回款项时，借记“银行存款”等科目，贷记本科目。其中，出租资产收回款项的，还应当同时借记“其他应付款”科目，按照应缴的税费，贷记“应缴税费”科目，按照扣除应缴税费后的净额，贷记“应缴财政款”科目。

行政单位应当设置“商业汇票备查簿”，逐笔登记每一笔应收商业汇票的种类、号数、出票日期、到期日、票面金额、交易合同号等相关信息资料。商业汇票到期结清票款或退票后，应当在备查簿内逐笔注销。

逾期 3 年或以上、有确凿证据表明确实无法收回的应收账款，按规定报经批准后予以核销。核销的应收账款应在备查簿中保留登记。转入待处理财产损溢时，按照待核销的应收账款金额，借记“待处理财产损溢”科目，贷记本科目。已核销的应收账款在以后期间收回的，借记“银行存款”科目，贷记“应缴财政款”等科目。

本科目期末借方余额，反映行政单位尚未收回的应收账款。

**【例题9-6】** 某行政单位发生如下业务：

①将本单位办公楼出租，租金30 000元，款未收到。

| | | |
|---|---|---|
| 借：应收账款 | 30 000 | |
| 贷：其他应付款 | | 30 000 |

②将本单位不用的办公设备出售，收到商业汇票5 000元。

| | | |
|---|---|---|
| 借：应收账款 | 5 000 | |
| 贷：待处理财产损溢 | | 5 000 |

③商业汇票到期收到价款45 000元。

| | | |
|---|---|---|
| 借：银行存款 | 45 000 | |
| 贷：应收账款 | | 45 000 |

### 9.1.6 预付账款的核算

预付账款是行政单位按照购货、服务合同规定预付给供应单位（或个人）的款项。行政单位依据合同规定支付的定金，也通过本科目核算。行政单位支付可以收回的订金，不通过本科目核算，应当通过“其他应收款”科目核算。本科目应当按照供应单位（或个人）进行明细核算。预付账款应当在已支付款项且尚未收到物资或服务时确认。

行政单位发生预付账款时，借记本科目，贷记“资产基金——预付款项”科目；同时，借记“经费支出”科目，贷记“财政拨款收入”、“零余额账户用款额度”、“银行存款”等科目。

收到所购物资或服务时，按照相应预付账款金额，借记“资产基金——预付款项”科目，贷记本科目；发生补付款项的，按照实际补付的款项，借记“经费支出”科目，贷记“财政拨款收入”、“零余额账户用款额度”、“银行存款”等科目。收到物资的，同时按照收到所购物资的成本，借记有关资产科目，贷记“资产基金”及相关明细科目。

发生当年预付账款退回的，借记“资产基金——预付款项”科目，贷记本科目；同时，借记“财政拨款收入”、“零余额账户用款额度”、“银行存款”等科目，贷记“经费支出”科目。

发生以前年度预付账款退回的，借记“资产基金——预付款项”科目，贷记本科目；同时，借记“财政应返还额度”、“零余额账户用款额度”、“银行存款”等科目，贷记“财政拨款结转”、“财政拨款结余”、“其他资金结转结余”等科目。

逾期3年或以上、有确凿证据表明确实无法收到所购物资和服务，且无法收回的预付账款，按照规定报经批准后予以核销。核销的预付账款应在备查簿中保留登记。转入待处理财产损溢时，按照待核销的预付账款金额，借记“待处理财产损溢”科目，贷记本科目。已核销的预付账款在以后期间又收回的，借记“零余额账户用款额度”、“银行存款”等科目，贷记“财政拨款结转”、“财政拨款结余”、“其他资金结转结余”等科目。

本科目期末借方余额，反映行政单位实际预付但尚未结算的款项。

【例题9-7】某行政单位发生如下业务：

①购进办公用品价值1 000元，款已付，货未到。

借：预付账款　　1 000

　贷：资产基金——预付款项　　1 000

同时，记：

借：经费支出　　1 000

　贷：银行存款　　1 000

②接上例，收到上述办公用品，同时补付货款500元。

收到办公用品时，记：

借：资产基金——预付款项　　1 000

　贷：预付账款　　1 000

补付货款，记：

借：经费支出　　500

　贷：银行存款　　500

### 9.1.7　其他应收款的核算

"其他应收款"科目核算行政单位除应收账款、预付账款以外的其他各项应收及暂付款项，如职工预借的差旅费、拨付给内部有关部门的备用金、应向职工收取的各种垫付款项等。本科目应当按照其他应收款的类别以及债务单位（或个人）进行明细核算。

发生其他应收及暂付款项时，借记本科目，贷记"零余额账户用款额度"、"银行存款"等科目。

收回或转销上述款项时，借记"银行存款"、"零余额账户用款额度"或有关支出等科目，贷记本科目。

行政单位内部实行备用金制度的，有关部门使用备用金以后应当及时到财务部门报销并补足备用金。财务部门核定并发放备用金时，借记本科目，贷记"库存现金"等科目。根据报销数用现金补足备用金定额时，借记"经费支出"科目，贷记"库存现金"等科目，报销数和拨补数都不再通过本科目核算。

逾期 3 年或以上、有确凿证据表明确实无法收回的其他应收款，按规定报经批准后予以核销。核销的其他应收款应在备查簿中保留登记。转入待处理财产损溢时，按照待核销的其他应收款金额，借记"待处理财产损溢"科目，贷记本科目。已核销的其他应收款在以后期间又收回的，如属于在核销年度内收回的，借记"银行存款"等科目，贷记"经费支出"科目；如属于在核销年度以后收回的，借记"银行存款"等科目，贷记"财政拨款结转"、"财政拨款结余"、"其他资金结转结余"等科目。

本科目期末借方余额，反映行政单位尚未收回的其他应收款。

**【例题 9-8】**某行政单位发生如下业务：

①员工出差预借差旅费 1 000 元。

| | | |
|---|---|---|
| 借：其他应收款 | 1 000 | |
| 　贷：银行存款 | | 1 000 |

②将上述款项收回。

| | | |
|---|---|---|
| 借：银行存款 | 1 000 | |
| 　贷：其他应收款 | | 1 000 |

【小资料 9-3】 **备用金**

备用金应指定专人负责管理，按照规定用途使用，不得转借给他人或挪作他用。预支备作差旅费、零星采购等用的备用金，一般按估计需用数额领取，支用后一次报销，多退少补。前账未清，不得继续预支。对于零星开支用的备用金，可实行定额备用金制度，即由指定的备用金负责人按照规定的数额领取，支用后按规定手续报销，补足原定额。实行定额备用金制度的单位，备用金领用部门支用备用金后，应根据各种费用凭证编制费用明细表，定期向财会部门报销，领回所支用的备用金。对于预支的备用金，拨付时可记入“备用金”（或“其他应收款”）科目的借方；报销和收回余款时记入该科目的贷方。在实行定额备用金制度的单位，除拨付、增加或减少备用金定额时通过“备用金”科目核算外，日常支用报销补足定额时，都无须通过该科目而将支用数直接记入有关成本类科目、费用类科目。

### 9.1.8 存货的核算

“存货”科目核算行政单位在开展业务活动及其他活动中为耗用而储存的各种物资，包括材料、燃料、包装物和低值易耗品及未达到固定资产标准的家具、用具、装具等的实际成本。

行政单位接受委托人指定受赠人的转赠物资，应当通过“受托代理资产”科目核算，不通过本科目核算。

行政单位随买随用的零星办公用品等，可以在购进时直接列作支出，不通过本科目核算。

本科目应当按照存货的种类、规格和保管地点等进行明细核算。行政单位有委托加工存货业务的，应当在本科目下设置“委托加工存货成本”科目。出租、出借的存货，应当设置备查簿进行登记。存货应当在其到达存放地点并验收时确认。

1）存货在取得时

存货在取得时，应当按照其实际成本入账。

（1）购入的存货，其成本包括购买价款、相关税费、运输费、装卸费、保险费以及其他使得存货达到目前场所和状态所发生的支出。

购入的存货验收入库，按照确定的成本，借记本科目，贷记“资产基金——存货”科目；同时，按照实际支付的金额，借记“经费支出”科目，贷记“财政拨款收入”、“零余额账户用款额度”、“银行存款”等科目；对于尚未付款的，应当按照应付未付的金额，借记“待偿债净资产”科目，贷记“应付账款”科目。

（2）置换换入的存货，其成本按照换出资产的评估价值，加上支付的补价或减去收到的补价，加上为换入存货支付的其他费用（运输费等）确定。

换入的存货验收入库，按照确定的成本，借记本科目，贷记“资产基金——存货”科目；同时，按实际支付的补价、运输费等金额，借记“经费支出”科目，贷记“财政拨款收入”、“零余额账户用款额度”、“银行存款”等科目。

（3）接受捐赠、无偿调入的存货，其成本按照有关凭据注明的金额加上相关税费、运输费等确定；没有相关凭据可供取得，但依法经过资产评估的，其成本应当按照评估价值加上相关税费、运输费等确定；没有相关凭据可供取得、也未经评估的，其成本比照同类或类似存货的市场价格加上相关税费、运输费等确定；没有相关凭据也未经评估，其同类或类似存货的市场价格无法可靠取得，该存货按照名义金额入账。

接受捐赠、无偿调入的存货验收入库，按照确定的成本，借记本科目，贷记“资产基金——存货”科目；同时，按实际支付的相关税费、运输费等金额，借记“经费支出”科目，贷记“财政拨款收入”、“零余额账户用款额度”、“银行存款”等科目。

（4）委托加工的存货，其成本按照未加工存货的成本加上加工费用和往返运输费等确定。

委托加工的存货出库，借记本科目下的“委托加工存货成本”明细科目，贷记本科目下的相关明细科目。支付加工费用和相关运输费等时，借记“经费支出”科目，贷记“财政拨款收入”、“零余额账户用款额度”、“银行存款”等科目；同时，按照相同的金额，借记本科目下的“委托加工存货成本”明细科目，贷记“资产基金——存货”科目。委托加工完成的存货验收入库时，按照委托加工存货的成本，借记本科目下的相关明细科目，贷记本科目下的“委托加工存货成本”明细科目。

2）存货发出时

存货发出时，应当根据实际情况采用先进先出法、加权平均法或者个别计价法确定发出存货的实际成本。计价方法一经确定，不得随意变更。

（1）开展业务活动等领用、发出存货，按照领用、发出存货的实际成本，借记“资产基金——存货”科目，贷记本科目。

（2）经批准对外捐赠、无偿调出存货时，按照对外捐赠、无偿调出存货的实际成本，借记“资产基金——存货”科目，贷记本科目。

对外捐赠、无偿调出存货发生由行政单位承担的运输费等支出，借记“经费支出”科目，贷记“财政拨款收入”、“零余额账户用款额度”、“银行存款”等科目。

（3）经批准对外出售、置换换出的存货，应当转入待处理财产损溢，按照相关存货的实际成本，借记“待处理财产损溢”科目，贷记本科目。

3）报废、毁损的存货

报废、毁损的存货，应当转入待处理财产损溢，按照相关存货的账面余额，借记“待处理财产损溢”科目，贷记本科目。

4）行政单位的存货应当定期进行清查盘点

行政单位的存货应当定期进行清查盘点，每年至少盘点一次。对于发生的存货盘盈、盘亏，应当及时查明原因，按规定报经批准后进行账务处理。

（1）盘盈的存货，按照取得同类或类似存货的实际成本确定入账价值；没有同类或类似存货的实际成本，按照同类或类似存货的市场价格确定入账价值；同类或类似存货的实际成本或市场价格无法可靠取得，按照名义金额入账。

盘盈的存货，按照确定的入账价值，借记本科目，贷记“待处理财产损溢”科目。

(2) 盘亏的存货，转入待处理财产损溢时，按照其账面余额，借记“待处理财产损溢”科目，贷记本科目。

本科目期末借方余额，反映行政单位存货的实际成本。

**【例题9–9】**某行政单位发生如下业务：

①8 月，购进办公材料，价款 20 000 元，并已验收入库。

借：存货　　20 000
　贷：资产基金——存货　　20 000

同时，记：

借：经费支出　　20 000
　贷：银行存款　　20 000

②10 月，接受捐赠办公材料一批，价值 3 000 元，运输费用 500 元，验收入库。

借：存货　　3 000
　贷：资产基金——存货　　3 000

同时，记：

借：经费支出　　500
　贷：银行存款　　500

③10 月末，盘盈甲材料 5 件，每件估价 1 500 元；盘亏乙材料 8 件，每件估价 500 元。

盘盈甲材料，记：

借：存货——甲材料　　7 500
　贷：待处理财产损溢　　7 500

盘亏乙材料，记：

借：待处理财产损溢　　4 000
　贷：存货——乙材料　　4 000

**【小资料9–4】　　强化行政单位固定资产管理**

随着社会主义市场经济的进一步发展，建设节约型社会观念深入人心，社会各界对政府的要求越来越高，对政府的监督也越来越得以加强。各级政府本身也在不断改进工作，提高办事效率。打造

"高效政府"、"透明政府"成为共识，而"行政成本"、"绩效考评"成为衡量政府管理水平的重要方式。行政成本不仅包括直接成本还包括间接成本，不仅包括资金还包括实物资产。加强资产管理是降低行政成本的一个重要方面。长期以来，我国没有把行政成本列入对行政单位和人员的考核范围。这种只注重结果或成绩的考核机制，随着市场经济的不断完善正在逐渐被改变。社会各界，包括政府本身开始吸取市场经济中企业管理的经验，引入"行政成本"、"绩效考评"，约束政府行为，考核政府业绩，希望政府能以最低的成本消耗获取最大的社会及经济效益。

资料来源 吴凤. 强化行政单位固定资产管理［N］. 中国经济时报，2007-05-28.

## 9.2 非流动资产的管理与核算

### 9.2.1 固定资产的管理与核算

1）固定资产的管理

固定资产是指使用期限超过1年（不含1年）、单位价值在规定标准以上，并在使用过程中基本保持原有物质形态的资产。单位价值虽未达到规定标准，但是耐用时间超过1年（不含1年）的大批同类物资，应当作为固定资产核算。

固定资产一般分为六类：房屋及构筑物；通用设备；专用设备；文物和陈列品；图书、档案；家具、用具、装具及动植物。

行政单位应当根据固定资产定义、有关主管部门对固定资产的统一分类，结合本单位的具体情况，制定适合本单位的固定资产目录、具体分类方法，作为进行固定资产核算的依据。

行政单位应当设置"固定资产登记簿"和"固定资产卡片"，按照固定资产类别、项目和使用部门等进行明细核算。出租、出借的固定资产，应当设置备查簿进行登记。

2）固定资产的确认

（1）购入、换入、无偿调入、接受捐赠不需安装的固定资产，在固定资产验收合格时确认。

（2）购入、换入、无偿调入、接受捐赠需要安装的固定资产，在固定资产安装完成交付使用时确认。

（3）自行建造、改建、扩建的固定资产，在建造完成交付使用时确认。

3）固定资产的核算

（1）取得固定资产时，应当按照其成本入账。

①购入的固定资产，其成本包括实际支付的购买价款、相关税费、使固定资产交付使用前所发生的可归属于该项资产的运输费、装卸费、安装费和专业人员服务费等。

以一笔款项购入多项没有单独标价的固定资产，按照各项固定资产同类或类似固定资产市场价格的比例对总成本进行分配，分别确定各项固定资产的入账价值。

购入不需安装的固定资产，按照确定的固定资产成本，借记本科目，贷记“资产基金——固定资产”科目；同时，按照实际支付的金额，借记“经费支出”科目，贷记“财政拨款收入”、“零余额账户用款额度”、“银行存款”等科目。

购入需要安装的固定资产，先通过“在建工程”科目核算。安装完工交付使用时，借记本科目，贷记“资产基金——固定资产”科目；同时，借记“资产基金——在建工程”科目，贷记“在建工程”科目。

购入固定资产分期付款或扣留质量保证金的，在取得固定资产时，按照确定的固定资产成本，借记本科目［不需安装］或“在建工程”科目［需要安装］，贷记“资产基金——固定资产、在建工程”科目；同时，按照已实际支付的价款，借记“经费支出”科目，贷记“财政拨款收入”、“零余额账户用款额度”、“银行存款”等科目；按照应付未付的款项或扣留的质量保证金等金额，借记“待偿债净资产”科目，贷记“应付账款”或“长期应付款”科目。

②自行建造的固定资产，其成本包括建造该项资产至交付使用前所

发生的全部必要支出。

固定资产的各组成部分需要分别核算的，按照各组成部分固定资产造价确定其成本；没有各组成部分固定资产造价的，按照各组成部分固定资产同类或类似固定资产市场造价的比例对总造价进行分配，确定各组成部分固定资产的成本。

工程完工交付使用时，按照自行建造过程中发生的实际支出，借记本科目，贷记“资产基金——固定资产”科目；同时，借记“资产基金——在建工程”科目，贷记“在建工程”科目；已交付使用但尚未办理竣工决算手续的固定资产，按照估计价值入账，待确定实际成本后再进行调整。

③自行繁育的动植物，其成本包括在达到可使用状态前所发生的全部必要支出。

购入需要繁育的动植物，按照购入的成本，借记本科目（未成熟动植物），贷记“资产基金——固定资产”科目；同时，按照实际支付的金额，借记“经费支出”科目，贷记“财政拨款收入”、“零余额账户用款额度”、“银行存款”等科目。

发生繁育费用，按照实际支付的金额，借记本科目（未成熟动植物），贷记“资产基金——固定资产”科目；同时，借记“经费支出”科目，贷记“财政拨款收入”、“零余额账户用款额度”、“银行存款”等科目。

动植物达到可使用状态时，借记本科目（成熟动植物），贷记本科目（未成熟动植物）。

④在原有固定资产基础上进行改建、扩建、修缮的固定资产，其成本按照原固定资产的账面价值（“固定资产”科目账面余额减去“累计折旧”科目账面余额后的净值）加上改建、扩建、修缮发生的支出，再扣除固定资产拆除部分账面价值后的金额确定。

将固定资产转入改建、扩建、修缮时，按照固定资产的账面价值，借记“在建工程”科目，贷记“资产基金——在建工程”科目；同时，按照固定资产的账面价值，借记“资产基金——固定资产”科目，按照固定资产已计提折旧，借记“累计折旧”科目，按照固定资产的账面余额，贷记本科目。

工程完工交付使用时，按照确定的固定资产成本，借记本科目，贷记“资产基金——固定资产”科目；同时，借记“资产基金——在建工程”科目，贷记“在建工程”科目。

⑤置换取得的固定资产，其成本按照换出资产的评估价值加上支付的补价或减去收到的补价，加上为换入固定资产支付的其他费用（运输费等）确定，借记本科目［不需安装］或“在建工程”科目［需要安装］，贷记“资产基金——固定资产、在建工程”科目；按照实际支付的补价、相关税费、运输费等，借记“经费支出”科目，贷记“财政拨款收入”、“零余额账户用款额度”、“银行存款”等科目。

⑥接受捐赠、无偿调入的固定资产，其成本按照有关凭据注明的金额加上相关税费、运输费等确定；没有相关凭据可供取得，但依法经过资产评估的，其成本应当按照评估价值加上相关税费、运输费等确定；没有相关凭据可供取得、也未经评估的，其成本比照同类或类似固定资产的市场价格加上相关税费、运输费等确定；没有相关凭据也未经评估，其同类或类似固定资产的市场价格无法可靠取得，所取得的固定资产应当按照名义金额入账。

接受捐赠、无偿调入的固定资产，按照确定的成本，借记本科目［不需安装］或“在建工程”科目［需要安装］，贷记“资产基金——固定资产、在建工程”科目；按照实际支付的相关税费、运输费等，借记“经费支出”科目，贷记“财政拨款收入”、“零余额账户用款额度”、“银行存款”等科目。

（2）按月计提固定资产折旧时，按照实际计提的金额，借记“资产基金——固定资产”科目，贷记“累计折旧”科目。

（3）与固定资产有关的后续支出，分以下情况处理：

为增加固定资产使用效能或延长其使用寿命而发生的改建、扩建或修缮等后续支出，应当计入固定资产成本，通过“在建工程”科目核算，完工交付使用时转入本科目。有关账务处理参见“在建工程”科目。

为维护固定资产正常使用而发生的日常修理等后续支出，应当计入当期支出但不计入固定资产成本，借记“经费支出”科目，贷记“财政拨款收入”、“零余额账户用款额度”、“银行存款”等科目。

（4）出售、置换换出固定资产。经批准出售、置换换出的固定资产转入待处理财产损溢时，按照固定资产的账面价值，借记“待处理财产损溢”科目，按照已计提折旧，借记“累计折旧”科目，按照固定资产的账面余额，贷记本科目。

（5）无偿调出、对外捐赠固定资产。经批准无偿调出、对外捐赠固定资产时，按照固定资产的账面价值，借记“资产基金——固定资产”科目，按照已计提折旧，借记“累计折旧”科目，按照固定资产的账面余额，贷记本科目。

无偿调出、对外捐赠固定资产发生由行政单位承担的拆除费用、运输费等，按照实际支付的金额，借记“经费支出”科目，贷记“财政拨款收入”、“零余额账户用款额度”、“银行存款”等科目。

（6）报废、毁损固定资产。报废、毁损的固定资产转入待处理财产损溢时，按照固定资产的账面价值，借记“待处理财产损溢”科目，按照已计提折旧，借记“累计折旧”科目，按照固定资产的账面余额，贷记本科目。

（7）盘盈、盘亏固定资产。行政单位的固定资产应当定期进行清查盘点，每年至少盘点一次。对于固定资产发生盘盈、盘亏的，应当及时查明原因，按照规定报经批准后进行账务处理。

①盘盈的固定资产，按照取得同类或类似固定资产的实际成本确定入账价值；没有同类或类似固定资产的实际成本，按照同类或类似固定资产的市场价格确定入账价值；同类或类似固定资产的实际成本或市场价格无法可靠取得，按照名义金额入账。

盘盈的固定资产，按照确定的入账价值，借记本科目，贷记“待处理财产损溢”科目。

②盘亏的固定资产，按照盘亏固定资产的账面价值，借记“待处理财产损溢”科目，按照已计提折旧，借记“累计折旧”科目，按照固定资产账面余额，贷记本科目。

本科目期末借方余额，反映行政单位固定资产的原价。

**【例题 9-10】**①某行政单位购买两台计算机，价款 15 000 元，货已验收无误，用银行存款支付。

借：固定资产　　　　　　　　　　　　15 000

贷：资产基金——固定资产 15 000

同时，记：

借：经费支出 15 000

贷：银行存款 15 000

②某行政单位建造办公楼，耗费 160 000 元，经验收合格，交付使用。

借：固定资产 160 000

贷：资产基金——固定资产 160 000

同时，记：

借：资产基金——在建工程 160 000

贷：在建工程 160 000

③某行政单位接受捐赠轿车一辆，市场价格 100 000 元，还要支付运杂费 1 000 元，用银行存款支付。

借：固定资产 100 000

贷：资产基金——固定资产 100 000

支付运杂费时，记：

借：经费支出 1 000

贷：银行存款 1 000

④经批准，某行政单位将 5 台不用的电脑无偿调拨给外单位，原值共计 30 000 元。

借：资产基金——固定资产 30 000

贷：固定资产 30 000

⑤某行政单位在财产清查时，发现账外设备一台，其重置完全价值为 3 000 元，按规定程序批准予以补记入账。

盘盈设备时：

借：固定资产 3 000

贷：待处理财产损溢 3 000

### 9.2.2 累计折旧的核算

累计折旧是行政单位固定资产、公共基础设施计提的累计折旧。

本科目应当按照固定资产、公共基础设施的类别、项目等进行明细核算。占有公共基础设施的行政单位，应当在本科目下设置“固定资产累计折旧”和“公共基础设施累计折旧”两个一级明细科目，分别核算对固定资产和公共基础设施计提的折旧。

行政单位对下列固定资产不计提折旧：文物及陈列品；图书、档案；动植物；以名义金额入账的固定资产；境外行政单位持有的能够与房屋及构筑物区分、拥有所有权的土地。

固定资产、公共基础设施计提折旧是指在固定资产、公共基础设施预计使用寿命内，按照确定的方法对应折旧金额进行系统分摊。有关说明如下：

(1) 行政单位应当根据固定资产、公共基础设施的性质和实际使用情况，合理确定其折旧年限。省级以上财政部门、主管部门对行政单位固定资产、公共基础设施折旧年限作出规定的，从其规定。

(2) 行政单位一般应当采用年限平均法或工作量法计提固定资产、公共基础设施折旧。

(3) 行政单位固定资产、公共基础设施的应折旧金额为其成本，计提固定资产、公共基础设施折旧不考虑预计净残值。

(4) 行政单位一般应当按月计提固定资产、公共基础设施折旧。当月增加的固定资产、公共基础设施，当月不提折旧，从下月起计提折旧；当月减少的固定资产、公共基础设施，当月照提折旧，从下月起不提折旧。

(5) 固定资产、公共基础设施提足折旧后，无论能否继续使用，均不再计提折旧；提前报废的固定资产、公共基础设施，也不再补提折旧；已提足折旧的固定资产、公共基础设施，可以继续使用的，应当继续使用，规范管理。

(6) 固定资产、公共基础设施因改建、扩建或修缮等原因而提高使用效能或延长使用年限的，应当按照重新确定的固定资产、公共基础设施成本以及重新确定的折旧年限，重新计算折旧额。

累计折旧的主要账务处理如下：

(1) 按月计提固定资产、公共基础设施折旧时，按照应计提折旧金额，借记“资产基金——固定资产、公共基础设施”科目，贷记本科目。

(2) 固定资产、公共基础设施处置时，按照所处置固定资产、公共基础设施的账面价值，借记“待处理财产损溢”科目［出售、置换换出、报废、毁损、盘亏］或“资产基金——固定资产、公共基础设施”科目［无偿调出、对外捐赠］，按照固定资产、公共基础设施已计提折旧，借记本科目，按照固定资产、公共基础设施的账面余额，贷记“固定资产”、“公共基础设施”科目。

本科目期末贷方余额，反映行政单位计提的固定资产、公共基础设施折旧累计数。

**【例题 9-11】** 8 月份某行政单位计提固定资产折旧 800 元。

借：资产基金——固定资产　　800

　贷：累计折旧　　800

### 9.2.3 在建工程的核算

“在建工程”科目核算行政单位已经发生必要支出，但尚未完工交付使用的各种建筑（包括新建、改建、扩建、修缮等）、设备安装工程和信息系统建设工程的实际成本。不能够增加固定资产、公共基础设施使用效能或延长其使用寿命的修缮、维护等，不通过本科目核算。

本科目应当按照具体工程项目等进行明细核算；需要分摊计入不同工程项目的间接工程成本，应当通过本科目下设置的“待摊投资”明细科目核算。

行政单位的基本建设投资应当按照国家有关规定单独建账、单独核算，同时按照本制度的规定至少按月并入本科目及其他相关科目反映。

行政单位应当在本科目下设置“基建工程”明细科目，核算由基建账套并入的在建工程成本。有关基建并账的具体账务处理另行规定。

在建工程应当在属于在建工程的成本发生时确认。

在建工程（非基本建设项目）的主要账务处理如下：

1）建筑工程

（1）将固定资产转入改建、扩建或修缮等时，按照固定资产的账面价值，借记本科目，贷记“资产基金——在建工程”科目；同时，按照固定资产的账面价值，借记“资产基金——固定资产”科目，按照固定资产已计提折旧，借记“累计折旧”科目，按照固定资产的账面余额，贷记“固定资产”科目。

（2）将改建、扩建或修缮的建筑部分拆除时，按照拆除部分的账面价值［没有固定资产拆除部分的账面价值的，比照同类或类似固定资产的实际成本或市场价格及其拆除部分占全部固定资产价值的比例确定］，借记“资产基金——在建工程”科目，贷记本科目。

改建、扩建或修缮的建筑部分拆除获得残值收入时，借记“银行存款”等科目，贷记“经费支出”科目；同时，借记“资产基金——在建工程”科目，贷记本科目。

（3）根据工程进度支付工程款时，按照实际支付的金额，借记“经费支出”科目，贷记“财政拨款收入”、“零余额账户用款额度”、“银行存款”等科目；同时按照相同的金额，借记本科目，贷记“资产基金——在建工程”科目。

根据工程价款结算账单与施工企业结算工程价款时，按照工程价款结算账单上列明的金额（扣除已支付的金额），借记本科目，贷记“资产基金——在建工程”科目；同时，按照实际支付的金额，借记“经费支出”科目，贷记“财政拨款收入”、“零余额账户用款额度”、“银行存款”等科目，按照应付未付的金额，借记“待偿债净资产”科目，贷记“应付账款”科目。

（4）支付工程价款结算账单以外的款项时，借记本科目，贷记“资产基金——在建工程”科目；同时，借记“经费支出”科目，贷记“财政拨款收入”、“零余额账户用款额度”、“银行存款”等科目。

（5）工程项目结束，需要分摊间接工程成本的，按照应当分摊到该项目的间接工程成本，借记本科目（××项目），贷记本科目（待摊投资）。

（6）建筑工程项目完工交付使用时，按照交付使用工程的实际成本，借记“资产基金——在建工程”科目，贷记本科目；同时，借记“固定资产”、“无形资产”科目（交付使用的工程项目中有能够单独区分成本的无形资产），贷记“资产基金——固定资产、无形资产”科目。

（7）建筑工程项目完工交付使用时扣留质量保证金的，按照扣留的质量保证金金额，借记“待偿债净资产”科目，贷记“长期应付款”等科目。

（8）为工程项目配套而建成的、产权不归属本单位的专用设施，将专用设施产权移交其他单位时，按照应当交付专用设施的实际成本，借记“资产基金——在建工程”科目，贷记本科目。

（9）工程完工但不能形成资产的项目，应当按照规定报经批准后予以核销。转入待处理财产损溢时，按照不能形成资产的工程项目的实际成本，借记“待处理财产损溢”科目，贷记本科目。

2）设备安装

（1）购入需要安装的设备，按照购入的成本，借记本科目，贷记“资产基金——在建工程”科目；同时，按照实际支付的金额，借记“经费支出”科目，贷记“财政拨款收入”、“零余额账户用款额度”、“银行存款”等科目。

（2）发生安装费用时，按照实际支付的金额，借记本科目，贷记“资产基金——在建工程”科目；同时，借记“经费支出”科目，贷记“财政拨款收入”、“零余额账户用款额度”、“银行存款”等科目。

（3）设备安装完工交付使用时，按照交付使用设备的实际成本，借记“资产基金——在建工程”科目，贷记本科目；同时，借记“固定资产”、“无形资产”科目（交付使用的设备中有能够单独区分成本的无形资产），贷记“资产基金——固定资产、无形资产”科目。

3）信息系统建设

（1）发生各项建设支出时，按照实际支付的金额，借记本科目，贷记“资产基金——在建工程”科目；同时，借记“经费支出”科目，贷记“财政拨款收入”、“零余额账户用款额度”、“银行存款”等科目。

（2）信息系统建设完成交付使用时，按照交付使用信息系统的实际成本，借记“资产基金——在建工程”科目，贷记本科目；同时，借记“固定资产”、“无形资产”科目，贷记“资产基金——固定资产、无形资产”科目。

4）在建工程的毁损

毁损的在建工程成本应当转入“待处理财产损溢”科目进行处理。转入待处理财产损溢时，借记“待处理财产损溢”科目，贷记本科目。

本科目期末借方余额，反映行政单位尚未完工的在建工程的实际成本。

【例题9-12】某行政单位发生如下业务：

①扩建本单位办公楼，发生费用共计150 000元。

借：在建工程　　150 000

　贷：资产基金——在建工程　　150 000

同时，记：

借：资产基金——固定资产　　150 000

　贷：固定资产　　150 000

②购入空调机价值3 000元，安装费用500元，款已付。

借：在建工程　　3 500

　贷：资产基金——在建工程　　3 500

同时，记：

借：经费支出　　3 500

　贷：银行存款　　3 500

### 9.2.4 无形资产的核算

无形资产是指不具有实物形态而能为行政单位提供某种权利的非货币性资产，包括著作权、土地使用权、专利权、非专利技术等。本科目核算行政单位各项无形资产的原价。

行政单位购入的不构成相关硬件不可缺少组成部分的软件，应当作为无形资产核算。本科目应当按照无形资产的类别、项目等进行明细核算。无形资产应当在完成对其权属的规定登记或其他证明单位取得无形资产时确认。

无形资产的主要账务处理如下：

1）取得无形资产时

取得无形资产时，应当按照其实际成本入账。

外购的无形资产，其成本包括实际支付的购买价款、相关税费以及可归属于该项资产达到预定用途所发生的其他支出。

购入的无形资产，按照确定的成本，借记本科目，贷记“资产基金——无形资产”科目；同时，按照实际支付的金额，借记“经费支出”科目，贷记“财政拨款收入”、“零余额账户用款额度”、“银行存款”等科目。

购入无形资产尚未付款的，取得无形资产时，按照确定的成本，借记本科目，贷记“资产基金——无形资产”科目；同时，按照应付未付的款项金额，借记“待偿债净资产”科目，贷记“应付账款”科目。

委托软件公司开发软件，视同外购无形资产进行处理。

（1）软件开发前按照合同约定预付开发费用时，借记“预付账款”科目，贷记“资产基金——预付款项”科目；同时，借记“经费支出”科目，贷记“财政拨款收入”、“零余额账户用款额度”、“银行存款”等科目。

（2）软件开发完成交付使用，并支付剩余或全部软件开发费用时，按照软件开发费用总额，借记本科目，贷记“资产基金——无形资产”科目；按照实际支付的金额，借记“经费支出”科目，贷记“财政拨款收入”、“零余额账户用款额度”、“银行存款”等科目；按照冲销的预付开发费用，借记“资产基金——预付款项”科目，贷记“预付账款”科目。

自行开发并按法律程序申请取得的无形资产，按照依法取得时发生的注册费、聘请律师费等费用确定成本。

取得无形资产时，按照确定的成本，借记本科目，贷记“资产基金——无形资产”科目；同时，按照实际支付的金额，借记“经费支出”科目，贷记“财政拨款收入”、“零余额账户用款额度”、“银行存款”等科目。

依法取得前所发生的研究开发支出，应当于发生时直接计入当期支出，但不计入无形资产的成本。借记“经费支出”科目，贷记“财政拨款收入”、“零余额账户用款额度”、“财政应返还额度”、“银行存款”等科目。

置换取得的无形资产，其成本按照换出资产的评估价值加上支付的补价或减去收到的补价，加上为换入无形资产支付的其他费用（登记费等）确定。

置换取得的无形资产，按照确定的成本，借记本科目，贷记“资产基金——无形资产”科目；按照实际支付的补价、相关税费等，借记“经费支出”科目，贷记“财政拨款收入”、“零余额账户用款额度”、“银行存款”等科目。

接受捐赠、无偿调入的无形资产，其成本按照有关凭据注明的金额加上相关税费确定；没有相关凭据可供取得，但依法经过资产评估的，其成本应当按照评估价值加上相关税费确定；没有相关凭据可供取得，也未经评估的，其成本比照同类或类似资产的市场价格加上相关税费确定；没有相关凭据也未经评估，其同类或类似无形资产的市场价格无法可靠取得，所取得的无形资产应当按照名义金额入账。

接受捐赠、无偿调入无形资产时，按照确定的无形资产成本，借记本科目，贷记“资产基金——无形资产”科目；按照发生的相关税费，借记“经费支出”科目，贷记“零余额账户用款额度”、“银行存款”等科目。

2）按月计提无形资产摊销时

按月计提无形资产摊销时，按照应计提的金额，借记“资产基金——无形资产”科目，贷记“累计摊销”科目。

3）与无形资产有关的后续支出

与无形资产有关的后续支出，分以下情况处理：

(1) 为增加无形资产使用效能而发生的后续支出，如对软件进行升级改造或扩展其功能等所发生的支出，应当计入无形资产的成本，借记本科目，贷记“资产基金——无形资产”科目；同时，借记“经费支出”科目，贷记“财政拨款收入”、“零余额账户用款额度”、“银行存款”等科目。

(2) 为维护无形资产的正常使用而发生的后续支出，如对软件进行的漏洞修补、技术维护等所发生的支出，应当计入当期支出但不计入无形资产的成本，借记“经费支出”科目，贷记“财政拨款收入”、“零余额账户用款额度”、“银行存款”等科目。

4）报经批准出售、置换换出无形资产转入待处理财产损溢时

报经批准出售、置换换出无形资产转入待处理财产损溢时，按照待出售、置换换出无形资产的账面价值，借记“待处理财产损溢”科目，按照已计提摊销，借记“累计摊销”科目，按照无形资产的账面余额，贷记本科目。

5）报经批准无偿调出、对外捐赠无形资产

报经批准无偿调出、对外捐赠无形资产，按照无偿调出、对外捐赠无形资产的账面价值，借记“资产基金——无形资产”科目，按照已

计提摊销，借记“累计摊销”科目，按照无形资产的账面余额，贷记本科目。无偿调出、对外捐赠无形资产发生由行政单位承担的相关费用支出等，按照实际支付的金额，借记“经费支出”科目，贷记“财政拨款收入”、“零余额账户用款额度”、“银行存款”等科目。

6）无形资产预期不能为行政单位带来服务潜力或经济利益的

无形资产预期不能为行政单位带来服务潜力或经济利益的，应当按规定报经批准后将无形资产的账面价值予以核销。

待核销的无形资产转入待处理财产损溢时，按照待核销无形资产的账面价值，借记“待处理财产损溢”科目，按照已计提摊销，借记“累计摊销”科目，按照无形资产的账面余额，贷记本科目。

本科目期末借方余额，反映行政单位无形资产的原价。

**【例题9-13】**某行政单位发生如下业务：

①购进一项专利技术，费用共计20 000元，款未付。

借：无形资产　　20 000

　贷：资产基金——无形资产　　20 000

同时，记：

借：待偿债净资产　　20 000

　贷：应付账款　　20 000

②自行开发并申请专利技术一项，注册费及聘请律师费共计10 000元。

借：无形资产　　10 000

　贷：资产基金——无形资产　　10 000

同时，记：

借：经费支出　　10 000

　贷：银行存款　　10 000

③本月对办公软件扩展功能发生支出500元。

借：无形资产　　500

　贷：资产基金——无形资产　　500

同时，记：

借：经费支出　　500

　贷：银行存款　　500

### 9.2.5 累计摊销的核算

1）累计摊销的原则

摊销是指在无形资产使用寿命内，按照确定的方法对应摊销金额进行系统分摊。“累计摊销”科目核算行政单位无形资产计提的累计摊销。本科目应当按照无形资产的类别、项目等进行明细核算。行政单位应当对无形资产进行摊销，以名义金额计量的无形资产除外。

行政单位应当按照以下原则确定无形资产的摊销年限：

（1）法律规定了有效年限的，按照法律规定的有效年限作为摊销年限；

（2）法律没有规定有效年限的，按照相关合同或单位申请书中的受益年限作为摊销年限；

（3）法律没有规定有效年限、相关合同或单位申请书也没有规定受益年限的，按照不少于10年的期限摊销。

（4）非大批量购入、单价小于1 000元的无形资产，可以于购买的当期，一次将成本全部摊销。

行政单位应当采用年限平均法计提无形资产摊销。行政单位无形资产的应摊销金额为其成本。行政单位应当自无形资产取得当月起，按月计提摊销；无形资产减少的当月，不再计提摊销。

无形资产提足摊销后，无论能否继续带来服务潜力或经济利益，均不再计提摊销；核销的无形资产，如果未提足摊销，也不再补提摊销。因发生后续支出而增加无形资产成本的，应当按照重新确定的无形资产成本，重新计算摊销额。

2）累计摊销的账务处理

按月计提无形资产摊销时，按照应计提摊销金额，借记“资产基金——无形资产”科目，贷记本科目。

无形资产处置时，按照所处置无形资产的账面价值，借记“待处理财产损溢”科目［出售、置换换出、核销］或“资产基金——无形资产”科目［无偿调出、对外捐赠］，按照已计提摊销，借记本科目，按照无形资产的账面余额，贷记“无形资产”科目。

本科目期末贷方余额，反映行政单位计提的无形资产摊销累计数。

【例题 9-14】某行政单位 10 月份计提摊销 600 元。

借：资产基金——无形资产　　600

　贷：累计摊销　　600

### 9.2.6 待处理财产损溢的核算

“待处理财产损溢”科目核算行政单位待处理财产的价值及财产处理损溢。行政单位财产的处理包括资产的出售、报废、毁损、盘盈、盘亏，以及货币性资产损失核销等。

本科目应当按照待处理财产项目进行明细核算；对于在财产处理过程中取得收入或发生相关费用的项目，还应当设置“待处理财产价值”、“处理净收入”明细科目，进行明细核算。

行政单位财产的处理，一般应当先记入本科目，按照规定报经批准后及时进行相应的账务处理。年终结账前一般应处理完毕。

待处理财产损溢的主要账务处理如下：

（1）按照规定报经批准处理无法查明原因的现金短缺或溢余。

属于无法查明原因的现金短缺，报经批准核销的，借记“经费支出”科目，贷记本科目。

属于无法查明原因的现金溢余，报经批准后，借记本科目，贷记“其他收入”科目。

（2）按照规定报经批准核销无法收回的应收账款、其他应收款。

转入待处理财产损溢时，借记本科目，贷记“应收账款”、“其他应收款”科目。

报经批准对无法收回的其他应收款予以核销时，借记“经费支出”科目，贷记本科目；对无法收回的应收账款予以核销时，借记“其他应付款”等科目，贷记本科目。

（3）按照规定报经批准核销预付账款、无形资产。

转入待处理财产损溢时，借记本科目［核销无形资产的，还应借记“累计摊销”科目］，贷记“预付账款”、“无形资产”科目。

报经批准予以核销时，借记“资产基金——预付款项、无形资产”科目，贷记本科目。

（4）出售、置换换出存货、固定资产、无形资产、政府储备物资等。

转入待处理财产损溢时，借记本科目（待处理财产价值）[出售、置换换出固定资产的，还应当借记“累计折旧”科目；出售、置换换出无形资产的，还应当借记“累计摊销”科目]，贷记“存货”、“固定资产”、“无形资产”、“政府储备物资”等科目。

实现出售、置换换出时，借记“资产基金”及相关明细科目，贷记本科目（待处理财产价值）。

出售、置换换出资产过程中收到价款、补价等收入，借记“库存现金”、“银行存款”等科目，贷记本科目（处理净收入）。

出售、置换换出资产过程中发生相关费用，借记本科目（处理净收入），贷记“库存现金”、“银行存款”、“应缴税费”等科目。

出售、置换换出完毕并收回相关的应收账款后，按照处置收入扣除相关税费后的净收入，借记本科目（处理净收入），贷记“应缴财政款”。如果处置收入小于相关税费的，按照相关税费减去处置收入后的净支出，借记“经费支出”科目，贷记本科目（处理净收入）。

（5）盘亏、毁损、报废各种实物资产。

转入待处理财产损溢时，借记本科目（待处理财产价值）[处置固定资产、公共基础设施的，还应当借记“累计折旧”科目]，贷记“存货”、“固定资产”、“在建工程”、“政府储备物资”、“公共基础设施”等科目。

报经批准予以核销时，借记“资产基金”及相关明细科目，贷记本科目（待处理财产价值）。

毁损、报废各种实物资产过程中取得的残值变价收入、发生相关费用，以及取得的残值变价收入扣除相关费用后的净收入或净支出的账务处理，比照本科目有关出售资产进行处理。

（6）核销不能形成资产的在建工程成本。

转入待处理财产损溢时，借记本科目，贷记“在建工程”科目。报经批准予以核销时，借记“资产基金——在建工程”科目，贷记本科目。

（7）盘盈存货、固定资产、政府储备物资等实物资产。

转入待处理财产损溢时，借记“存货”、“固定资产”、“政府储备物资”等科目，贷记本科目。报经批准予以处理时，借记本科目，贷记“资产基金”及相关明细科目。

本科目期末如为借方余额，反映尚未处理完毕的各种财产的价值及净损失；期末如为贷方余额，反映尚未处理完毕的各种财产净溢余。年度终了，报经批准处理后，本科目一般应无余额。

【例题9-15】某行政单位发生如下业务：

①按照规定报经批准处理无法查明原因的现金短缺1 000元。

借：经费支出　　1 000

　贷：待处理财产损溢　　1 000

②报经批准对无法收回的应收账款予以核销共计2 000元。

借：其他应付款　　2 000

　贷：待处理财产损溢　　2 000

③盘盈政府储备物资3 000元。

转入待处理财产损溢时，记：

借：政府储备物资　　3 000

　贷：待处理财产损溢　　3 000

报经批准予以处理时，记：

借：待处理财产损溢　　3 000

　贷：资产基金　　3 000

### 9.2.7　政府储备物资的核算

“政府储备物资”科目核算行政单位直接储存管理的各项政府应急或救灾储备物资等。

负责采购并拥有储备物资调拨权力的行政单位（简称“采购单位”）将政府储备物资交由其他行政单位（简称“代储单位”）代为储存的，由采购单位通过本科目核算政府储备物资，代储单位将受托代储的政府储备物资作为受托代理资产核算。本科目应当按照政府储备物资的种类、品种、存放地点等进行明细核算。政府储备物资应当在其到达存放地点并验收时确认。

政府储备物资的主要账务处理如下：

（1）取得政府储备物资时，应当按照其成本入账。

购入的政府储备物资，其成本包括购买价款、相关税费、运输费、装卸费、保险费以及其他使政府储备物资达到目前场所和状态所发生的支出；单位支付的政府储备物资保管费、仓库租赁费等日常储备费用，不计入政府储备物资的成本。

购入的政府储备物资验收入库，按照确定的成本，借记本科目，贷记“资产基金——政府储备物资”科目；同时，按实际支付的金额，借记“经费支出”科目，贷记“财政拨款收入”、“零余额账户用款额度”、“银行存款”等科目。

接受捐赠、无偿调入的政府储备物资，其成本按照有关凭据注明的金额加上相关税费、运输费等确定；没有相关凭据可供取得，但依法经过资产评估的，其成本应当按照评估价值加上相关税费、运输费等确定；没有相关凭据可供取得、也未经评估的，其成本比照同类或类似政府储备物资的市场价格加上相关税费、运输费等确定。

接受捐赠、无偿调入的政府储备物资验收入库，按照确定的成本，借记本科目，贷记“资产基金——政府储备物资”科目，由行政单位承担运输费用等的，按实际支付的相关税费、运输费等金额，借记“经费支出”科目，贷记“财政拨款收入”、“零余额账户用款额度”、“银行存款”等科目。

（2）政府储备物资发出时，应当根据实际情况采用先进先出法、加权平均法或者个别计价法确定发出政府储备物资的实际成本。计价方法一经确定，不得随意变更。

经批准对外捐赠、无偿调出政府储备物资时，按照对外捐赠、无偿调出政府储备物资的实际成本，借记“资产基金——政府储备物资”科目，贷记本科目。

对外捐赠、无偿调出政府储备物资发生由行政单位承担的运输费等支出时，借记“经费支出”科目，贷记“财政拨款收入”、“零余额账户用款额度”、“银行存款”等科目。

行政单位报经批准将不需储备的物资出售时，应当转入待处理财产损溢，按照相关储备物资的账面余额，借记“待处理财产损溢”科目，贷记本科目。

（3）盘盈、盘亏或报废、毁损政府储备物资

行政单位管理的政府储备物资应当定期进行清查盘点，每年至少盘点一次。对于发生的政府储备物资盘盈、盘亏或者报废、毁损，应当及

时查明原因，按规定报经批准后进行账务处理。

盘盈的政府储备物资，按照取得同类或类似政府储备物资的实际成本确定入账价值；没有同类或类似政府储备物资的实际成本，按照同类或类似政府储备物资的市场价格确定入账价值。

盘盈的政府储备物资，按照确定的入账价值，借记本科目，贷记“待处理财产损溢”科目。

盘亏或者报废、毁损的政府储备物资，转入待处理财产损溢时，按照其账面余额，借记“待处理财产损溢”科目，贷记本科目。

本科目期末借方余额，反映行政单位管理的政府储备物资的实际成本。

**【例题9-16】**某行政单位发生如下业务：

①购入救灾储备物资共计200 000元，已验收入库。

| | | |
|---|---|---|
| 借：政府储备物资 | 200 000 | |
| 　贷：资产基金——政府储备物资 | | 200 000 |

同时，记：

| | | |
|---|---|---|
| 借：经费支出 | 200 000 | |
| 　贷：银行存款 | | 200 000 |

②报经批准将不需储备的物资出售，取得借款3 000元。

| | | |
|---|---|---|
| 借：待处理财产损溢 | 3 000 | |
| 　贷：政府储备物资 | | 3 000 |

**【小思考9-3】**《行政单位会计制度（财预字〔1998〕49号）》中设置的“库存材料”科目与《行政单位会计制度（财库〔2013〕218号）》的会计科目如何衔接？

答：新制度未设置“库存材料”科目，但设置了“存货”、“政府储备物资”科目。转账时，应对原账中“库存材料”科目的余额进行分析，将属于存货的余额转入“存货”科目，同时，按照转入“存货”科目的金额，将相应的结余科目余额转入新账中“资产基金——存货”科目；将属于政府储备物资的余额转入“政府储备物资”科目，同时，按照转入“政府储备物资”科目的金额，将相应的结余科目余额转入新账中“资产基金——政府储备物资”科目。

### 9.2.8　公共基础设施的核算

"公共基础设施"科目核算由行政单位占有并直接负责维护管理、供社会公众使用的工程性公共基础设施资产，包括城市交通设施、公共照明设施、环保设施、防灾设施、健身设施、广场及公共构筑物等其他公共设施。

与公共基础设施配套使用的修理设备、工具器具、车辆等动产，作为管理公共基础设施的行政单位的固定资产核算，不通过本科目核算。与公共基础设施配套、供行政单位在公共基础设施管理中自行使用的房屋构筑物等，能够与公共基础设施分开核算的，作为行政单位的固定资产核算，不通过本科目核算。

本科目应当按照公共基础设施的类别和项目进行明细核算。行政单位应当结合本单位的具体情况，制定适合于本单位管理的公共基础设施目录、分类方法，作为进行公共基础设施核算的依据。公共基础设施应当在对其取得占有权利时确认。

公共基础设施的主要账务处理如下：

（1）公共基础设施在取得时，应当按照其成本入账。行政单位自行建设的公共基础设施，其成本包括建造该公共基础设施至交付使用前所发生的全部必要支出。

公共基础设施的各组成部分需要分别核算的，按照各组成部分公共基础设施造价确定其成本；没有各组成部分公共基础设施造价的，按照各组成部分公共基础设施同类或类似市场造价的比例对总造价进行分配，确定各组成部分公共基础设施的成本。

公共基础设施建设完工交付使用时，按照确定的成本，借记本科目，贷记"资产基金——公共基础设施"科目；同时，借记"资产基金——在建工程"科目，贷记"在建工程"科目。已交付使用但尚未办理竣工决算手续的公共基础设施，按照估计价值入账，待确定实际成本后再进行调整。

接受其他单位移交的公共基础设施，其成本按照公共基础设施的原账面价值确认，借记本科目，贷记"资产基金——公共基础设施"科目。

（2）与公共基础设施有关的后续支出，分以下情况处理：

①为增加公共基础设施使用效能或延长其使用寿命而发生的改建、扩建或大型修缮等后续支出，应当计入公共基础设施成本，通过“在建工程”科目核算，完工交付使用时转入本科目。

②为维护公共基础设施的正常使用而发生的日常修理等后续支出，应当计入当期支出，借记有关支出科目，贷记“财政拨款收入”、“零余额账户用款额度”、“银行存款”等科目。

（3）行政单位管理的公共基础设施向其他单位移交、毁损、报废时，应当按照规定报经批准后进行账务处理。

①经批准向其他单位移交公共基础设施时，按照移交公共基础设施的账面价值，借记“资产基金——公共基础设施”科目，按照已计提折旧，借记“累计折旧”科目，按照公共基础设施的账面余额，贷记本科目。

②报废、毁损的公共基础设施，转入待处理财产损溢时，按照待处理公共基础设施的账面价值，借记“待处理财产损溢”科目，按照已计提折旧，借记“累计折旧”科目，按照公共基础设施的账面余额，贷记本科目。

本科目期末借方余额，反映行政单位管理的公共基础设施的实际成本。

**【例题9-17】**某行政单位建造大型活动广场，费用合计50 000元，已交付使用。

借：公共基础设施　　　　　　　　　　　　50 000
　贷：资产基金——公共基础设施　　　　　　　　50 000

同时，记：

借：资产基金——在建工程　　　　　　　　50 000
　贷：在建工程　　　　　　　　　　　　　　　　50 000

### 9.2.9　受托代理资产的核算

“受托代理资产”科目核算行政单位接受委托方委托管理的各项资产，包括受托指定转赠的物资、受托储存管理的物资等。

行政单位收到受托代理资产为现金和银行存款的，不通过本科目核算，应当通过“库存现金”、“银行存款”科目进行核算。

本科目应当按照资产的种类和委托人进行明细核算；属于转赠资产

的，还应当按照受赠人进行明细核算。受托代理资产应当在行政单位收到受托代理的资产时确认。

受托代理资产的主要账务处理如下：

1）受托转赠物资

（1）接受委托人委托需要转赠给受赠人的物资，其成本按照有关凭据注明的金额确定；没有相关凭据可供取得的，其成本比照同类或类似物资的市场价格确定。接受委托转赠的物资验收入库，按照确定的成本，借记本科目，贷记“受托代理负债”科目；受托协议约定由行政单位承担相关税费、运输费等的，还应当按照实际支付的相关税费、运输费等金额，借记“经费支出”科目，贷记“银行存款”等科目。

（2）将受托转赠物资交付受赠人时，按照转赠物资的成本，借记“受托代理负债”科目，贷记本科目。

（3）转赠物资的委托人取消了对捐赠物资的转赠要求，且不再收回捐赠物资的，应当将转赠物资转为存货或固定资产，按照转赠物资的成本，借记“受托代理负债”科目，贷记本科目；同时，借记“存货”、“固定资产”科目，贷记“资产基金——存货、固定资产”科目。

2）受托储存管理物资

（1）接受委托人委托储存管理的物资，其成本按照有关凭据注明的金额确定。接受委托储存的物资验收入库，按照确定的成本，借记本科目，贷记“受托代理负债”科目。

（2）支付由受托单位承担的与受托储存管理的物资相关的运输费、保管费等费用时，按照实际支付的金额，借记“经费支出”科目，贷记“银行存款”等科目。

（3）根据委托人要求交付受托储存管理的物资时，按照储存管理物资的成本，借记“受托代理负债”科目，贷记本科目。

本科目期末借方余额，反映单位受托代理资产中实物资产的价值。

**【例题9-18】**某行政单位发生如下业务：

①接受委托转赠的救灾物资500 000元，已验收入库。

借：受托代理资产　　　　500 000

　贷：受托代理负债　　　　500 000

②接上例，将受托转赠救灾物资交付受赠人。

借：受托代理负债　　　　　　　　　　　　　　500 000

　　贷：受托代理资产　　　　　　　　　　　　　　500 000

## 本章小结

流动资产是指可以在1年以内（含1年）变现或者耗用的资产，包括库存现金、银行存款、零余额账户用款额度、财政应返还额度、应收及预付款项、存货等。

● 库存现金是行政单位重要的货币资金，是通用的支付手段，具有很强的流动性。为保证现金的安全，行政单位会计必须加强对现金的管理，严格遵守国家关于现金管理的有关规定。

● 银行存款是指行政单位存入银行或者其他金融机构的各种存款。

● 固定资产是指使用期限超过1年（不含1年）、单位价值在规定标准以上，并在使用过程中基本保持原有物质形态的资产。单位价值虽未达到规定标准，但是耐用时间超过1年（不含1年）的大批同类物资，应当作为固定资产核算。

● 无形资产是指不具有实物形态而能为行政单位提供某种权利的非货币性资产，包括著作权、土地使用权、专利权、非专利技术等。

## 主要概念和观念

★ 主要概念

流动资产　库存现金　银行存款　应收账款　存货　无形资产

★ 固定资产

主要观念

资产观念　保全观念　国有观念

## 基础训练

9.1　简答题

(1) 简述行政单位资产包括的内容。

(2) 简述行政单位流动资产的确认和计量。

(3) 简述行政单位库存现金管理要求。

(4) 简述行政单位固定资产的确认原则。

(5) 简述行政单位固定资产增加、减少、修理、租赁、盘盈、盘亏的核算方法。

9.2 判断题

(1) 行政单位购入的各种材料、物资、设备和办公用品，都应作为存货核算。 ( )

(2) 行政单位应当设置“现金日记账”，由出纳人员根据收付款凭证，按照业务发生顺序逐笔登记。 ( )

(3) 行政单位的固定资产不用计提折旧。 ( )

(4) 租入固定资产，租金费用作经费支出处理，同时增加固定资产和资产基金。 ( )

(5) 行政单位固定资产为延长使用寿命而发生的改建、扩建或修缮等后续支出，不应计入固定资产成本。 ( )

(6) 购入、有偿调入的材料，分别以购价、调拨价作为入账价格。 ( )

(7) “零余额账户用款额度”科目用来核算纳入财政国库单一账户制度改革的行政单位，在单位零余额账户中的财政直接支付业务。 ( )

(8) 接受捐赠的固定资产，应当按照同类固定资产的市场价格或者有关凭据记账。接受固定资产时发生的相关费用，应当计入固定资产价值。 ( )

(9) 无偿调入的固定资产，不用记账。 ( )

(10) 购置固定资产过程中发生的差旅费，一并计入固定资产价值。 ( )

9.3 综合分析题

某行政单位发生如下经济业务：

(1) 开出现金支票，从银行提取现金 1 000 元。

(2) 购买办公用品，价款 2 100 元，以银行存款支付。

(3) 认购一项专利技术，价款 20 000 元。

(4) 购买办公用 A 材料，价款 5 000 元；购买 B 材料，价款 3 500 元；支付运输费用 500 元。通过银行存款转账支付，材料已验收入库。

(5) 职工张红出差，预借差旅费 2 400 元，以现金付讫。

（6）张红出差归来，报销差旅费1 800元，余款600元退回。

（7）清理废旧办公桌一批，原价为1 000元，取得变价收入200元。

（8）经批准，将一辆小轿车作价出售，小轿车原账面价值120 000元，售价60 000元。

（9）出租本单位复印机一台，取得租金300元，价款通过银行收讫。

（10）年终，进行财产清查，盘盈一台专用设备，账面价值780元；盘亏一台打印机，原账面价值1 000元。经批准分别补账和注销固定资产。

要求：根据上述资料，编制有关会计分录。

9.4　网上调研

（1）网上查找《现金管理暂行条例》和《中央国库现金管理暂行办法》及《人民币银行结算账户管理办法》，以巩固和充实所学知识。

（2）为加强行政单位国有资产管理，对会计核算管理工作提出了哪些新要求？

9.5　单元实践

以小组为单位，到行政单位实践行政单位资产管理与核算会计实务。

# 第 10 章　行政单位负债的核算

## 学习目标

☆**知识目标**

了解行政单位负债的含义；

熟悉行政单位会计负债的分类；

掌握应缴财政款、应缴税费款和应付账款的概念。

☆**技能目标**

熟悉应缴财政款的管理方法；

了解应付账款的确认方法；

掌握应缴财政款、应付账款和应付政府补贴款的账户处理方法。

☆**能力目标**

能够具体实践行政单位会计负债的科目处理。

**行政单位负债管理亟待加强**

据2009年2月18日《盐城晚报》法制经纬版的一篇报道：亭湖审计局在审计某科局级行政机关的财政财务收支时发现，该单位账面债务规模较大，这引起了审计人员的关注：截至2007年年底，仅“暂存款”会计科目余额即达545.12万元。通过进一步审计发现，该单位2004年年底从账面上反映的债务（“暂存款”会计科目）达1 058.76万元，3年后缩水近半。

通过审计和分析发现该单位债务形成的主要原因有：一是预算执行不到位，部分收支挂往来；二是会计业务处理不规范，虚增往来款项规模；三是财务制度执行不严格，往来账款未及时清理。基层审计机关还反映，这类问题在多数部门和单位都存在，特别是有所属企事业单位的部门和有执收权的单位尤为普遍。

负债是指行政单位所承担的能以货币计量，需要以资产等偿还的债务。行政单位的负债按照流动性，分为流动负债和非流动负债。

**【小思考10-1】** 与原《行政单位财务规则》相比，自2013年1月1日起施行的新《行政单位财务规则》主要有哪些新的内容？

答：一是扩大了适用范围。各级各类行政单位的所有财务活动都要执行本规则。二是增加了行政单位决算管理内容。在第二章预算管理中增加了决算的编制、管理的内容。三是规范了行政单位收入管理。新规则删除了预算外资金收入管理的内容，明确行政单位的收入包括财政拨款收入和其他收入；增加了收入管理的有关要求，明确行政单位的各项收入应当全部纳入单位预算，统一核算管理。此外，新规则还对行政单位财务分析的内容和指标作出了新的规定。

## 10.1 流动负债的管理与核算

流动负债是指预计在1年内（含1年）偿还的负债。行政单位的流动负债包括应缴财政款、应缴税费、应付职工薪酬、应付及暂存款项、应付政府补贴款等。

### 10.1.1 应缴财政款的核算

应缴财政款是指行政单位按照规定取得的应当上缴财政的款项。

“应缴财政款”科目核算行政单位取得的按规定应当上缴财政的款项，包括罚没收入、行政事业性收费、政府性基金、国有资产处置和出租收入等。行政单位按照国家税法等有关规定应当缴纳的各种税费，通过“应缴税费”科目核算，不在本科目核算。本科目应当按照应缴财政款项的类别进行明细核算。应缴财政款应当在收到应缴财政的款项时确认。

行政单位取得按照规定应当上缴财政的款项时，借记“银行存款”等科目，贷记本科目。处置资产取得应当上缴财政的处置净收入的账务处理，参见“待处理财产损溢”科目。上缴应缴财政的款项时，按照实际上缴的金额，借记本科目，贷记“银行存款”科目。

本科目贷方余额，反映行政单位应当上缴财政但尚未缴纳的款项。年终清缴后，本科目一般应无余额。

**【例题10-1】**①某行政单位收到应缴入国库的罚款100 000元，并存入银行。

借：银行存款　　100 000

　贷：应缴财政款　　100 000

②某行政单位将本月收到的各种应上缴财政预算的款项150 000元缴入国库。

借：应缴财政款　　150 000

　贷：银行存款　　150 000

### 10.1.2 应缴税费的核算

应缴税费是指行政单位按照国家税法等有关规定应当缴纳的各种税费。

“应缴税费”科目核算行政单位按照税法等规定应当缴纳的各种税费，包括营业税、城市维护建设税、教育费附加、房产税、车船税、城镇土地使用税等。行政单位代扣代缴的个人所得税，也通过本科目核算。本科目应当按照应缴纳的税费种类进行明细核算。应缴税费应当在产生缴纳税费义务时确认。

行政单位因资产处置等发生营业税、城市维护建设税、教育费附加等缴纳义务的，按照税法等规定计算的应缴税费金额，借记“待处理财产损溢”科目，贷记本科目；实际缴纳时，借记本科目，贷记“银行存款”等科目。

因出租资产等发生营业税、城市维护建设税、教育费附加等缴纳义务的，按照税法等规定计算的应缴税费金额，借记“应缴财政款”等科目，贷记本科目；实际缴纳时，借记本科目，贷记“银行存款”等科目。

代扣代缴个人所得税，按照税法等规定计算的应代扣代缴的个人所得税金额，借记“应付职工薪酬”科目［从职工工资中代扣个人所得税］或“经费支出”科目［从劳务费中代扣个人所得税］，贷记本科目。实际缴纳时，借记本科目，贷记“财政拨款收入”、“零余额账户用款额度”、“银行存款”等科目。

本科目期末贷方余额，反映行政单位应缴未缴的税费金额。

**【例题 10-2】**①某行政单位出售一辆公务车，缴纳税费共计 3 000 元。

处置时，记：

| | | |
|---|---|---|
| 借：待处理财产损溢 | 3 000 | |
| 贷：应缴税费 | | 3 000 |

实际缴纳时，记：

| | | |
|---|---|---|
| 借：应缴税费 | 3 000 | |
| 贷：银行存款 | | 3 000 |

②某行政单位本月代扣代缴职工个人所得税 50 000 元。

处置时，记：

| | | |
|---|---|---|
| 借：应付职工薪酬 | 50 000 | |
| 贷：应缴税费 | | 50 000 |

实际缴纳时，记：

| | | |
|---|---|---|
| 借：应缴税费 | 50 000 | |
| 贷：银行存款 | | 50 000 |

【小资料10-1】 原《行政单位会计制度》中“暂存款”科目与新《行政单位会计制度》的会计科目衔接

新制度未设置“暂存款”科目，但设置了“应缴税费”、“应付账款”、“应付政府补贴款”、“其他应付款”、“长期应付款”和“受托代理负债”科目。另外，新制度的“应付职工薪酬”科目核算内容还包括应付的社会保险费和住房公积金等。转账时，应对原账中“暂存款”科目的余额进行分析，将符合上述科目的余额分别转入新账对应科目。如有转入新账中“应付账款”、“长期应付款”科目的，还应按照转入“应付账款”、“长期应付款”科目余额的合计数，在新账中借记“待偿债净资产”科目，贷记“财政拨款结转”、“财政拨款结余”或“其他资金结转结余”科目。

### 10.1.3 应付职工薪酬的核算

应付职工薪酬是指行政单位按照有关规定应付的职工工资、津贴补贴等。

“应付职工薪酬”科目核算行政单位按照有关规定应付给职工及为职工支付的各种薪酬，包括基本工资、奖金、国家统一规定的津贴补贴、社会保险费、住房公积金等。本科目应当根据国家有关规定按照“工资（离退休费）”、“地方（部门）津贴补贴”、“其他个人收入”以及“社会保险费”、“住房公积金”等进行明细核算。应付职工薪酬应当在规定支付职工薪酬的时间确认。

行政单位发生应付职工薪酬时，按照计算出的应付职工薪酬金额，借记“经费支出”科目，贷记本科目。

向职工支付工资、津贴补贴等薪酬时，按照实际支付的金额，借记本科目，贷记“财政拨款收入”、“零余额账户用款额度”、“银行存款”等科目。

从应付职工薪酬中代扣为职工垫付的水电费、房租等费用时，按照实际扣除的金额，借记本科目（工资），贷记“其他应收款”等科目。

从应付职工薪酬中代扣代缴个人所得税，按照代扣代缴的金额，借记本科目（工资），贷记“应缴税费”科目。

从应付职工薪酬中代扣代缴社会保险费和住房公积金，按照代扣代缴的金额，借记本科目（工资）；贷记“其他应付款”科目。

缴纳单位为职工承担的社会保险费和住房公积金时，借记本科目（社会保险费、住房公积金），贷记“财政拨款收入”、“零余额账户用款额度”、“银行存款”等科目。

本科目期末贷方余额，反映行政单位应付未付的职工薪酬。

**【例题 10-3】**①某行政单位支付职工工资 500 000 元。

借：应付职工薪酬　　500 000

　贷：银行存款　　500 000

②某行政单位从应付职工薪酬中代扣代缴个人所得税 80 000 元。

借：应付职工薪酬——工资　　80 000

　贷：应缴税费　　80 000

### 10.1.4 应付账款的核算

“应付账款”科目核算行政单位因购买物资或服务、工程建设等而应付的偿还期限在 1 年以内（含 1 年）的款项。本科目应当按照债权单位（或个人）进行明细核算。应付账款应当在收到所购物资或服务、完成工程时确认。

行政单位收到所购物资或服务、完成工程但尚未付款时，按照应付未付款项的金额，借记“待偿债净资产”科目，贷记本科目。

偿付应付账款时，借记本科目，贷记“待偿债净资产”科目；同时，借记“经费支出”科目，贷记“财政拨款收入”、“零余额账户用款额度”、“银行存款”等科目。

无法偿付或债权人豁免偿还的应付账款，应当按照规定报经批准后进行账务处理。经批准核销时，借记本科目，贷记“待偿债净资产”科目。核销的应付账款应在备查簿中保留登记。

本科目期末贷方余额，反映行政单位尚未支付的应付账款。

**【例题 10-4】**①某行政单位购买物资价款共计 20 000 元，款未付。

借：待偿债净资产　　20 000

　贷：应付账款　　20 000

②接上例，支付购买物资价款。

借：应付账款　　　　　　　　　　　　　　　20 000

　贷：待偿债净资产　　　　　　　　　　　　　　　20 000

同时，记：

借：经费支出　　　　　　　　　　　　　　　20 000

　贷：银行存款　　　　　　　　　　　　　　　20 000

### 10.1.5 应付政府补贴款的核算

"应付政府补贴款"科目核算负责发放政府补贴的行政单位，按照规定应当支付给政府补贴接受者的各种政府补贴款。本科目应当按照应支付的政府补贴种类进行明细核算。行政单位还应当按照补贴接受者建立备查簿，进行相应明细核算。应付政府补贴款应当在规定发放政府补贴的时间确认。

行政单位发生应付政府补贴时，按照规定计算出的应付政府补贴金额，借记"经费支出"科目，贷记本科目。

支付应付的政府补贴款时，借记本科目，贷记"零余额账户用款额度"、"银行存款"等科目。

本科目期末贷方余额，反映行政单位应付未付的政府补贴金额。

【例题10-5】某行政单位负责发放政府补贴，本月发放政府补贴款100 000元。

借：经费支出　　　　　　　　　　　　　　　100 000

　贷：应付政府补贴款　　　　　　　　　　　　　　　100 000

### 10.1.6 其他应付款的核算

"其他应付款"科目核算行政单位除应缴财政款、应缴税费、应付职工薪酬、应付政府补贴款、应付账款以外的其他各项偿还期在1年以内（含1年）的应付及暂存款项，如收取的押金、保证金、未纳入行政单位预算管理的转拨资金、代扣代缴职工社会保险费和住房公积金等。本科目应当按照其他应付款的类别以及债权单位（或个人）进行明细核算。

行政单位发生其他各项应付及暂存款项时，借记"银行存款"等科目，贷记本科目。

支付其他各项应付及暂存款项时，借记本科目，贷记"银行存款"

等科目。

因故无法偿付或债权人豁免偿还的其他应付款项，应当按规定报经批准后进行账务处理。经批准核销时，借记本科目，贷记“其他收入”科目。核销的其他应付款应在备查簿中保留登记。

本科目期末贷方余额，反映行政单位尚未支付的其他应付款。

**【例题 10-6】** 某行政单位本月收取押金 2 000 元。

借：银行存款　　2 000

　贷：其他应付款　　2 000

## 10.2 非流动负债的核算

行政单位的非流动负债包括长期应付款。长期应付款是指行政单位发生的偿还期限超过 1 年（不含 1 年）的应付款项。

“长期应付款”科目核算行政单位发生的偿还期限超过 1 年（不含 1 年）的应付款项，如跨年度分期付款购入固定资产的价款等。本科目应当按照长期应付款的类别以及债权单位（或个人）进行明细核算。

行政单位因购买物资、服务等发生的长期应付款，应当在收到所购物资或服务时确认。因其他原因发生的长期应付款，应当在承担付款义务时确认。

行政单位发生长期应付款时，按照应付未付的金额，借记“待偿债净资产”科目，贷记本科目。

偿付长期应付款时，借记“经费支出”科目，贷记“财政拨款收入”、“零余额账户用款额度”、“银行存款”等科目；同时，借记本科目，贷记“待偿债净资产”科目。

无法偿付或债权人豁免偿还的长期应付款，应当按照规定报经批准后进行账务处理。经批准核销时，借记本科目，贷记“待偿债净资产”科目。核销的长期应付款应在备查簿中保留登记。

本科目期末贷方余额，反映行政单位尚未支付的长期应付款。

**【例题 10-7】** 某行政单位采用跨年分期付款购入一项固定资产，价款共计 100 000 元。

借：待偿债净资产　　100 000
　贷：长期应付款　　100 000

## 10.3 受托代理负债的核算

"受托代理负债"科目核算行政单位接受委托，取得受托管理资产时形成的负债。本科目应当按照委托人等进行明细核算；属于指定转赠物资和资金的，还应当按照指定受赠人进行明细核算。

受托代理负债应当在行政单位收到受托代理资产并产生受托代理义务时确认。本科目的账务处理参见"受托代理资产"、"库存现金"、"银行存款"等科目。

本科目期末贷方余额，反映行政单位尚未清偿的受托代理负债。

【**例题 10-8**】某行政单位收到受托代理资产价款 10 000 元。

借：受托代理资产　　10 000
　贷：受托代理负债　　10 000

### 本章小结

● 负债是指行政单位所承担的能以货币计量，需要以资产等偿还的债务。行政单位的负债按照流动性，分为流动负债和非流动负债。

● 流动负债是指预计在 1 年内（含 1 年）偿还的负债。行政单位的流动负债包括应缴财政款、应缴税费、应付职工薪酬、应付及暂存款项、应付政府补贴款等。

● 非流动负债包括长期应付款。长期应付款是指行政单位发生的偿还期限超过 1 年（不含 1 年）的应付款项。

● 受托代理负债科目核算行政单位接受委托，取得受托管理资产时形成的负债。

### 主要概念和观念

★ 主要概念

行政单位负债　应缴财政款　应缴税费　应付账款　长期应付款

★ 主要观念

财政观念　负债观念

## 基础训练

10.1　简答题

(1) 简述行政单位负债的内容。

(2) 简述应缴财政款的核算方法。

(3) 简述流动负债的内容。

(4) 简述长期应付款的核算方法。

(5) 简述流动负债的内容。

10.2　判断题

(1) 行政单位“应缴财政款”和“应缴税费”都应纳入财政管理。（　）

(2) 应付账款是行政单位在业务活动中与其他单位和个人发生的待结算款项。（　）

(3) 应缴财政款是行政单位按规定代收的应上缴财政专户的预算内资金。（　）

(4) 行政单位按照国家税法等有关规定应当缴纳的各种税费，通过“应缴税费”科目核算。（　）

(5) 行政单位年终必须将当年应缴财政款全部缴入国库。（　）

(6) 收取的押金、保证金、未纳入行政单位预算管理的转拨资金、代扣代缴职工社会保险费和住房公积金等属于应缴财政款。（　）

(7)“应付职工薪酬”科目是核算行政单位按照有关规定应付给职工及为职工支付的各种薪酬。（　）

(8)“应付政府补贴款”科目核算享受政府补贴的行政单位，按照规定应当接受的各种政府补贴款。（　）

(9) 跨年度分期付款购入固定资产的价款属于长期应付款。（　）

(10)“受托代理负债”科目核算行政单位接受委托，取得受托管理资产时形成的负债。（　）

### 10.3 综合分析题

某行政单位发生如下经济业务：

(1) 收到应上缴的行政性收费收入10 000元，存入开户银行。

(2) 收到罚没收入500元，存入开户银行。

(3) 没收走私物品的变价收入10 000元。

(4) 收取行政性收费21 000元，月终全额上缴财政专户。

(5) 负责发放政府补贴，支付给政府补贴接受者50 000元。

(6) 购入材料一批，价款40 000元，材料已验收入库，用银行存款支付。

(7) 购入办公材料一批，价款25 000元，款项未付。

(8) 偿还分期付款额度3 000元。

(9) 接受委托方委托管理资产共计20 000元。

要求：根据上述资料，编制有关会计分录。

### 10.4 网上调研

利用电子图书馆和因特网调研行政单位改革完善负债会计核算的方法。

### 10.5 单元实践

以小组为单位到行政单位具体实践行政单位负债的会计处理。

# 第 11 章　行政单位收入的核算

## 学习目标

☆**知识目标**

了解行政单位收入的含义；

熟悉行政单位会计收入的分类；

掌握财政拨款收入的含义及核算内容；

熟悉其他收入的含义及核算内容。

☆**技能目标**

财政拨款收入账户核算方法与具体的账务处理。

☆**能力目标**

在财政直接支付和授权支付下财政拨款收入的核算能力。

**行政单位财务管理的特点**

(1) 经费来源的单一性。行政单位是国家为满足社会公共需要而设立的，主要行使国家社会管理和公共服务职能，没有社会生产职能。行政单位在履行职能过程中的资金耗费，主要依靠国家财政拨款，不可能像企业那样通过生产经营成果的销售实现价值补偿并取得利润，进而实现简单再生产和扩大再生产。

(2) 经费保障的优先性。公共财政通常有资源配置职能、收入分配职能、稳定经济职能三个方面的职能。其中，资源配置职能就是运用财政税收等手段，将一部分国民生产总值或国民收入集中起来，通过财政资金的再分配，为各种社会公共需要提供资金保障。行政单位属于典型的社会公共需要，因此，行政单位在公共支出中位于优先保障地位。

(3) 财务管理的统一性。行政单位财务管理的统一性主要表现在：一是有统一的财务管理工作方针。各级行政单位在财务管理工作中，都必须贯彻执行“勤俭建国、厉行节约”的方针。二是有统一的机构、编制。各级行政单位的机构设置和人员编制，都必须按照国家的统一规定执行。三是有统一的财务管理制度。行政单位财务管理和会计核算，必须执行统一的《行政单位财务规则》和《行政单位会计制度》。四是有统一的经费开支标准。行政单位的各项经费开支，如工资津贴补贴、福利费提取、会议费差旅费开支等，都必须执行统一规定的开支标准。

行政单位收入是指行政单位依法取得的非偿还性资金。行政单位的收入包括财政拨款收入和其他收入。

## 11.1 财政拨款收入的核算

“财政拨款收入”科目核算行政单位从同级财政部门取得的财政预算资金。本科目应当设置“基本支出拨款”和“项目支出拨款”两个明细科目，分别核算行政单位取得用于基本支出和项目支出的财政拨款资金；同时，按照《政府收支分类科目》中“支出功能分类科目”的项级科目进行明细核算；在“基本支出拨款”明细科目下按照“人员经费”和“日常公用经费”进行明细核算，在“项目支出拨款”明细科目下按照具体项目进行明细核算。

有公共财政预算拨款、政府性基金预算拨款等两种或两种以上财政拨款的行政单位，还应当按照财政拨款的种类分别进行明细核算。

（1）财政直接支付方式下，行政单位根据收到的“财政直接支付入账通知书”及相关原始凭证，借记“经费支出”科目，贷记本科目。

年末，行政单位根据本年度财政直接支付预算指标数与财政直接支付实际支出数的差额，借记“财政应返还额度——财政直接支付”科目，贷记本科目。

（2）财政授权支付方式下，行政单位根据收到的“财政授权支付额度到账通知书”，借记“零余额账户用款额度”科目，贷记本科目。

年末，如行政单位本年度财政授权支付预算指标数大于财政授权支付额度下达数，根据两者间的差额，借记“财政应返还额度——财政授权支付”科目，贷记本科目。

（3）其他方式下，实际收到财政拨款收入时，借记“银行存款”等科目，贷记本科目。

（4）本年度财政直接支付的资金收回时，借记本科目，贷记“经费支出”等科目。

（5）年末，将本科目本年发生额转入财政拨款结转时，借记本科目，贷记“财政拨款结转”科目。

年终结账后，本科目应无余额。

**【例题 11-1】**某行政单位职工工资由财政统发，本月职工工资总额为 150 000 元，凭财政拨款通知书和本单位职工工资表等凭证入账。

借：经费支出　　150 000

　贷：财政拨款收入——财政直接支付　　150 000

**【例题 11-2】**某行政单位收到代理银行转来的财政授权支付到账通知书，收到财政授权支付额度 30 000 元。

借：零余额账户用款额度　　30 000

　贷：财政拨款收入——财政授权支付　　30 000

【小资料 11-1】 **预算外资金**

预算外资金是指国家机关、事业单位和社会团体为履行或代行政府职能，依据国家法律、法规和具有法律效力的规章而收取、提取和安排使用的未纳入国家预算管理的各种财政性资金。

预算外资金的范围主要包括：地方财政支配的各项附加收入和集中的有关资金；国有企业及主管部门掌握的各项专用基金；行政事业单位的自收自支资金；中央和地方主管部门所属不纳入预算的企业收入；法律、法规规定的行政事业性收费、基金和附加收入等；国务院或省级人民政府及其财政、计划（物价）部门审批的行政事业性收费；国务院及财政部审批建立的基金、附加收入等；主管部门所属单位集中上缴资金；用于乡镇政府开支的乡自筹和乡统筹资金；其他未纳入预算管理的财政性资金。社会保障基金在国家财政尚未建立社会保障预算制度以前，先按预算外资金管理制度进行管理，专款专用。财政部门在银行开设统一的专户，用于预算外资金收入和支出管理。部门和单位的预算外收入必须上缴同级财政专户，支出由同级财政按预算外资金收支计划和单位财务收支计划统筹安排，从财政专户中拨付，实行收支两条线管理。预算外资金收入也是来源于收费，不过是预算外收费。

【小思考 11-1】什么是收支两条线？

答：收支两条线，是指政府对行政事业性收费、罚没收入等政府非税收入的管理方式，即有关部门取得的非税收入与发生的支出脱钩，收入上缴国库或财政专户，部门不得截留、坐支，财政部门安排给部门的支出不能和收入挂钩，而是根据各单位履行职能的需要按标准核定并拨付的资金管理模式。

深化收支两条线管理改革的核心是，按照公共管理的要求，将全部财政性收支逐步纳入政府预算管理，不能有游离于政府预算之外、不受社会公众监督的财政性收支。它要解决的是公共财政收支的管理范围问题，其本质也是规范政府的活动范围。

这项改革，从“收”的角度讲，主要是收缴分离，规范政府预算外收入收缴并减少部门、单位占压政府资金。对那些合法合规的收费收入，不再由部门、单位自收自缴，而是实行收缴分离，纳入政府预算或实行专户管理；从“支”的方面讲，主要是收支脱钩，执收单位上缴的收费和罚没收入不再与其支出安排挂钩。改革的最终目标是编制综合政府预算，逐步淡化和取消预算外收支。

## 11.2 其他收入的核算

“其他收入”科目核算行政单位取得的除财政拨款收入以外的其他各项收入，如从非同级财政部门、上级主管部门等取得的用于完成项目或专项任务的资金、库存现金溢余等。行政单位从非同级财政部门、上级主管部门等取得指定转给其他单位，且未纳入本单位预算管理的资金，不通过本科目核算，应当通过“其他应付款”科目核算。

本科目应当按照其他收入的类别、来源单位、项目资金和非项目资金进行明细核算。对于项目资金收入，还应当按照具体项目进行明细核算。

行政单位收到属于其他收入的各种款项时，按照实际收到的金额，借记“银行存款”、“库存现金”等科目，贷记本科目。

年末，将本科目本年发生额转入其他资金结转结余时，借记本科目，贷记“其他资金结转结余”科目。

年终结账后，本科目应无余额。

**【例题 11-3】**①某行政单位收到银行存款利息 3 000 元。

借：银行存款　　3 000

　贷：其他收入　　3 000

②某行政单位购买的国库券到期，利息收入 3 000 元，存入银行。

借：银行存款　　3 000

　贷：其他收入　　3 000

③年终，将其他收入贷方余额 150 000 元转入“其他资金结转结

余”账户。

借：其他收入　　150 000

　贷：其他资金结转结余　　150 000

## 本章小结

● 行政单位收入是指行政单位依法取得的非偿还性资金。行政单位的收入包括财政拨款收入和其他收入。

● 财政拨款收入行政单位从同级财政部门取得的财政预算资金。

●“其他收入”科目核算行政单位取得的除财政拨款收入以外的其他各项收入，如从非同级财政部门、上级主管部门等取得的用于完成项目或专项任务的资金、库存现金溢余等。

## 主要概念和观念

★ 主要概念

行政单位收入　财政拨款收入　其他收入

★ 主要观念

法制观念　财政预算观念　会计管理观念

## 基础训练

11.1　简答题

(1) 简述行政单位财政拨款收入的内容。

(2) 简述财政直接支付方式下行政单位财政拨款收入的确认、财政授权支付方式下财政拨款收入的确认。

(3) 简述行政单位其他收入的核算方法。

11.2　判断题

(1) 财政拨款收入是预算拨款，而其他收入是非预算拨款。

(　　)

(2) 财政拨款收入是行政单位主要的资金来源，是行政单位开展业务活动的基本财力保证，因此行政单位必须加强拨入经费的管理。

(　　)

(3) 行政单位根据本年度财政直接支付预算指标数与财政直接支

付实际支出数的差额，借记“零余额账户用款额度”科目，贷记本科目。（ ）

（4）行政单位本年度财政授权支付预算指标数大于财政授权支付额度下达数，根据两者间的差额，借记“财政应返还额度——财政授权支付”科目，贷记本科目。（ ）

（5）财政拨款收入贷方余额全数转入结余科目，结转后本科目无余额。（ ）

（6）其他收入是指行政单位按规定收取的各种收入，以及其他来源形成的收入。（ ）

11.3 综合分析题

某行政单位发生如下经济业务：

（1）收到财政部门通过银行转账拨来的本月经费300 000元。

（2）收到财政部门从银行拨来的专项大型设备购置费200 000元。

（3）通过银行缴回财政部门多拨经费2 000元。

（4）收到财政部门从银行拨来的专项大型修缮费用360 000元。

（5）该项修缮工程共花费330 000元，按规定余额留归本单位使用。

（6）收到银行利息收入8 000元。

（7）购买的国库券到期，收到利息3 000元，存入银行。

（8）年终结账时，“财政拨款收入”科目贷方余额5 321 000元。

要求：根据上述资料，编制有关会计分录。

11.4 网上调研

通过数字图书馆和因特网查找近年我国行政单位收入情况及各种收入所占比重，思考如何完善收入的会计核算和管理。

11.5 单元实践

以小组为单位，到行政单位具体操作行政单位会计收入科目的账务处理。

# 第 12 章　行政单位支出的核算

## 学习目标

☆**知识目标**

熟悉行政单位支出的内容和分类；

掌握经费支出、拨出经费的概念；

熟悉经费支出、拨出经费的核算具体内容。

☆**技能目标**

掌握经费支出、拨出经费账户的使用方法；

比较区分经费支出、拨出经费两个账户的核算内容。

☆**能力目标**

正确确认、计量、核算行政单位各类支出业务，节约行政开支。

**行政单位预算管理办法**

财政部门对行政单位实行收支统一管理，定额、定项拨款，超支不补，结余留用的管理办法。具体的内容包括：(1) 行政单位的收支实行统一管理。行政单位的各项收入和支出应当全部纳入单位预算统一管理，统筹安排使用。预算外资金收入和其他收入应当首先用于弥补经常性支出不足和必要的专项支出。(2) 实行定额、定项拨款。定额是指行政单位根据年度工作计划和收支增减因素，提出收支数的额度。定项是指拨款项目的具体用途应由单位先提出收支概算，逐级汇总报送同级财政部门，财政部门参照单位提出的收支概算，审核分配单位预算指标。(3) 超支不补，结余留用。各行政单位在完成业务活动的情况下，如果拨入的经费有结余，结余可留归单位继续使用；如果拨入的经费不足以弥补支出，超出部分，财政不再拨款，由单位用以前年度的结余弥补。

行政单位支出是指行政单位为保障机构正常运转和完成工作任务所发生的资金耗费和损失。

行政单位的支出包括经费支出和拨出经费。

## 12.1 经费支出的分类和核算

经费支出是指行政单位自身开展业务活动使用各项资金发生的基本支出和项目支出。

“经费支出”科目核算行政单位在开展业务活动中发生的各项支出。本科目应当分别按照“财政拨款支出”和“其他资金支出”、“基本支出”和“项目支出”等分类进行明细核算；并按照《政府收支分类科目》中“支出功能分类科目”的项级科目进行明细核算；“基本支出”和“项目支出”明细科目下应当按照《政府收支分类科目》中“支出经济分类科目”的款级科目进行明细核算。同时在“项目支出”明细科目下按照具体项目进行明细核算。

有公共财政预算拨款、政府性基金预算拨款等两种或两种以上财政拨款的行政单位，还应当按照财政拨款的种类分别进行明细核算。

经费支出的主要账务处理如下：

（1）行政单位计提单位职工薪酬时，按照计算出的金额，借记本科目，贷记“应付职工薪酬”科目。

（2）支付外部人员劳务费，按照应当支付的金额，借记本科目，按照代扣代缴个人所得税的金额，贷记“应缴税费”科目，按照扣税后实际支付的金额，贷记“财政拨款收入”、“零余额账户用款额度”、“银行存款”等科目。

（3）支付购买存货、固定资产、无形资产、政府储备物资和工程结算的款项，按照实际支付的金额，借记本科目，贷记“财政拨款收入”、“零余额账户用款额度”、“银行存款”等科目；同时，按照采购或工程结算成本，借记“存货”、“固定资产”、“无形资产”、“在建工程”、“政府储备物资”等科目，贷记“资产基金”及其明细科目。

（4）发生预付账款的，按照实际预付的金额，借记本科目，贷记“财政拨款收入”、“零余额账户用款额度”、“银行存款”等科目；同时，借记“预付账款”科目，贷记“资产基金——预付款项”科目。

（5）偿还应付款项时，按照实际偿付的金额，借记本科目，贷记“财政拨款收入”、“零余额账户用款额度”、“银行存款”等科目；同时，借记“应付账款”、“长期应付款”科目，贷记“待偿债净资产”科目。

（6）发生其他各项支出时，按照实际支付的金额，借记本科目，贷记“财政拨款收入”、“零余额账户用款额度”、“银行存款”等科目。

（7）行政单位因退货等原因发生支出收回的，属于当年支出收回的，借记“财政拨款收入”、“零余额账户用款额度”、“银行存款”等科目，贷记本科目；属于以前年度支出收回的，借记“财政应返还额度”、“零余额账户用款额度”、“银行存款”等科目，贷记“财政拨款结转”、“财政拨款结余”、“其他资金结转结余”等科目。

（8）年末，将本科目本年发生额分别转入财政拨款结转和其他资金结转结余时，借记“财政拨款结转”、“其他资金结转结余”科目，贷记本科目。

年终结账后，本科目应无余额。

【例题 12-1】①某行政单位从银行提取现金，发放职工的基本工资 30 000元、津贴 8 000 元、奖金 6 000 元。

| | | |
|---|---|---|
| 借：库存现金 | 44 000 | |
| 　贷：银行存款 | | 44 000 |
| 借：经费支出——基本支出——基本工资 | 30 000 | |
| 　　　　　　　　　　　——津贴 | 8 000 | |
| 　　　　　　　　　　　——奖金 | 6 000 | |
| 　贷：库存现金 | | 44 000 |

②某行政单位开出转账支票，购买一批办公用设备，价款 26 000 元，设备已到货。

| | | |
|---|---|---|
| 借：经费支出——基本支出——办公设备购置费 | 26 000 | |
| 　贷：银行存款 | | 26 000 |
| 借：固定资产 | 26 000 | |
| 　贷：资产基金 | | 26 000 |

③某行政单位上月购买了一台办公用设备，价值 3 500 元，因无法使用，经与生产厂家联系，同意退货，现已收到退货款。

| | | |
|---|---|---|
| 借：银行存款 | 3 500 | |
| 　贷：经费支出——基本支出——办公设备购置费 | | 3 500 |
| 借：资产基金 | 3 500 | |
| 　贷：固定资产 | | 3 500 |

④某行政单位尚未实行国库集中收付制度，该单位通过银行存款账户支付开展专项业务活动的支出 23 000 元。

| | | |
|---|---|---|
| 借：经费支出——项目支出 | 23 000 | |
| 　贷：银行存款 | | 23 000 |

**【小资料 12-1】　黑龙江财政节支抓住 5 个字**

2009 年 8 月 21 日，在黑龙江全省财政工作视频会议上，财政厅党组书记、厅长李继纯同志结合黑龙江的工作实际，对财政节支工作提出要求，要在“控、压、管、改、清”五个字上狠下工夫。

控，就是严格控制出国经费支出，对超预算或无预算安排出国的经费一律不予审批和报销，各级财政要将出国经费在近三年平均数基础上切实减少20%。

压，就是大力压缩公务接待费支出，争取2009年接待费支出同比压缩10%。

管，就是加强出差和会议管理，严格执行差旅费、会议费和出差会议定点管理三个办法。

改，就是推进公务用车货币化改革，同时各地要将车辆购置及运行费压缩15%。

清，就是大力清理评比奖励和庆典活动，配合相关部门对党委、人大、政协、法院和检察院系统的评比表彰奖励活动进行系统清理，降低行政成本。

## 12.2 拨出经费的核算

拨出经费是指行政单位纳入单位预算管理、拨付给所属单位的非同级财政拨款资金。

“拨出经费”科目核算行政单位向所属单位拨出的纳入单位预算管理的非同级财政拨款资金，如拨给所属单位的专项经费和补助经费等。本科目应当分别按照“基本支出”和“项目支出”进行明细核算，还应当按照接受拨出经费的具体单位和款项类别等分别进行明细核算。

行政单位向所属单位拨付非同级财政拨款资金等款项时，借记本科目，贷记“银行存款”等科目。收回拨出经费时，借记“银行存款”等科目，贷记本科目。年末，将本科目本年发生额转入其他资金结转结余时，借记“其他资金结转结余”科目，贷记本科目。

年终结账后，本科目应无余额。

**【例题12-2】**某行政单位发生如下拨出经费业务：

①向所属某单位拨付预算经费5 000 000元。

借：拨出经费　　　　5 000 000

贷：银行存款　　5 000 000

②收到所属某单位缴回的多余专项经费 4 000 元，存入银行。

借：银行存款　　4 000

贷：拨出经费　　4 000

③年终，将“拨出经费”账户借方余额 160 000 元转入“其他资金结转结余结余”账户。

借：其他资金结转结余结余　　160 000

贷：拨出经费　　160 000

**【小思考 12-1】** 什么是预算级次？

答：一般来说，有一级政府即有一级财政收支活动主体，也就应有一级预算。在现代社会，大多数国家都实行多级预算，从而产生了国家预算的级次和组成问题。我国国家预算组成体系是按照一级政府设立一级预算的原则建立的。

《中华人民共和国预算法》明确规定，国家实行一级政府一级预算，共 5 级预算。

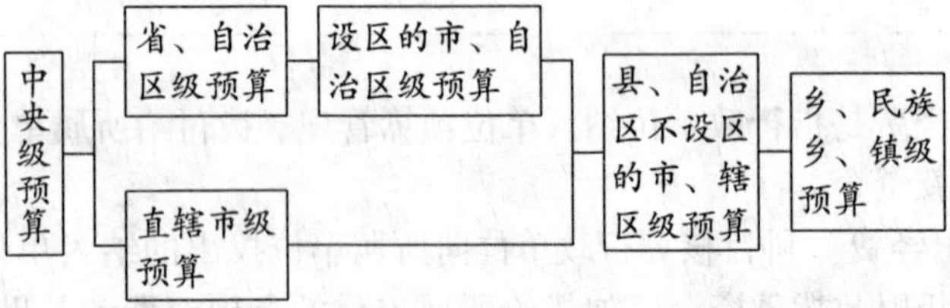


## 本章小结

● 行政单位支出是指行政单位为保障机构正常运转和完成工作任务所发生的资金耗费和损失。

● 行政单位的支出包括经费支出和拨出经费。

● 经费支出是指行政单位自身开展业务活动使用各项资金发生的基本支出和项目支出。

● 拨出经费是指行政单位纳入单位预算管理、拨付给所属单位的非同级财政拨款资金。

## 主要概念和观念

★主要概念

行政单位支出　经费支出　拨出经费

★主要观念

行政成本观念　行政效率观念　节约观念

## 基础训练

12.1　简答题

(1) 简述行政单位支出的内容。

(2) 简述经费支出的概念及核算方法。

(3) 简述拨出经费的核算方法。

12.2　判断题

(1) 行政单位拨给所属单位的补助经费应按实际拨款数列为经费支出。　(　　)

(2) 经费支出是行政单位会计的主要核算对象。　(　　)

(3) 基层行政单位有时也有拨出经费。　(　　)

(4) 行政单位购入国库券，按实际支出列报经费支出。　(　　)

(5) 经费支出的来源主要是财政或上级部门的拨款。　(　　)

(6)《中华人民共和国预算法》明确规定，国家实行一级政府一级预算，包括省、市、县、乡、村5级预算。　(　　)

(7) 按照部门预算的要求，行政单位的经费支出可分为基本支出和项目支出两大类。　(　　)

(8) 拨出经费是指行政单位用其自有资金，对其下属预算单位拨出的款项。　(　　)

12.3　综合分析题

某行政单位发生如下经济业务：

(1) 收到财政国库支付执行机构委托代理银行转来的财政直接支付入账通知书，通过财政零余额账户为行政单位支付了离休费40 000元、退休费20 000元。

(2) 从仓库领出日常办公用品一批计66 000元，交付有关部门使用。

(3) 通过单位零余额账户支付水费55 000元、电费74 000元。

(4) 单位职工出差报销差旅费1 000元。

(5) 通过单位零余额账户支付召开有关专门会议的支出共计12 000元，该会议已列入本年度项目支出预算。

(6) 支付外部人员劳务费2 000元。

(7) 支付政府采购物资价款30 000元。

(8) 根据核定的预算，通过开户行向所属甲单位转拨预算经费285 000元。

(9) 根据核定的预算，通过开户行向所属乙单位转拨预算经费85 000元。

(10) 年终，将“经费支出”账户借方余额450 000元、“拨出经费”账户借方余额320 000元转入“财政拨款结余”账户。

要求：根据上述资料，编制有关会计分录。

### 12.4 网上调研

利用电子图书馆和因特网，搜集我国加强管理行政单位支出的措施，并探讨今后支出改革的方向。

### 12.5 单元实践

实践操作行政单位会计支出业务的账务处理。

# 第 13 章　行政单位净资产的核算

## 学习目标

☆**知识目标**

理解净资产的含义、内容；

熟悉净资产的核算内容。

☆**技能目标**

熟悉资产基金核算的原理和方法；

掌握结转和结余的形成来源及账务处理方法。

☆**能力目标**

理解各收入类与支出类账户与净资产账户之间的相互关系；

掌握收入类与支出类各账户期末余额结转到结余的账务处理方法。

**净资产**

企业的净资产是指企业的资产总额减去负债以后的净额，在数量上等于企业全部资产减去全部负债后的余额，属于所有者权益。净资产就是资产负债表中的所有者权益。它是属于企业所有并可以自由支配的资产，由两大部分组成：一部分是企业开办之初投入的资本，包括溢价部分；另一部分是企业在经营中创造的，也包括接受捐赠的资产。

对于股份公司来说，净资产就是股东所拥有的财产，就是现在通常所说的股东权益。净资产就是资产总额减去公司对外的负债。

民间非营利组织（行政事业等单位）的净资产是指资产减去负债后的余额，它表明民间非营利组织的资产总额在抵偿了一切现存义务以后的差额部分。用公式可表示为：资产-负债=净资产。

事业单位的净资产是指资产减去负债的差额。

行政单位净资产是指行政单位资产扣除负债后的余额，包括财政拨款结转、财政拨款结余、其他资金结转结余、资产基金、待偿债净资产等。

## 13.1 资产基金的核算

资产基金是指行政单位的非货币性资产在净资产中占用的金额。

“资产基金”科目核算行政单位的预付账款、存货、固定资产、在建工程、无形资产、政府储备物资、公共基础设施等非货币性资产在净资产中占用的金额。本科目应当设置“预付款项”、“存货”、“固定资产”、“在建工程”、“无形资产”、“政府储备物资”、“公共基础设施”等明细科目，进行明细核算。

（1）资产基金应当在发生预付账款，取得存货、固定资产、在建工程、无形资产、政府储备物资、公共基础设施时确认。

①发生预付账款时，按照实际发生的金额，借记“预付账款”科目，贷记本科目（预付款项）；同时，按照实际支付的金额，借记“经费支出”科目，贷记“财政拨款收入”、“零余额账户用款额度”、“银

行存款”等科目。

②取得存货、固定资产、在建工程、无形资产、政府储备物资、公共基础设施等资产时，按照取得资产的成本，借记“存货”、“固定资产”、“在建工程”、“无形资产”、“政府储备物资”、“公共基础设施”等科目，贷记本科目（存货、固定资产、在建工程、无形资产、政府储备物资、公共基础设施）；同时，按照实际发生的支出，借记“经费支出”科目，贷记“财政拨款收入”、“零余额账户用款额度”、“银行存款”等科目。

(2）收到预付账款购买的物资或服务时，应当相应冲减资产基金。按照相应的预付账款金额，借记本科目（预付款项），贷记“预付账款”科目。

(3）领用和发出存货、政府储备物资时，应当相应冲减资产基金。按照领用和发出存货、政府储备物资的成本，借记本科目（存货、政府储备物资），贷记“存货”、“政府储备物资”科目。

(4）计提固定资产折旧、公共基础设施折旧、无形资产摊销时，应当冲减资产基金。计提固定资产折旧、公共基础设施折旧、无形资产摊销时，按照计提的折旧、摊销金额，借记本科目（固定资产、公共基础设施、无形资产），贷记“累计折旧”、“累计摊销”科目。

(5）无偿调出、对外捐赠存货、固定资产、无形资产、政府储备物资、公共基础设施时，应当冲减该资产对应的资产基金。

①无偿调出、对外捐赠存货、政府储备物资时，按照存货、政府储备物资的账面余额，借记本科目及其明细，贷记“存货”、“政府储备物资”等科目。

②无偿调出、对外捐赠固定资产、公共基础设施、无形资产时，按照相关固定资产、公共基础设施、无形资产的账面价值，借记本科目及其明细，按照已计提折旧、已计提摊销的金额，借记“累计折旧”、“累计摊销”科目，按照固定资产、公共基础设施、无形资产的账面余额，贷记“固定资产”、“公共基础设施”、“无形资产”科目。

(6）通过“待处理财产损溢”科目核算的资产处置，有关本科目的账务处理参见“待处理财产损溢”科目。

本科目期末贷方余额，反映行政单位非货币性资产在净资产中占用的金额。

【例题 13-1】①某行政单位购买小轿车一辆，价款 80 000 元，以银行存款支付。

借：经费支出　　80 000

　贷：银行存款　　80 000

借：固定资产　　80 000

　贷：资产基金　　80 000

②某行政单位有偿调出计算机 3 台，其账面价值为 20 000 元，售价为 15 000 元。

借：资产基金　　20 000

　贷：固定资产　　20 000

同时，记：

借：银行存款　　15 000

　贷：其他收入　　15 000

③某行政单位清理报废机器设备一台，取得变价收入 3 000 元，发生清理费用 800 元，固定资产原价 12 000 元。

核销固定资产时，记：

借：资产基金　　12 000

　贷：固定资产　　12 000

取得变价收入时，记：

借：银行存款　　3 000

　贷：其他收入　　3 000

支付清理费用时，记：

借：经费支出　　800

　贷：银行存款　　800

【小资料 13-1】

**原《行政单位会计制度》(财预字〔1998〕49 号)》中的“固定基金”与新《行政单位会计制度》(财库〔2013〕218 号)会计科目的衔接**

新制度未设置“固定基金”科目，但设置了“资产基金”科目。

转账时，应当参照原账中“固定资产”科目的转账规定，将原账中“固定基金”科目的余额，分别转入新账中“资产基金——存货”、“资产基金——固定资产”、“资产基金——无形资产”和“资产基金——公共基础设施”科目。

## 13.2 结转和结余的核算

### 13.2.1 财政拨款结转的核算

财政拨款结转是指行政单位当年预算已执行但尚未完成，或因故未执行，下一年度需要按照原用途继续使用的财政拨款滚存资金。

“财政拨款结转”科目核算行政单位滚存的财政拨款结转资金，包括基本支出结转、项目支出结转。本科目应当设置“基本支出结转”、“项目支出结转”两个明细科目；在“基本支出结转”明细科目下按照“人员经费”和“日常公用经费”进行明细核算，在“项目支出结转”明细科目下按照具体项目进行明细核算；本科目还应当按照《政府收支分类科目》中“支出功能分类科目”的项级科目进行明细核算。

有公共财政预算拨款、政府性基金预算拨款等两种或两种以上财政拨款的行政单位，还应当按照财政拨款种类分别进行明细核算。

本科目还可以根据管理需要按照财政拨款结转变动原因，设置“收支转账”、“结余转账”、“年初余额调整”、“归集上缴”、“归集调入”、“单位内部调剂”、“剩余结转”等明细科目，进行明细核算。

（1）调整以前年度财政拨款结转。因发生差错更正，以前年度支出收回等原因，需要调整财政拨款结转的，按照实际调增财政拨款结转的金额，借记有关科目，贷记本科目（年初余额调整）；按照实际调减财政拨款结转的金额，借记本科目（年初余额调整），贷记有关科目。

（2）从其他单位调入财政拨款结余资金。按照规定从其他单位调入财政拨款结余资金时，按照实际调增的额度数额或调入的资金数额，借记“零余额账户用款额度”、“银行存款”等科目，贷记本科目（归集调入）及其明细。

（3）上缴财政拨款结转。按照规定上缴财政拨款结转资金时，按照实际核销的额度数额或上缴的资金数额，借记本科目（归集上缴）及其明细，贷记“财政应返还额度”、“零余额账户用款额度”、“银行存款”等科目。

（4）单位内部调剂结余资金。经财政部门批准对财政拨款结余资金改变用途，调整用于其他未完成项目等，按照调整的金额，借记“财政拨款结余”科目（单位内部调剂）及其明细，贷记本科目（单位内部调剂）及其明细。

（5）结转本年财政拨款收入和支出。

年末，将财政拨款收入本年发生额转入本科目，借记“财政拨款收入——基本支出拨款、项目支出拨款”科目及其明细，贷记本科目（收支转账——基本支出结转、项目支出结转）及其明细。

年末，将财政拨款支出本年发生额转入本科目，借记本科目（收支转账——基本支出结转、项目支出结转）及其明细，贷记“经费支出——财政拨款支出——基本支出、项目支出”科目及其明细。

（6）将完成项目的结转资金转入财政拨款结余。年末完成上述财政拨款收支转账后，对各项目执行情况进行分析，按照有关规定将符合财政拨款结余性质的项目余额转入财政拨款结余，借记本科目（结余转账——项目支出结转）及其明细，贷记“财政拨款结余”（结余转账——项目支出结余）科目及其明细。

（7）年末冲销有关明细科目余额。年末收支转账后，将本科目所属“收支转账”、“结余转账”、“年初余额调整”、“归集上缴”、“归集调入”、“单位内部调剂”等明细科目余额转入“剩余结转”明细科目；转账后，本科目除“剩余结转”明细科目外，其他明细科目应无余额。

本科目期末贷方余额，反映行政单位滚存的财政拨款结转资金数额。

**【例题 13－2】**①某行政单位从其他单位调入财政拨款结余资金30 000元。

借：银行存款　　　　30 000

　　贷：财政拨款结转（归集调入）　　　　　　　　　　30 000

②某行政单位上缴财政拨款50 000元。

借：财政拨款结转（归集上缴）　　　　　　　　50 000

　　贷：银行存款　　　　　　　　　　　　　　　　　　50 000

**【小思考13-1】** 原《行政单位会计制度》（财预字〔1998〕49号）中的结余与新《行政单位会计制度》（财库〔2013〕218号）的会计科目如何衔接？

答：新制度未设置结余科目，但设置了“财政拨款结转”、“财政拨款结余”和“其他资金结转结余”科目。转账时，应对原账中结余科目的余额（扣除转入新账中“资产基金——预付款项、存货、政府储备物资”科目金额）进行分析：对属于新制度下财政拨款结转的余额，转入新账中“财政拨款结转”科目；对属于新制度下财政拨款结余的余额，转入新账中“财政拨款结余”科目；将剩余余额转入新账中“其他资金结转结余”科目。

### 13.2.2 财政拨款结余的核算

财政拨款结余是指行政单位当年预算工作目标已完成，或因故终止，剩余的财政拨款滚存资金。

本科目核算行政单位滚存的财政拨款项目支出结余资金。本科目应当按照具体项目、《政府收支分类科目》中“支出功能分类科目”的项级科目等进行明细核算。

有公共财政预算拨款、政府性基金预算拨款等两种或两种以上财政拨款的行政单位，还应当按照财政拨款的种类分别进行明细核算。

本科目还可以根据管理需要按照财政拨款结余变动原因，设置“结余转账”、“年初余额调整”、“归集上缴”、“单位内部调剂”、“剩余结余”等明细科目，进行明细核算。

（1）调整以前年度财政拨款结余。因发生差错更正、以前年度支出收回等原因，需要调整财政拨款结余的，按照实际调增财政拨款结余的金额，借记有关科目，贷记本科目（年初余额调整）；按照实际调减财政拨款结余的金额，借记本科目（年初余额调整），贷记有关科目。

（2）上缴财政拨款结余。按照规定上缴财政拨款结余时，按照实际核销的额度数额或上缴的资金数额，借记本科目（归集上缴）及其明细，贷记“财政应返还额度”、“零余额账户用款额度”、“银行存款”等科目。

（3）单位内部调剂结余资金。经财政部门批准将本单位完成项目结余资金调整用于基本支出或其他未完成项目支出时，按照批准调剂的金额，借记本科目（单位内部调剂）及其明细，贷记“财政拨款结转”（单位内部调剂）科目及其明细。

（4）将完成项目的结转资金转入财政拨款结余。年末，对财政拨款各项目执行情况进行分析，按照有关规定将符合财政拨款结余性质的项目余额转入本科目，借记“财政拨款结转”（结余转账——项目支出结转）科目及其明细，贷记本科目（结余转账——项目支出结余）及其明细。

（5）年末冲销有关明细科目余额。年末，将本科目所属“结余转账”、“年初余额调整”、“归集上缴”、“单位内部调剂”等明细科目余额转入“剩余结余”明细科目；转账后，本科目除“剩余结余”明细科目外，其他明细科目应无余额。

本科目期末贷方余额，反映行政单位滚存的财政拨款结余资金数额。

【例题13-3】①年初，某行政单位调整以前年度财政拨款结余，调减财政拨款结余3 000元。

借：财政拨款结余（年初余额调整）　　3 000
　贷：银行存款　　3 000

②某行政单位上缴财政拨款结余60 000元。

借：财政拨款结余（归集上缴）　　60 000
　贷：银行存款　　60 000

### 13.2.3　其他资金结转结余的核算

其他资金结转结余是指行政单位除财政拨款收支以外的各项收支相抵后剩余的滚存资金。

“其他资金结转结余”科目核算行政单位除财政拨款收支以外的其他各项收支相抵后剩余的滚存资金。本科目应当设置“项目结转”和

“非项目结余”明细科目，分别对项目资金和非项目资金进行明细核算。对于项目结转，还应当按照具体项目进行明细核算。

本科目还可以根据管理需要按照其他资金结转结余变动原因，设置“收支转账”、“年初余额调整”、“结余调剂”、“剩余结转结余”等明细科目，进行明细核算。

（1）调整以前年度其他资金结转结余。因发生差错更正、以前年度支出收回等原因，需要调整其他资金结转结余的，按照实际调增的金额，借记有关科目，贷记本科目（年初余额调整）及其相关明细。按照实际调减的金额，借记本科目（年初余额调整）及其相关明细，贷记有关科目。

（2）结转本年其他资金收入和支出：

年末，将其他收入中的项目资金收入本年发生额转入本科目，借记“其他收入”科目及其明细，贷记本科目（项目结转——收支转账）及其明细；将其他收入中的非项目资金收入本年发生额转入本科目，借记“其他收入”科目及其明细，贷记本科目（非项目结余——收支转账）。

年末，将其他资金支出中的项目支出本年发生额转入本科目，借记本科目（项目结转——收支转账）及其明细，贷记“经费支出——其他资金支出”科目（项目支出）及其明细、“拨出经费”科目（项目支出）及其明细；将其他资金支出中的基本支山本年发生额转入本科目，借记本科目（非项目结余——收支转账），贷记“经费支出——其他资金支出”科目（基本支出）、“拨出经费”科目（基本支出）。

（3）缴回或转出项目结余。完成上述（二）转账后，对本年末各项目执行情况进行分析，区分年末已完成项目和尚未完成项目，在此基础上，对完成项目的剩余资金根据不同情况进行账务处理：

需要缴回原项目资金出资单位的，按照缴回的金额，借记本科目（项目结转——结余调剂）及其明细，贷记“银行存款”、“其他应付款”等科目。

将项目剩余资金留归本单位用于其他非项目用途的，按照剩余的项目资金金额，借记本科目（项目结转——结余调剂）及其明细，贷记本科目（非项目结余——结余调剂）。

（4）用非项目资金结余补充项目资金。按照实际补充项目资金的金额，借记本科目（非项目结余——结余调剂），贷记本科目（项目结转——结余调剂）及其明细。

（5）年末冲销有关明细科目余额。年末收支转账后，将本科目所属“收支转账”、“年初余额调整”、“结余调剂”等明细科目余额转入“剩余结转结余”明细科目；转账后，本科目除“剩余结转结余”明细科目外，其他明细科目应无余额。

本科目期末贷方余额，反映行政单位滚存的各项非财政拨款资金结转结余数额。

**【例题 13-4】**①某行政单位需要缴回原项目资金出资单位 20 000 元。

借：其他资金结转结余（项目结转——结余调剂） 20 000

　贷：银行存款 20 000

②某行政单位用非项目资金结余补充项目资金 50 000 元。

借：其他资金结转结余（非项目结转——结余调剂）50 000

　贷：其他资金结转结余（项目结转——结余调剂） 50 000

## 13.3 待偿债净资产的核算

“待偿债净资产”科目核算行政单位因发生应付账款和长期应付款而相应需在净资产中冲减的金额。

行政单位发生应付账款、长期应付款时，按照实际发生的金额，借记本科目，贷记“应付账款”、“长期应付款”等科目。

偿付应付账款、长期应付款时，按照实际偿付的金额，借记“应付账款”、“长期应付款”等科目，贷记本科目；同时，按照实际支付的金额，借记“经费支出”科目，贷记“财政拨款收入”、“零余额账户用款额度”、“银行存款”等科目。

因债权人原因，核销确定无法支付的应付账款、长期应付款时，按照报经批准核销的金额，借记“应付账款”、“长期应付款”科目，贷记本科目。

本科目期末借方余额，反映行政单位因尚未支付的应付账款和长期应付款而需相应冲减净资产的金额。

【例题 13-5】①某行政单位购买物资价款共计 50 000 元，款未付。

借：待偿债净资产　　　　50 000

　贷：应付账款　　　　　　50 000

②接上例，支付购买物资价款。

借：应付账款　　　　50 000

　贷：待偿债净资产　　　　50 000

同时，记：

借：经费支出　　　　50 000

　贷：银行存款　　　　50 000

## 本章小结

● 行政单位净资产是指行政单位资产扣除负债后的余额，包括财政拨款结转、财政拨款结余、其他资金结转结余、资产基金、待偿债净资产等。

● 资产基金是指行政单位的非货币性资产在净资产中占用的金额。

● 财政拨款结转是指行政单位当年预算已执行但尚未完成，或因故未执行，下一年度需要按照原用途继续使用的财政拨款滚存资金。

● 财政拨款结余是指行政单位当年预算工作目标已完成，或因故终止，剩余的财政拨款滚存资金。

● 其他资金结转结余是指行政单位除财政拨款收支以外的各项收支相抵后剩余的滚存资金。

● 待偿债净资产是指行政单位因发生应付账款和长期应付款而相应需在净资产中冲减的金额。

## 主要概念和观念

★主要概念

行政单位净资产　资产基金　财政拨款结转　财政拨款结余　待偿债净资产

★主要观念

基金观念　结余观念　所有者观念

## 基础训练

13.1　简答题

(1) 简述行政单位净资产的内容。

(2) 简述行政单位净资产的确认与计量。

(3) 什么是资产基金？如何对行政单位资产基金进行核算？

(4) 什么是财政拨款结转？如何对行政单位财政拨款结转进行核算？

13.2　判断题

(1) 行政单位的正常经费结余和专项结余年终都转入结余科目。（　）

(2) 按照规定从其他单位调入财政拨款结余资金时，贷记“财政拨款结转”科目（归集调入）及其明细。（　）

(3) 由于行政单位不计提折旧，行政单位的固定资产与资产基金总额应该是相等的。（　）

(4) 净资产是指行政单位资产扣除负债后的余额。（　）

(5) 待偿债净资产是指行政单位因发生应付账款和长期应付款而相应需在净资产中冲减的金额。（　）

13.3　综合分析题

某行政单位发生如下经济业务：

(1) 收到捐赠办公设备一批，价款30 000元。

(2) 开出转账支票购买图书一批，价款20 000元。

(3) 经批准，报废复印机一台，价值4 000元。

(4) 竣工职工宿舍一幢，造价2 000 000元，经验收合格已交付使用。

(5) 出售闲置的打印机一台，账面原值3 000元，实收1 000元。

(6) 进行年终结账，本年度财政拨入经费总计4 300 000元，本年度经费支出总计3 400 000元，结余90 000元。

要求：根据上述资料，编制有关会计分录。

13.4　网上调研

(1) 利用电子图书馆和因特网收集我国行政单位净资产的相关理

论知识，探讨核算方法的改革和完善途径。

（2）网上查询国外政府会计结余的管理要求，并比较分析对我国行政单位会计核算有何借鉴意义。

13.5　单元实践

复习总结行政单位会计资产、负债、收入、支出、净资产的核算内容和账户处理。

# 第14章　行政单位会计报表

## 学习目标

**☆知识目标**

理解会计报表的含义；

熟悉会计报表的种类、反映的内容；

掌握年终清理的内容；

熟悉会计报表的编制要求。

**☆技能目标**

熟悉年终结账的步骤、方法；

掌握会计报表的编制方法；

掌握会计报表的审核、分析内容。

**☆能力目标**

在熟练计算、分析会计报表各项财务指标的基础上进行会计报表的分析和报告撰写。

**行政单位会计报表的作用**

(1) 提高单位财务管理水平。各行政预算单位利用会计报表及其他有关资料，分析、检查本单位预算的执行情况，发现单位预算管理和财务管理工作中存在的问题，以便采取有效措施和手段，改革、完善预算管理工作，提高单位财务管理水平。

(2) 提高部门预算管理水平。各级会计单位主管部门通过对本部门及所属单位会计报表的层层汇总、分析和检查，可以掌握本部门全系统的预算执行情况，查摆问题，探究原因，改进工作，提高部门预算管理水平。

(3) 提高财政预算管理质量。财政部门利用行政单位上报的会计报表，可以及时掌握各单位的预算执行进度，准确核算预算支出，加强预算资金管理；还可以及时发现各单位预算执行中存在的普遍问题和突出问题，指导、帮助各单位做好预算工作，提高预算管理质量。

(4) 维护财经制度和法纪。财政部门利用行政单位上报的会计报表，各级主管部门利用下级单位的会计报表，可以考核各单位执行国家有关方针政策的情况，督促各单位严格遵守国家财经管理制度和法纪，维护财经纪律的严肃性。

行政单位会计报表是反映行政单位财务状况和预算执行结果等的书面文件，由会计报表及其附注构成，是财政部门和上级单位了解情况、掌握政策、正确指导单位预算执行工作的重要参考资料，也是编制下年度财务收支计划的基础和前提条件。

## 14.1 会计报表的种类

会计报表是反映行政单位财务会计状况和预算执行结果的书面文件。我们可以按报表反映的经济内容和报表的报送时间进行分类。

### 14.1.1 按报表反映的经济内容分

行政单位会计报表按其所反映的经济内容不同，分为资产负债表、收入支出表、财政拨款收入支出表、附注等。

资产负债表是反映行政单位在某一特定日期财务状况的报表。资产负债表应当按照资产、负债和净资产分类、分项列示。

收入支出表是反映行政单位在某一会计期间全部预算收支执行结果的报表。收入支出表应当按照收入、支出的构成和结转结余情况分类、分项列示。

财政拨款收入支出表是反映行政单位在某一会计期间财政拨款收入、支出、结转及结余情况的报表。

附注是指对在会计报表中列示项目的文字描述或明细资料，以及对未能在会计报表中列示项目的说明等。

### 14.1.2 按报表的报送时间分

行政单位会计报表按财政部门或上级单位的规定报送时间，分为月报、季报和年报（年度决算）。

月报是反映行政单位截至报告月度资金活动和经费收支情况的报表。月报要求编报资产负债表、收入支出表。

季报是分析、检查行政单位季度资金活动情况和经费收支情况的报表，应在月报的基础上较详细地反映单位经费收支的全貌。各行政单位的季报，要求在月报的基础上加报基本数字表。

年报（年度决算）是全面反映年度资金活动和经费收支执行结果的报表。年度决算报表的种类和要求等，按照财政部门和上级单位下达的有关决算编审规定组织执行。

## 14.2 编制年报的基础工作

### 14.2.1 年终清理

行政单位在年度终了前，应根据财政部门或主管部门的决算编审工作要求，对各项收支账目、往来款项、货币资金和财产物资进行全面的清理结算，并在此基础上办理年度结转、编报决算。

行政单位年终清理结算的主要事项包括：

(1) 清理、核对年度预算收支数字和各项缴拨款数字。年度终了前，各行政单位要认真清理、核对年度预算收支数字和各项缴拨款数字及上下级调拨收支数额，保证上下级之间的年度预算、领拨数和上缴、下拨数一致。为了准确反映各项收支数额，凡属本年度的应拨、应缴款项，应当在12月31日前汇达对方。主管会计单位对所属各单位的预算拨款和预算外资金拨款截至12月25日，逾期一般不再下拨。

（2）清理、核对各项收支。凡属本年的各项收入，都要及时入账。本年的各项应缴预算款和应缴财政专户预算外资金，要在年终前全部上缴。属于本年的各项支出，要按照规定的支出渠道如实列报。年度单位支出决算，一律以基层用款单位截至12月31日的本年实际支出数为准，不得将年终前预拨下级单位的下年预算拨款列入本年的支出，也不得以上级会计单位的拨款数代替基层会计单位的上级支出数。

（3）清理往来款项。行政单位的往来款项，年终前应尽量清理完毕。按照有关规定应当转作各项收入或各项支出的往来款项，要及时转入有关账户，编入本年决算。主管单位收到财政转入有关账户的资金，编入本年决算。主管单位收到财政专户核算的预算外资金属于应返还所属单位的部分，应及时转拨所属单位。

（4）清理、核对货币资金。年终要及时同开户银行对账，银行存款账目余额要同银行对账单的余额核对相符，现金账目余额要同库存现金核对相符，有价证券账目数字要同实存的有价证券核对相符。

（5）清查财产物资。年终前，应对各项财产物资进行清理盘点，发生盘亏、盘盈的，要及时查明原因，按规定作出处理，调整账务，做到账实相符、账账相符。

### 14.2.2 年终结账

行政单位在做好年终清理工作的基础上，办理年度结转、编报决算。年终结账包括年终转账、结清旧账和记入新账。

年终转账首先要根据核对无误的账目计算出各账户借方或贷方的12月份合计数和全年累计数，结出12月末的余额。然后，编制结账前的“资产负债表”，试算平衡后，再将应对冲结转的各个收支账户的余额按年终冲转办法，填制12月31日的记账凭单办理结账冲转。

结清旧账是将转账后无余额的账户结出全年总累计数，然后在下面画双红线，表示本账户全部结清。对年终有余额的账户，在“全年累计数”下行的“摘要”栏内注明“结转下年”字样，再在下面画双红线，表示年终余额转入新账，旧账结束。

记入新账是根据本年度各账户余额、编制的年终决算“资产负债表”和有关明细表所列各账户的年终余额数，直接记入新年度相应的各有关账户，并在“摘要”栏注明“上年结转”字样，以区别新年度发生数。

行政单位的决算经财政部门或上级单位审核批复后，需调整决算数字时，应作相应调整。

## 14.3 会计报表的编制

**【小资料 14-1】 行政单位财务报告**

财务报告是反映行政单位一定时期财务状况和预算执行结果的总结性书面文件。包括财务报表和财务情况说明书。

财务报表包括资产负债表、收入支出总表、支出明细表、基本数字表以及预算外资金收支明细表、专项支出情况表等有关附表。

财务情况说明书应当反映本期收入、支出、结余、专项经费使用及资产变动情况，说明影响财务状况变化的重要事项，总结财务管理经验，对存在的问题提出改进意见等。

**【小思考 14-1】**会计报表附注与财务情况说明书有什么区别？

答：会计报表附注与财务情况说明书的作用不同。

会计报表附注是为便于会计报表使用者理解会计报表的内容而对会计报表的编制基础、编制依据、编制原则和方法及主要项目等所作的解释，是年度财务会计报告的重要组成部分，是充分披露会计信息的手段。一份完整的年度财务会计报告，必须有会计报表附注。

财务情况说明书是财务会计报告的重要组成部分，反映本期收入、支出、结余、专项经费使用及资产变动情况，说明影响财务状况变化的重要事项，总结财务管理经验，对存在的问题提出改进意见等。它为企业内部和外部了解、观察、衡量、考核、评价其报告期内的经营业绩和生产经营状况提供重要依据。

### 14.3.1 会计报表的编制要求

(1) 数字准确，内容完整，报送及时。会计报表必须经会计主管人员和单位负责人审阅签章并加盖公章后上报。财政部门和上级单位对于屡催不报报表的单位，有权暂停其预算拨款或预算外资金的拨付。

(2) 账表相符，不得估列代编。基层单位的会计报表应根据登记完整、核对无误的账簿记录和其他有关资料编制。

(3) 应附写报表说明书。行政单位在报送月报、季报、年报时，都应编写报表说明书。报表说明书包括报表编制技术说明和报表分析说明。

报表技术说明主要包括采用的主要会计处理方法，特殊事项的会计处理方法，会计处理方法的变更情况、变更原因以及对收支情况和结果的影响等。

报表分析说明一般包括基本情况，影响预算执行、资金活动的原因，经费支出、资金活动的趋势，管理中存在的问题和改进措施，对上级会计单位工作的意见和建议。

(4) 清楚、明晰，便于理解。行政单位会计报表是为各使用者提供服务的，报表中提供的信息应尽可能简明易懂，有关情况说明应尽可能清楚、明晰，方便阅读者正确理解和把握。

### 14.3.2 资产负债表的编制

资产负债表“年初余额”栏内各项数字，应当根据上年年末资产负债表“期末余额”栏内数字填列。如果本年度资产负债表规定的各个项目的名称和内容同上年度不相一致，应对上年年末资产负债表各项目的名称和数字按照本年度的规定进行调整，填入本表“年初余额”栏内。

本表“期末余额”栏各项目的内容和填列方法。

1）资产类项目

（1）“库存现金”项目，反映行政单位期末库存现金的金额。本项目应当根据“库存现金”科目的期末余额填列；期末库存现金中有属于受托代理现金的，本项目应当根据“库存现金”科目的期末余额减去其中属于受托代理的现金金额后的余额填列。

（2）“银行存款”项目，反映行政单位期末银行存款的金额。本项目应当根据“银行存款”科目的期末余额填列；期末银行存款中有属于受托代理存款的，本项目应当根据“银行存款”科目的期末余额减去其中属于受托代理的存款金额后的余额填列。

（3）“财政应返还额度”项目，反映行政单位期末财政应返还额度的金额。本项目应当根据“财政应返还额度”科目的期末余额填列。

（4）“应收账款”项目，反映行政单位期末尚未收回的应收账款金额。本项目应当根据“应收账款”科目的期末余额填列。

（5）“预付账款”项目，反映行政单位预付给物资或者服务提供者款项的金额。本项目应当根据“预付账款”科目的期末余额填列。

（6）“其他应收款”项目，反映行政单位期末尚未收回的其他应收款余额。本项目应当根据“其他应收款”科目的期末余额填列。

（7）“存货”项目，反映行政单位期末为开展业务活动耗用而储存的存货的实际成本。本项目应当根据“存货”科目的期末余额填列。

（8）“固定资产”项目，反映行政单位期末各项固定资产的账面价值。本项目应当根据“固定资产”科目的期末余额减去“累计折旧”科目中“固定资产累计折旧”明细科目的期末余额后的金额填列。

“固定资产原价”项目，反映行政单位期末各项固定资产的原价。本项目应当根据“固定资产”科目的期末余额填列。

“固定资产累计折旧”项目，反映行政单位期末各项固定资产的累计折旧金额。本项目应当根据“累计折旧”科目中“固定资产累计折旧”明细科目的期末余额填列。

（9）“在建工程”项目，反映行政单位期末除公共基础设施在建工程以外的尚未完工交付使用的在建工程的实际成本。本项目应当根据“在建工程”科目中属于非公共基础设施在建工程的期末余额填列。

（10）“无形资产”项目，反映行政单位期末各项无形资产的账面价值。本项目应当根据“无形资产”科目的期末余额减去“累计摊销”科目的期末余额后的金额填列。

“无形资产原价”项目，反映行政单位期末各项无形资产的原价。本项目应当根据“无形资产”科目的期末余额填列。

“累计摊销”项目，反映行政单位期末各项无形资产的累计摊销金额。本项目应当根据“累计摊销”科目的期末余额填列。

(11)“待处理财产损溢”项目，反映行政单位期末待处理财产的价值及处理损溢。本项目应当根据“待处理财产损溢”科目的期末借方余额填列；如“待处理财产损溢”科目期末为贷方余额，则以“-”号填列。

(12)“政府储备物资”项目，反映行政单位期末储存管理的各种政府储备物资的实际成本。本项目应当根据“政府储备物资”科目的期末余额填列。

(13)“公共基础设施”项目，反映行政单位期末占有并直接管理的公共基础设施的账面价值。本项目应当根据“公共基础设施”科目的期末余额减去“累计折旧”科目中“公共基础设施累计折旧”明细科目的期末余额后的金额填列。

“公共基础设施原价”项目，反映行政单位期末占有并直接管理的公共基础设施的原价。本项目应当根据“公共基础设施”科目的期末余额填列。

“公共基础设施累计折旧”项目，反映行政单位期末占有并直接管理的公共基础设施的累计折旧金额。本项目应当根据“累计折旧”科目中“公共基础设施累计折旧”明细科目的期末余额填列。

(14)“公共基础设施在建工程”项目，反映行政单位期末尚未完工交付使用的公共基础设施在建工程的实际成本。本项目应当根据“在建工程”科目中属于公共基础设施在建工程的期末余额填列。

(15)“受托代理资产”项目，反映行政单位期末受托代理资产的价值。本项目应当根据“受托代理资产”科目的期末余额（扣除其中受托储存管理物资的金额）加上“库存现金”、“银行存款”科目中属于受托代理资产的现金余额和银行存款余额的合计数填列。

2）负债类项目

（16）“应缴财政款”项目，反映行政单位期末按规定应当上缴财政的款项（应缴税费除外）。本项目应当根据“应缴财政款”科目的期末余额填列。

（17）“应缴税费”项目，反映行政单位期末应缴未缴的各种税费。本项目应当根据“应缴税费”科目的期末贷方余额填列；如“应缴税费”科目期末为借方余额，则以“-”号填列。

（18）“应付职工薪酬”项目，反映行政单位期末尚未支付给职工的各种薪酬。本项目应当根据“应付职工薪酬”科目的期末余额填列。

（19）“应付账款”项目，反映行政单位期末尚未支付的偿还期限在1年以内（含1年）的应付账款的金额。本项目应当根据“应付账款”科目的期末余额填列。

（20）“应付政府补贴款”项目，反映行政单位期末尚未支付的应付政府补贴款的金额。本项目应当根据“应付政府补贴款”科目的期末余额填列。

（21）“其他应付款”项目，反映行政单位期末尚未支付的其他各项应付及暂收款项的金额。本项目应当根据“其他应付款”科目的期末余额填列。

（22）“一年内到期的非流动负债”项目，反映行政单位期末承担的1年以内（含1年）到偿还期的非流动负债。本项目应当根据“长期应付款”等科目的期末余额分析填列。

（23）“长期应付款”项目，反映行政单位期末承担的偿还期限超过1年的应付款项。本项目应当根据“长期应付款”科目的期末余额减去其中1年以内（含1年）到偿还期的长期应付款金额后的余额填列。

（24）“受托代理负债”项目，反映行政单位期末受托代理负债的金额。本项目应当根据“受托代理负债”科目的期末余额（扣除其中受托储存管理物资对应的金额）填列。

3）净资产类项目

（25）“财政拨款结转”项目，反映行政单位期末滚存的财政拨款结转资金。本项目应当根据“财政拨款结转”科目的期末余额填列。

(26)“财政拨款结余”项目，反映行政单位期末滚存的财政拨款结余资金。本项目应当根据“财政拨款结余”科目的期末余额填列。

(27)“其他资金结转结余”项目，反映行政单位期末滚存的除财政拨款以外的其他资金结转结余的金额。本项目应当根据“其他资金结转结余”科目的期末余额填列。

“项目结转”项目，反映行政单位期末滚存的非财政拨款未完成项目结转资金。本项目应当根据“其他资金结转结余”科目中“项目结转”明细科目的期末余额填列。

(28)“资产基金”项目，反映行政单位期末预付账款、存货、固定资产、在建工程、无形资产、政府储备物资、公共基础设施等非货币性资产在净资产中占用的金额。本项目应当根据“资产基金”科目的期末余额填列。

(29)“待偿债净资产”项目，反映行政单位期末因应付账款和长期应付款等负债而相应需在净资产中冲减的金额。本项目应当根据“待偿债净资产”科目的期末借方余额以“-”号填列。

行政单位按月编制资产负债表的，应当遵照以下规定编制：

(1) 月度资产负债表应在资产部分“银行存款”项目下增加“零余额账户用款额度”项目。

(2)“零余额账户用款额度”项目，反映行政单位期末零余额账户用款额度的金额。本项目应当根据“零余额账户用款额度”科目的期末余额填列。

(3) “财政拨款结转”项目。本项目应当根据“财政拨款结转”科目的期末余额，加上“财政拨款收入”科目本年累计发生额，减去“经费支出——财政拨款支出”科目本年累计发生额后的余额填列。

(4)“其他资金结转结余”项目。本项目应当根据“其他资金结转结余”科目的期末余额，加上“其他收入”科目本年累计发生额，减去“经费支出——其他资金支出”科目本年累计发生额，再减去“拨出经费”科目本年累计发生额后的余额填列。

“项目结转”项目。本项目应当根据“其他资金结转结余”科目中“项目结转”明细科目的期末余额，加上“其他收入”科目中项目收入的本年累计发生额，减去“经费支出——其他资金支出”科目中项目支出本年累计发生额，再减去“拨出经费”科目中项目支出本年累计发生额后的余额填列。

（5）月度资产负债表其他项目的填列方法与年度资产负债表的填列方法相同。

资产负债表的基本格式如表14-1。

表14-1 **资产负债表** 会行政01表

编制单位： 年 月 日 单位：元

| 资 产 | 年初余额 | 期末余额 | 负债和净资产 | 年初余额 | 期末余额 |
|---|---|---|---|---|---|
| 流动资产： | | | 流动负债： | | |
| 库存现金 | | | 应缴财政款 | | |
| 银行存款 | | | 应缴税费 | | |
| 财政应返还额度 | | | 应付职工薪酬 | | |
| 应收账款 | | | 应付账款 | | |
| 预付账款 | | | 应付政府补贴款 | | |
| 其他应收款 | | | 其他应付款 | | |
| 存货 | | | 一年内到期的非流动负债 | | |
| 流动资产合计 | | | 流动负债合计 | | |
| 固定资产 | | | 非流动负债： | | |
| 固定资产原价 | | | 长期应付款 | | |
| 减：固定资产累计折旧 | | | 受托代理负债 | | |
| 在建工程 | | | 负债合计 | | |
| 无形资产 | | | | | |
| 无形资产原价 | | | | | |
| 减：累计摊销 | | | | | |
| 待处理财产损溢 | | | 财政拨款结转 | | |
| 政府储备物资 | | | 财政拨款结余 | | |
| 公共基础设施 | | | 其他资金结转结余 | | |
| 公共基础设施原价 | | | 其中：项目结转 | | |
| 减：公共基础设施累计折旧 | | | 资产基金 | | |
| 公共基础设施在建工程 | | | 待偿债净资产 | | |
| 受托代理资产 | | | 净资产合计 | | |
| 资产总计 | | | 负债和净资产总计 | | |

【小思考 14-2】行政单位的报表附注应包括哪些内容?

答:行政单位的报表附注应当至少披露下列内容:

(1) 遵循《行政单位会计制度》的声明;

(2) 单位整体财务状况、预算执行情况的说明;

(3) 会计报表中列示的重要项目的进一步说明,包括其主要构成、增减变动情况等;

(4) 重要资产处置、资产重大损失情况的说明;

(5) 以名义金额计量的资产名称、数量等情况,以及以名义金额计量理由的说明;

(6) 或有负债情况的说明、1 年以上到期负债预计偿还时间和数量的说明;

(7) 以前年度结转结余调整情况的说明;

(8) 有助于理解和分析会计报表的其他需要说明事项。

### 14.3.3 收入支出表的编制

收入支出表是反映行政单位在某一会计期间全部预算收支执行结果的报表。收入支出表应当按照收入、支出的构成和结转结余情况分类、分项列示。基本格式如表 14-2。

表 14-2　　收入支出表　　会行政 02 表

编制单位:　　年　月　　单位:元

| 项目 | 本月数 | 本年累计数 |
| --- | --- | --- |
| 一、年初各项资金结转结余 | | |
| (一) 年初财政拨款结转结余 | | |
| 1. 财政拨款结转 | | |
| 2. 财政拨款结余 | | |
| (二) 年初其他资金结转结余 | | |
| 二、各项资金结转结余调整及变动 | | |
| (一) 财政拨款结转结余调整及变动 | | |

续表

| 项目 | 本月数 | 本年累计数 |
| --- | --- | --- |
| （二）其他资金结转结余调整及变动 | | |
| 三、收入合计 | | |
| （一）财政拨款收入 | | |
| 1. 基本支出拨款 | | |
| 2. 项目支出拨款 | | |
| （二）其他资金收入 | | |
| 1. 非项目收入 | | |
| 2. 项目收入 | | |
| 四、支出合计 | | |
| （一）财政拨款支出 | | |
| 1. 基本支出 | | |
| 2. 项目支出 | | |
| （二）其他资金支出 | | |
| 1. 非项目支出 | | |
| 2. 项目支出 | | |
| 五、本期收支差额 | | |
| （一）财政拨款收支差额 | | |
| （二）其他资金收支差额 | | |
| 六、年末各项资金结转结余 | | |
| （一）年末财政拨款结转结余 | | |
| 1. 财政拨款结转 | | |
| 2. 财政拨款结余 | | |
| （二）年末其他资金结转结余 | | |

本表“本月数”栏反映各项目的本月实际发生数。在编制年度收入支出表时，应当将本栏改为“上年数”栏，反映上年度各项目的实

际发生数；如果本年度收入支出表规定的各个项目的名称和内容同上年度不一致，应对上年度收入支出表各项目的名称和数字按照本年度的规定进行调整，填入本年度收入支出表的“上年数”栏。

本表“本年累计数”栏反映各项目自年初起至报告期末止的累计实际发生数。编制年度收入支出表时，应当将本栏改为“本年数”。

本表“本月数”栏各项目的内容和填列方法：

(1)“年初各项资金结转结余”项目及其所属各明细项目，反映行政单位本年初所有资金结转结余的金额。各明细项目应当根据“财政拨款结转”、“财政拨款结余”、“其他资金结转结余”及其明细科目的年初余额填列。本项目及其所属各明细项目的数额，应当与上年度收入支出表中“年末各项资金结转结余”中各明细项目的数额相等。

(2)“各项资金结转结余调整及变动”项目及其所属各明细项目，反映行政单位因发生需要调整以前年度各项资金结转结余的事项，以及本年因调入、上缴或交回等导致各项资金结转结余变动的金额。

“财政拨款结转结余调整及变动”项目，根据“财政拨款结转”、“财政拨款结余”科目下的“年初余额调整”、“归集上缴”、“归集调入”明细科目的本期贷方发生额合计数减去本期借方发生额合计数的差额填列；如为负数，以“-”号填列。

“其他资金结转结余调整及变动”项目，根据“其他资金结转结余”科目下的“年初余额调整”、“结余调剂”明细科目的本期贷方发生额合计数减去本期借方发生额合计数的差额填列；如为负数，以“-”号填列。

(3)“收入合计”项目，反映行政单位本期取得的各项收入的金额。本项目应当根据“财政拨款收入”科目的本期发生额加上“其他收入”科目的本期发生额的合计数填列。

“财政拨款收入”项目及其所属明细项目，反映行政单位本期从同级财政部门取得的各类财政拨款的金额。本项目应当根据“财政拨款收入”科目及其所属明细科目的本期发生额填列。

“其他资金收入”项目及其所属明细项目，反映行政单位本期取得的各类非财政拨款的金额。本项目应当根据“其他收入”科目及其所属明细科目的本期发生额填列。

（4）“支出合计”项目，反映行政单位本期发生的各项资金支出金额。本项目应当根据“经费支出”和“拨出经费”科目的本期发生额的合计数填列。

“财政拨款支出”项目及其所属明细项目，反映行政单位本期发生的财政拨款支出金额。本项目应当根据“经费支出——财政拨款支出”科目及其所属明细科目的本期发生额填列。

“其他资金支出”项目及其所属明细项目，反映行政单位本期使用各类非财政拨款资金发生的支出金额。本项目应当根据“经费支出——其他资金支出”和“拨出经费”科目及其所属明细科目的本期发生额的合计数填列。

（5）“本期收支差额”项目及其所属各明细项目，反映行政单位本期发生的各项资金收入和支出相抵后的余额。

“财政拨款收支差额”项目，反映行政单位本期发生的财政拨款资金收入和支出相抵后的余额。本项目应当根据本表中“财政拨款收入”项目金额减去“财政拨款支出”项目金额后的余额填列；如为负数，以“-”号填列。

“其他资金收支差额”项目，反映行政单位本期发生的非财政拨款资金收入和支出相抵后的余额。本项目应当根据本表中“其他资金收入”项目金额减去“其他资金支出”项目金额后的余额填列；如为负数，以“-”号填列。

（6）“年末各项资金结转结余”项目及其所属各明细项目，反映行政单位截至本年末的各项资金结转结余金额。各明细项目应当根据“财政拨款结转”、“财政拨款结余”、“其他资金结转结余”科目的年末余额填列。

上述“年初各项资金结转结余”、“年末各项资金结转结余”项目及其所属各明细项目，只在编制年度收入支出表时填列。

### 14.3.4 财政拨款收入支出表的编制

财政拨款收入支出表是反映行政单位在某一会计期间财政拨款收入、支出、结转及结余情况的报表。基本格式如表14-3。

表 14-3　　　　　　　　**财政拨款收入支出表**　　　　　　　　会行政 03 表

编制单位：　　　　　　　　　　年度　　　　　　　　　　　　单位：元

| 项目 | 年初财政拨款结转结余 | | 调整年初财政拨款结转结余 | 归集调入或上缴 | 单位内部调剂 | | 本年财政拨款收入 | 本年财政拨款支出 | 年末财政拨款结转结余 | |
|---|---|---|---|---|---|---|---|---|---|---|
| | 结转 | 结余 | | | 结转 | 结余 | | | 结转 | 结余 |
| 一、公共财政预算资金 | | | | | | | | | | |
| （一）基本支出 | | | | | | | | | | |
| 1. 人员经费 | | | | | | | | | | |
| 2. 日常公用经费 | | | | | | | | | | |
| （二）项目支出 | | | | | | | | | | |
| 1. ××项目 | | | | | | | | | | |
| 2. ××项目 | | | | | | | | | | |
| ⋮ | | | | | | | | | | |
| 二、政府性基金预算资金 | | | | | | | | | | |
| （一）基本支出 | | | | | | | | | | |
| 1. 人员经费 | | | | | | | | | | |
| 2. 日常公用经费 | | | | | | | | | | |
| （二）项目支出 | | | | | | | | | | |
| 1. ××项目 | | | | | | | | | | |
| 2. ××项目 | | | | | | | | | | |
| ⋮ | | | | | | | | | | |
| 总计 | | | | | | | | | | |

本表“项目”栏内各项目，应当根据行政单位取得的财政拨款种类分项设置；其中“项目支出”下，根据每个项目设置；行政单位取得除公共财政预算拨款和政府性基金预算拨款以外的其他财政拨款的，

应当按照财政拨款种类增加相应的资金项目及其明细项目。

本表各栏及其对应项目的内容和填列方法：

(1)“年初财政拨款结转结余”栏中各项目，反映行政单位年初各项财政拨款结转和结余的金额。各项目应当根据“财政拨款结转”、“财政拨款结余”及其明细科目的年初余额填列。本栏目中各项目的数额，应当与上年度财政拨款收入支出表中“年末财政拨款结转结余”栏中各项目的数额相等。

(2)“调整年初财政拨款结转结余”栏中各项目，反映行政单位对年初财政拨款结转结余的调整金额。各项目应当根据“财政拨款结转”、“财政拨款结余”科目中“年初余额调整”科目及其所属明细科目的本年发生额填列。如调整减少年初财政拨款结转结余，以“-”号填列。

(3)“归集调入或上缴”栏中各项目，反映行政单位本年取得主管部门归集调入的财政拨款结转结余资金和按规定实际上缴的财政拨款结转结余资金金额。各项目应当根据“财政拨款结转”、“财政拨款结余”科目中“归集上缴”和“归集调入”科目及其所属明细科目的本年发生额填列。对归集上缴的财政拨款结转结余资金，以“-”号填列。

(4)“单位内部调剂”栏中各项目，反映行政单位本年财政拨款结转结余资金在内部不同项目之间的调剂金额。各项目应当根据“财政拨款结转”和“财政拨款结余”科目中的“单位内部调剂”及其所属明细科目的本年发生额填列。对单位内部调剂减少的财政拨款结转结余项目，以“-”号填列。

(5)“本年财政拨款收入”栏中各项目，反映行政单位本年从同级财政部门取得的各类财政预算拨款金额。各项目应当根据“财政拨款收入”科目及其所属明细科目的本年发生额填列。

(6)“本年财政拨款支出”栏中各项目，反映行政单位本年发生的财政拨款支出金额。各项目应当根据“经费支出”科目及其所属明细科目的本年发生额填列。

(7)“年末财政拨款结转结余”栏中各项目，反映行政单位年末财政拨款结转结余的金额。各项目应当根据“财政拨款结转”、“财政拨款结余”科目及其所属明细科目的年末余额填列。

## 14.4 会计报表的审核、汇总、分析

### 14.4.1 会计报表的审核

行政单位对已经编制完成的会计报表，应认真进行审核，确认无误后上报。上级单位对所属会计单位上报的会计报表也要进行审核，审核无误后再编制汇总会计报表。会计报表的审核包括政策性审核和技术性审核两个方面。

政策性审核主要是审核会计报表中反映的各项内容是否符合国家政策、制度的规定，有无违反财经纪律的现象等。包括预算报告情况的审核；专项经费使用情况的审核；各项收入、支出的审核；往来款项和财产物资的审核。

技术性审核主要是审核会计报表的数字是否正确，内容是否完整，有关数字之间的勾稽关系正确与否等。包括审核上下级单位之间预算拨款和专项资金的拨出、拨入数，其他资金的上缴、下拨数是否一致；审核上下年度有关数字是否一致；审核各报表之间的勾稽关系；审核各报表中数字计算是否正确；审核会计报表中的数字与业务部门提供的数字是否一致。

### 14.4.2 会计报表的汇总

主管会计单位除根据会计账簿记录和有关资料编制本级的会计报表外，还应根据本级会计报表和经审查的所属单位会计报表，编制汇总会计报表，以反映本单位和所属单位预算执行情况和资金活动情况。

行政单位在编制汇总会计报表时，只应将与本单位存在隶属关系的所属行政单位的会计报表进行汇总。另外，在会计年度中某些行政单位的隶属关系可能发生调整，在编制汇总会计报表时，应将本年度内新划进的行政单位会计报表纳入汇总范围，而对本年度划出的单位会计报表不予汇总。

### 14.4.3 会计报表的分析

会计报表分析是对会计报表的有关数据进行分析、比较和研究，了解单位预算执行情况，发现预算执行方面存在的问题，预测未来的发展趋势，从而为提高预算管理水平和政府有关部门预测和决策提供正确的依据。

行政单位会计报表分析的内容包括预算情况分析、开支水平分析、人员增减情况分析和固定资产利用情况分析等。

（1）预算执行情况分析。主要分析行政单位实际收支与预算安排之间的差异及差异产生的原因。由于行政单位的收入主要依靠国家财政拨款，因此，其预算执行情况分析着重在于预算支出执行情况分析。预算执行情况分析可以通过编制"预算支出执行情况分析表"进行，分别列示预算支出各项目的上年实际数、本年预算数、本年实际数，以及本年实际数占上年实际数的比重和占本年预算数的比重，并分析各项目本年实际数与预算数产生差异的原因。

（2）开支水平分析。主要分析行政单位各项支出是否按规定用途使用，是否符合费用开支标准，是否符合费用开支定额，有否超标准开支，有否铺张浪费，有否乱开支和乱摊销。可与本单位以前年度比，也可与其他单位比，找出差距及形成原因，以便今后加以改进。

（3）人员增减情况分析。主要分析行政单位的人员配备是否符合国家核定的人员编制要求，具体地说，就是各类人员配备在结构上是否合理，在总量上是否超出编制总数。若存在超编现象，应分析超编原因及超编对支出的影响程度；若存在缺编现象，应分析缺编原因及缺编对支出的影响程度。

（4）固定资产利用情况分析。主要分析固定资产是否得到充分有效的运用，是否有不需用的固定资产，是否有未使用的固定资产；在用的固定资产利用程度如何，是否有闲置浪费的现象；在用的固定资产维护保养工作如何，有否乱用、滥用、丢失、毁损和非正常报废现象；固定资产的增加、减少是否正当、合理，手续是否完备。

## 本章小结

● 行政单位财务报表是反映行政单位财务状况和预算执行结果等的书面文件，由会计报表及其附注构成。

● 行政单位会计报表按其所反映的经济内容不同，分为资产负债表、收入支出表、财政拨款收入支出表、附注等。按财政部门或上级单位的规定报送时间，分为月报、季报和年报（年度决算）。

● 行政单位在年度终了前，应根据财政部门或主管部门的决算编审工作要求，对各项收支账目、往来款项、货币资金和财产物资进行全面的清理结算，并在此基础上办理年度结转、编报决算。

● 行政单位在做好年终清理工作的基础上，办理年度结转、编报决算。年终结账包括年终转账、结清旧账和记入新账。

● 行政单位对已经编制完成的会计报表，应认真进行审核，确认无误后上报。上级单位对所属会计单位上报的会计报表也要进行审核，审核无误后再编制汇总会计报表。会计报表的审核包括政策性审核和技术性审核两个方面。

● 主管会计单位除根据会计账簿记录和有关资料编制本级的会计报表外，还应根据本级会计报表和经审查的所属单位会计报表，编制汇总会计报表，以反映本单位和所属单位预算执行情况和资金活动情况。

● 行政单位在编制汇总会计报表时，只应将与本单位存在隶属关系的所属行政单位的会计报表进行汇总。

● 行政单位会计报表分析的内容包括预算情况分析、开支水平分析、人员增减情况分析和固定资产利用情况分析等。

## 主要概念和观念

★ 主要概念

会计报表　资产负债表　收入支出表　年终清理　政策性审核　技术性审核

★ 主要观念

会计反映观念　财务制度观念　预算执行观念

## 基础训练

14.1 简答题

(1) 简述会计报表的概念、种类。

(2) 简述会计报表的编制要求。

(3) 简述年度会计报表的准备工作。

(4) 简述年终清理的内容。

(5) 简述资产负债表、收入支出表的编制方法。

(6) 简述会计报表的审核内容。

(7) 简述会计报表的分析内容。

14.2 判断题

(1) 行政单位财务报表是反映行政单位财务状况和预算执行结果等的书面文件，由会计报表及其辅助构成。它是编制下年度财务收支计划的基础和前提条件。 ( )

(2) 行政单位会计报表按其所反映的经济内容不同，分为资产负债表、收入支出总表、支出明细表、附表等。 ( )

(3) 行政单位在做好年终清理工作的基础上，办理年度结转、编报决算。年终结账包括年终转账、结清旧账和记入新账。 ( )

(4) 行政单位在年度终了前，应根据财政部门或主管部门的决算编审工作要求，对各项收支账目、往来款项、货币资金和财产物资进行全面的清理结算。但在此前可先办理年度结转、编报决算工作。 ( )

(5) 行政单位在编制汇总会计报表时，只应将与本单位存在隶属关系的所属行政单位的会计报表进行汇总，包括年度预算执行过程中转出的单位。 ( )

(6) 上级行政单位在编制汇总会计报表时应将本单位“经费支出”同所属单位会计报表中的“拨入经费”数字相抵消，以免重复计算。 ( )

(7) 行政单位在报送月报、季报、年报时都应编写报表说明书。报表说明书包括报表编制技术说明和报表分析说明。 ( )

(8) 年度单位支出决算一律以基层用款单位截至12月31日的本年实际支出数为准，不得将年终前预拨下级单位的下年预算拨款列入本

年的支出，也不得以上级会计单位的拨款数代替基层会计单位的上级支出数。（　　）

(9) 基层单位的会计报表，应根据登记完整、核对无误的账簿记录和其他有关资料编制。如果基层单位来不及上报，上级单位可暂时估列代编。（　　）

(10) 收入支出表应当按照收入、支出的构成和结转结余情况分类、分项列示。（　　）

14.3　综合分析题

某行政单位2014年1月31日的有关资料如下：

(1) 有关账户年初余额：库存现金1 400元，银行存款180 500元，应收账款10 000元，预付账款38 000元，存货16 000元，固定资产750 000元，资产基金750 000元，财政拨款结余245 900元（其中，基本结余140 000元，项目结余105 900元）。

(2) 有关账户的月末余额：库存现金5 360元，银行存款692 000元，应收账款74 000元，预付账款6 640元，存货120 000元，固定资产13 600 000元，资产基金13 600 000元，财政拨款结余328 000元（其中，基本结余174 000元，项目结余154 000元），拨入经费1 882 000元，其他收入60 000元，经费支出680 000元，拨出经费720 000元。

要求：根据上述资料，编制该单位资产负债表。

14.4　网上调研

网上调研行政单位会计报表编制及报表分析方法的改革。

14.5　单元实践

以小组为单位到行政单位实地查看各种会计报表样例，实习会计报表的编审。

# 第三篇

# 事业单位会计

# 第15章　事业单位会计概述

## 学习目标

☆**知识目标**

理解事业单位会计的概念；

明确事业单位会计的基本任务；

熟悉事业单位会计的科目设置及核算内容。

☆**技能目标**

熟悉事业单位会计科目设置原则；

掌握事业单位科目设置要求。

☆**能力目标**

正确理解、把握事业单位会计的科目设置及核算内容并能熟练运用。

**事业单位**

事业单位是指国家为社会公益目的，由国家机关举办或者其他组织利用国有资产举办，主要通过生产精神产品和提供各种劳务的形式直接、间接地为社会提供生产、生活性服务的单位。主要包括教育、科技、文化、卫生、体育、社会福利等社会服务组织。

事业单位一般要接受国家行政机关的领导，要有组织机构的表现形式，要成为法人实体。从目前情况来看，事业单位绝大部分由国家出资建立，大多是行政单位的下属机构，也有一部分由民间建立，或由企业集团建立。与企业相比，事业单位有以下基本特征：

(1) 依法设立。事业单位的设立，应区分不同情况由法定审批机关批准，依法登记，或者依照法律规定直接进行法人登记。

(2) 从事公益服务。事业单位从事的是教育、科技、文化、卫生等涉及人民群众公共利益的服务活动，以生产精神产品和提供劳务为主，一般不履行行政管理职能。

(3) 不以营利为目的。事业单位一般不从事生产经营活动，经费来源有的需要财政完全保证，有的可通过从事一些经批准的服务活动取得部分收入，但必须以不影响事业单位非营利性的专业业务活动为前提。

(4) 社会组织。事业单位是组织机构而不是个人，要有自己的名称、组织机构和场所，有与其业务活动相适应的从业人员和经费来源，能够独立承担民事责任。

## 15.1 事业单位会计的概念和基本任务

### 15.1.1 事业单位会计的概念

事业单位会计是指各类事业单位以货币为主要计量单位，对单位预算资金及经营收支过程和结果进行核算、监督的专业会计，是预算会计的一个重要组成部分。它以实际发生的各项经济业务为对象，记录、反映和监督事业单位预算（年度财务收支计划）执行过程及结果。事业单位会计核算工作必须遵守国家有关法律、法规及准则的规定。事业单位的各项资金和财产均应纳入事业单位会计核算。

国有事业单位的会计组织系统分为主管会计单位、二级会计单位和基层会计单位三级。向同级财政部门领报经费，并发生预算管理关系，下面有所属会计单位的，为主管会计单位；向主管会计单位或上级单位领报经费，并发生预算管理关系，下面有所属会计单位的，为二级会计单位；向上级单位领报经费，并发生预算管理关系，下面没有所属会计单位的，为基层会计单位。

以上三级会计单位实行独立会计核算，负责组织管理本部门、本单位的全部会计工作。不具备独立核算条件的，实行单据报账制度，作为“报销单位”管理。

### 15.1.2 事业单位会计的基本任务

事业单位会计的主要职责是进行会计核算，实行会计监督，参与经济事业计划管理等。其基本任务概括如下：

（1）反映和监督预算财务收支情况，确保国家预算收支任务的顺利实现。事业单位会计要严格执行会计制度，认真做好记账、算账和报账工作，情况要真实可靠，以确保国家预算的编制和各项收支任务的完成。

（2）监督预算执行，检查资金使用情况，提高资金使用效益。事业单位会计应根据事业计划的要求，及时、合理地组织和供应、使用资金，在积极合理组织资金的同时，要合理安排资金支出，正确处理不同来源和不同性质的资金使用，提高资金使用效益。

（3）检查预算收支活动，正确执行国家财经方针、政策。事业单位会计要在反映单位预算的同时，以国家的有关财经政策、法令和制度为依据，严格审核各项预算收支的合理性和合法性，检查预算收支活动，促进增收节支。

**【小思考15-1】** 事业单位会计和行政单位会计相比有何特点？

答：（1）经费来源多样，既有财政拨款，又有自身经营活动的收入等；

（2）核算一般采用收付实现制，但经营业务也可采用权责发生制；

（3）有经营活动的事业单位，可以进行成本核算，其经营支出与相关的收入应当配比。

## 15.2 事业单位会计核算的一般原则和科目设置

### 15.2.1 事业单位会计核算的一般原则

（1）真实性。会计核算应当以实际发生的经济业务为依据，客观真实地记录、反映各项收支情况和结果。会计信息应当符合国家宏观经济管理的要求，适应预算管理和事业单位财务状况及收支情况的需要，并有利于事业单位加强内部经营管理。对于国家指定用途的资金，应当按规定的用途使用，并单独核算反映。会计报表应当全面反映事业单位的财务收支情况及结果。对于重要的业务事项，应当单独反映。

（2）一致性。会计核算应当按照规定的会计处理方法进行。同类单位会计指标应当口径一致，相互可比。会计处理方法应前后各期一致，不得随意变更。如确有必要变更，应将变更的情况、原因和对单位财务收支情况及结果的影响在会计报告中说明。

（3）清晰性。会计记录和会计报表应当清晰明了，便于理解和运用。会计核算应当及时进行，各项财产物资应当按照取得或购建时的实际成本计价。除国家另有规定者外，不得自行调整其账面价值。

### 15.2.2 事业单位会计的科目设置

**【小资料 15-1】　事业单位会计制度（2013）**

为了规范事业单位的会计核算，保证会计信息质量，根据《中华人民共和国会计法》、《事业单位会计准则》和《事业单位财务规则》，制定本制度。

本制度适用于各级各类事业单位，下列事业单位除外：

（一）按规定执行《医院会计制度》等行业事业单位会计制度的事业单位；

（二）纳入企业财务管理体系执行企业会计准则或小企业会计准则的事业单位。

参照公务员法管理的事业单位对本制度的适用，由财政部另行规定。

本制度自2013年1月1日起施行。1997年7月17日财政部印发的《事业单位会计制度》（财预字［1997］288号）同时废止。

事业单位会计核算的具体内容包括资产类、负债类、净资产类、收入类和支出类共五大类。

资产是指事业单位占有或者使用的能以货币计量的经济资源。包括各种财产、债券和其他权利。

负债是指事业单位所承担的能以货币计量，需要以资产或劳务偿付的债务。包括借入款项、应付账款、预收账款、其他应付款、各种应缴款项等。

净资产是指资产减去负债的差额。包括事业基金、固定基金、专用基金、结余等。

收入是指事业单位为开展业务活动依法取得的非偿还性资金。包括财政补助收入、上级补助收入、事业收入、经营收入、附属单位缴款、其他收入等。

支出是指事业单位为开展业务活动和其他活动所发生的各项资金耗费及损失，以及用于基本建设项目的开支。包括事业支出、经营支出、对附属单位补助、上缴上级支出等。

事业单位会计科目及核算内容见表15-1。

表15-1　**事业单位会计科目及核算内容**

| 类别 | 序号 | 编码 | 会计科目 | 核算内容 |
| --- | --- | --- | --- | --- |
| 资产类 | 1 | 1001 | 库存现金 | 核算事业单位的库存现金 |
| | 2 | 1002 | 银行存款 | 核算事业单位存入银行或其他金融机构的各种存款 |
| | 3 | 1011 | 零余额账户用款额度 | 核算实行国库集中支付的事业单位根据财政部门批复的用款计划收到和支用的零余额账户用款额度 |
| | 4 | 1101 | 短期投资 | 核算事业单位依法取得的，持有时间不超过1年（含1年）的投资，主要是国债投资 |

续表

| 类别 | 序号 | 编码 | 会计科目 | 核算内容 |
| --- | --- | --- | --- | --- |
| 资产类 | 5 | 1201 | 财政应返还额度 | 核算实行国库集中支付的事业单位应收财政返还的资金额度 |
| | 6 | 1211 | 应收票据 | 核算事业单位因开展经营活动销售产品、提供有偿服务等而收到的商业汇票，包括银行承兑汇票和商业承兑汇票 |
| | 7 | 1212 | 应收账款 | 核算事业单位因开展经营活动销售产品、提供有偿服务等而应收取的款项 |
| | 8 | 1213 | 预付账款 | 核算事业单位按照购货、劳务合同规定预付给供应单位的款项 |
| | 9 | 1215 | 其他应收款 | 核算事业单位除财政应返还额度、应收票据、应收账款、预付账款以外的其他各项应收及暂付款项，如职工预借的差旅费、拨付给内部有关部门的备用金、应向职工收取的各种垫付款项等 |
| | 10 | 1301 | 存货 | 核算事业单位在开展业务活动及其他活动中为耗用而储存的各种材料、燃料、包装物、低值易耗品及达不到固定资产标准的用具、装具、动植物等的实际成本 |
| | 11 | 1401 | 长期投资 | 核算事业单位依法取得的，持有时间超过 1 年(不含 1 年）的股权和债权性质的投资 |
| | 12 | 1501 | 固定资产 | 核算事业单位固定资产的原价 |
| | 13 | 1502 | 累计折旧 | 核算事业单位固定资产计提的累计折旧 |
| | 14 | 1511 | 在建工程 | 核算事业单位已经发生必要支出，但尚未完工交付使用的各种建筑（包括新建、改建、扩建、修缮等）和设备安装工程的实际成本 |
| | 15 | 1601 | 无形资产 | 核算事业单位无形资产的原价 |
| | 16 | 1602 | 累计摊销 | 核算事业单位无形资产计提的累计摊销 |
| | 17 | 1701 | 待处置资产损溢 | 核算事业单位待处置资产的价值及处置损溢 |

续表

| 类别 | 序号 | 编码 | 会计科目 | 核算内容 |
|---|---|---|---|---|
| 负债类 | 18 | 2001 | 短期借款 | 核算事业单位借入的期限在1年内（含1年）的各种借款 |
| | 19 | 2101 | 应缴税费 | 核算事业单位按照税法等规定计算应缴纳的各种税费，包括营业税、增值税、城市维护建设税、教育费附加、车船税、房产税、城镇土地使用税、企业所得税等 |
| | 20 | 2102 | 应缴国库款 | 核算事业单位按规定应缴入国库的款项（应缴税费除外） |
| | 21 | 2103 | 应缴财政专户款 | 核算事业单位按规定应缴入财政专户的款项 |
| | 22 | 2201 | 应付职工薪酬 | 核算事业单位按有关规定应付给职工及为职工支付的各种薪酬，包括基本工资、绩效工资、国家统一规定的津贴补贴、社会保险费、住房公积金等 |
| | 23 | 2301 | 应付票据 | 核算事业单位因购买材料、物资等而开出、承兑的商业汇票，包括银行承兑汇票和商业承兑汇票 |
| | 24 | 2302 | 应付账款 | 核算事业单位因购买材料、物资等而应付的款项 |
| | 25 | 2303 | 预收账款 | 核算事业单位按合同规定预收的款项 |
| | 26 | 2305 | 其他应付款 | 核算事业单位除应缴税费、应缴国库款、应缴财政专户款、应付职工薪酬、应付票据、应付账款、预收账款之外的其他各项偿还期限在1年内（含1年）的应付及暂收款项，如存入保证金等 |
| | 27 | 2401 | 长期借款 | 核算事业单位借入的期限超过1年（不含1年）的各种借款 |
| | 28 | 2402 | 长期应付款 | 核算事业单位发生的偿还期限超过1年（不含1年）的应付款项，如以融资租赁租入固定资产的租赁费、跨年度分期付款购入固定资产的价款等 |

续表

| 类别 | 序号 | 编码 | 会计科目 | 核算内容 |
|---|---|---|---|---|
| 净资产类 | 29 | 3001 | 事业基金 | 核算事业单位拥有的非限定用途的净资产，主要为非财政补助结余扣除结余分配后滚存的金额 |
| | 30 | 3101 | 非流动资产基金 | 核算事业单位长期投资、固定资产、在建工程、无形资产等非流动资产占用的金额 |
| | 31 | 3201 | 专用基金 | 核算事业单位按规定提取或者设置的具有专门用途的净资产，主要包括修购基金、职工福利基金等 |
| | 32 | 3301 | 财政补助结转 | 核算事业单位滚存的财政补助结转资金，包括基本支出结转和项目支出结转 |
| | 33 | 3302 | 财政补助结余 | 核算事业单位滚存的财政补助项目支出结余资金 |
| | 34 | 3401 | 非财政补助结转 | 核算事业单位除财政补助收支以外的各专项资金收入与其相关支出相抵后剩余滚存的、须按规定用途使用的结转资金 |
| | 35 | 3402 | 事业结余 | 核算事业单位一定期间除财政补助收支、非财政专项资金收支和经营收支以外各项收支相抵后的余额 |
| | 36 | 3403 | 经营结余 | 核算事业单位一定期间各项经营收支相抵后余额弥补以前年度经营亏损后的余额 |
| | 37 | 3404 | 非财政补助结余分配 | 核算事业单位本年度非财政补助结余分配的情况和结果 |

续表

| 类别 | 序号 | 编码 | 会计科目 | 核算内容 |
|---|---|---|---|---|
| 收入类 | 38 | 4001 | 财政补助收入 | 核算事业单位从同级财政部门取得的各类财政拨款，包括基本支出补助和项目支出补助 |
| | 39 | 4101 | 事业收入 | 核算事业单位开展专业业务活动及其辅助活动取得的收入 |
| | 40 | 4201 | 上级补助收入 | 核算事业单位从主管部门和上级单位取得的非财政补助收入 |
| | 41 | 4301 | 附属单位上缴收入 | 核算事业单位附属独立核算单位按照有关规定上缴的收入 |
| | 42 | 4401 | 经营收入 | 核算事业单位在专业业务活动及其辅助活动之外开展非独立核算经营活动取得的收入 |
| | 43 | 4501 | 其他收入 | 核算事业单位除财政补助收入、事业收入、上级补助收入、附属单位上缴收入、经营收入以外的各项收入，包括投资收益、银行存款利息收入、租金收入、捐赠收入、现金盘盈收入、存货盘盈收入、收回已核销应收及预付款项、无法偿付的应付及预收款项等 |
| 支出类 | 44 | 5001 | 事业支出 | 核算事业单位开展专业业务活动及其辅助活动发生的基本支出和项目支出 |
| | 45 | 5101 | 上缴上级支出 | 核算事业单位按照财政部门和主管部门的规定上缴上级单位的支出 |
| | 46 | 5201 | 对附属单位补助支出 | 核算事业单位用财政补助收入之外的收入对附属单位补助发生的支出 |
| | 47 | 5301 | 经营支出 | 核算事业单位在专业业务活动及其辅助活动之外开展非独立核算经营活动发生的支出 |
| | 48 | 5401 | 其他支出 | 核算事业单位除事业支出、上缴上级支出、对附属单位补助支出、经营支出以外的各项支出，包括利息支出、捐赠支出、现金盘亏损失、资产处置损失、接受捐赠（调入）非流动资产发生的税费支出等 |

## 本章小结

● 事业单位是指国家为社会公益目的，由国家机关举办或者其他组织利用国有资产举办，主要通过生产精神产品和提供各种劳务的形式直接、间接地为社会提供生产、生活性服务的单位。

● 事业单位会计是指各类事业单位以货币为主要计量单位，对单位预算资金及经营收支过程和结果进行核算、监督的专业会计，是预算会计的一个重要组成部分。

● 事业单位会计核算工作必须遵守国家有关法律、法规及准则的规定。事业单位的各项资金和财产均应纳入事业单位的会计核算。

● 国有事业单位的会计组织系统分为主管会计单位、二级会计单位和基层会计单位三级。

● 事业单位会计核算的一般原则包括真实性原则、一致性原则、清晰性原则。

● 事业单位会计核算的具体内容包括资产类、负债类、净资产类、收入类和支出类共五大类。

## 主要概念和观念

★ 主要概念

事业单位会计　资产　负债　净资产　收入　支出

★ 主要观念

事业观念　公益观念　会计观念

## 基础训练

15.1　简答题

(1) 简述事业单位会计的基本任务。

(2) 简述事业单位会计的作用。

(3) 简述事业单位会计科目设置的原则。

(4) 与行政单位会计相比，事业单位会计有什么特点？

15.2　判断题

(1) 国有事业单位的会计组织系统分为主管会计单位、二级会计

单位和基层会计单位。 ( )

(2) 会计核算应当以实际发生的经济业务为依据，客观真实地记录、反映各项收支情况和结果。 ( )

(3) 事业单位会计要素包括资产、负债、净资产、收入和支出共五大要素。 ( )

(4) 事业单位会计科目的设置原则有真实性、一致性和清晰性。 ( )

(5) 事业单位会计同行政单位会计一样，都不进行成本核算。 ( )

(6) 事业单位活动性质不同于行政单位，它要追求经济效益最大化。 ( )

(7) 资产是指事业单位占有或者使用的能以货币计量的经济资源，如应付账款等。 ( )

(8) 收入是指事业单位为开展业务活动，依法取得的需偿还的资金。 ( )

(9) 向同级财政部门领报经费，并发生预算管理关系，下面有所属会计单位的，为主管会计单位。 ( )

(10) 向主管会计单位或上级单位领报经费，并发生预算管理关系，下面没有所属会计单位的，为二级会计单位。 ( )

15.3 综合分析题

改革开放三十多年来，我国事业单位会计的发展有以下几个阶段：

(1) 1992年以前，我国事业单位会计基本原地踏步。新中国成立后，我国在从国家机关到企事业单位的会计制度以及会计管理模式上普遍借鉴苏联模式。十一届三中全会的召开虽然给我国企业改革带来了契机，但由于事业单位改革长期滞后，我国事业单位会计制度除了随国家有关法律、法规的变迁被动做了一些调整外，在整体上变化并不是特别大。

(2) 1998年新的《事业单位会计制度》颁布、实施，确立了我国现行的事业单位会计制度。随着我国事业单位改革的不断深入，事业单位发生了分化，逐步改革为国家拨款型事业单位、差额拨款型事业单位和自负盈亏型事业单位。新的改革促使事业单位会计突破原有事业单位会计准则的局限，向企业会计准则靠拢。1998年，我国预算会计改革时，根据事业单位经济活动的特点和简化、适用的原则，制定了《事业单位会计准则》。这次改革基本明确了事业单位会计制度的目标、前提、假设、原则、要素、报表组成以及资金核算原则、收支确认原则等重大问题。它对规范事业单位会计核算、加强事业单位财务管理、提高事业单位会计工作质量都起到了积极的作用。

(3) 本世纪初以来，我国事业单位逐渐开始吸纳西方非营利组织会计制度，以完善我国事业单位会计。随着国际文流的日益频繁，我国专家学者对西方国家的政府与非营利组织会计的推介越来越多。由于我国的事业单位与西方的非营利组织概念具有一定的趋同性，因此在以往的事业单位财务管理和会计改革的基础上，进一步借鉴吸收西方非营利组织财务管理和会计核算的有益做法，是近几年来我国事业单位会计体制改革的新方向。

资料来源　汪敏．改革开放三十年话事业单位会计改革［J］．财会园地，2008 (3)．

结合以上资料，总结我国事业单位会计发展历程，探讨今后的发展趋势。

15.4　网上调研

利用电子图书馆和因特网收集我国事业单位会计的相关理论知识，掌握最新的事业单位会计改革动态，巩固和充实所学的知识。

15.5　单元实践

以小组为单位，对事业单位会计工作进行实地考察，了解事业会计人员对我国现行会计制度的认识和看法，讨论我国事业单位会计制度改革的方向。

# 第 16 章　事业单位资产的核算

## 学习目标

☆**知识目标**

理解资产、流动资产、长期投资、非流动资产的定义；

了解资产、流动资产、长期投资、非流动资产的内容；

熟悉资产、流动资产、长期投资、非流动资产的分类。

☆**技能目标**

熟悉流动资产、非流动资产、长期投资核算所运用的会计科目；

掌握流动资产、非流动资产、长期投资的具体账务处理方法。

☆**能力目标**

熟练掌握流动资产、非流动资产、长期投资和非流动资产的实务操作。

**事业单位国有资产清查**

2006年2月，全国人大通过的《第十一个五年计划纲要》提出，建立健全国有资产监督管理机制，在完善经营性国有资产监督管理体制的同时，建立健全金融资产、非经营资产和自然资源等监督管理体制，防止国有资产流失。随着我国经济实力不断增强，国家对行政事业单位的保障力度进一步加大，行政事业单位国有资产规模也在不断扩大。至2004年年底，全国行政事业单位国有资产已达3.84万亿元人民币，约占全国国有资产总量的1/3。但是，这部分庞大的国有资产配置不公平、不合理，部门、单位间苦乐不均，超编超标现象普遍存在，行政事业单位国有资产管理基础比较薄弱。一方面，单位资产“家底不清”；另一方面，财政部门、主管部门和单位之间资产信息不畅，形成资产购置预算缺乏科学依据，出现重复购置、超标准购置及资产使用效率低甚至闲置的现象。在这种情况下，开展全面的资产清查，摸清资产存量及使用情况，有利于维护国有资产安全完整，有利于促进存量资产的整合、调剂，提高资产使用效益。

事业单位资产是事业单位占有或者使用的能以货币计量的经济资源。包括各种财产、债券和其他权利。事业单位的资产分为流动资产、对外投资、固定资产、无形资产等。

## 16.1 流动资产的核算

流动资产是指可以在一年内变现或者耗用的资产，包括库存现金、各种存款、应收及预付款项、存货等。其中，应收及预付款项包括应收票据、应收账款、其他应收款、预付账款等。

### 16.1.1 库存现金

现金是指存放在事业单位会计部门的、符合制度规定的、用于日常零星开支的库存现金。关于现金管理的规定要求，参照行政单位会计部分。

“库存现金”科目核算事业单位的库存现金。从银行等金融机构提取现金，按照实际提取的金额，借记本科目，贷记“银行存款”等科目；将现金存入银行等金融机构，按照实际存入的金额，借记“银行存款”等科目，贷记本科目。

因内部职工出差等原因借出的现金，按照实际借出的现金金额，借记“其他应收款”科目，贷记本科目；出差人员报销差旅费时，按照应报销的金额，借记有关科目，按照实际借出的现金金额，贷记“其他应收款”科目，按其差额，借记或贷记本科目。

事业单位应当设置“现金日记账”，由出纳人员根据收付款凭证，按照业务发生顺序逐笔登记。每日终了，应当计算当日的现金收入合计数、现金支出合计数和结余数，并将结余数与实际库存数核对，做到账款相符。

每日账款核对中发现现金溢余或短缺的，应当及时进行处理。如发现现金溢余，属于应支付给有关人员或单位的部分，借记本科目，贷记“其他应付款”科目；属于无法查明原因的部分，借记本科目，贷记“其他收入”科目。如发现现金短缺，属于应由责任人赔偿的部分，借记“其他应收款”科目，贷记本科目；属于无法查明原因的部分，报经批准后，借记“其他支出”科目，贷记本科目。

现金收入业务较多、单独设有收款部门的事业单位，收款部门的收款员应当将每天所收现金连同收款凭据等一并交财务部门核收记账；或者将每天所收现金直接送存开户银行后，将收款凭据及向银行送存现金的凭证等一并交财务部门核收记账。

事业单位有外币现金的，应当分别按照人民币、各种外币设置“现金日记账”进行明细核算。有关外币现金业务的账务处理参见“银行存款”科目的相关规定。

本科目期末借方余额，反映事业单位实际持有的库存现金。

**【例题16-1】**某事业单位10月份发生如下业务：

①从银行提取现金800元。

| | | |
|---|---|---|
| 借：库存现金 | 800 | |
| 　贷：银行存款 | | 800 |

②用现金支付本月职工工资2 000元。

| | | |
|---|---|---|
| 借：事业支出——基本工资 | 2 000 | |
| 　贷：库存现金 | | 2 000 |

③张某出差，预借差旅费500元，以现金支付。

借：其他应收款　　　　　　　　　　　　　　　　　　500
　贷：库存现金　　　　　　　　　　　　　　　　　　　　500

④发现现金长款900元，原因待查。

借：库存现金　　　　　　　　　　　　　　　　　　　900
　贷：其他应付款——现金长余　　　　　　　　　　　　　900

⑤将废旧报纸出售，取得变价收入150元。

借：库存现金　　　　　　　　　　　　　　　　　　　150
　贷：其他收入　　　　　　　　　　　　　　　　　　　150

### 16.1.2 银行存款

银行存款是指事业单位存入银行或其他金融机构账户上的货币资金。

“银行存款”科目核算事业单位存入银行或其他金融机构的各种存款。事业单位应加强对本单位银行账户的管理，由会计部门统一在银行开户，避免多头开户。事业单位将款项存入银行或其他金融机构，借记本科目，贷记“库存现金”、“事业收入”、“经营收入”等有关科目；提取和支出存款时，借记有关科目，贷记本科目。本科目期末借方余额，反映事业单位实际存放在银行或其他金融机构的款项。事业单位按开户银行和其他金融机构的名称以及存款种类等，分别设置“银行存款日记账”，由出纳人员根据收付款凭证，按照业务的发生顺序逐笔登记，每日终了应结出余额。“银行存款日记账”应定期与“银行对账单”核对，至少每月核对一次。月度终了，事业单位银行存款账面余额与银行对账单余额之间如有差额，必须逐笔查明原因并进行处理，按月编制“银行存款余额调节表”，调节相符。

【小思考16-1】单位银行存款日记账余额与银行送来的对账单余额产生差异的原因有哪些？

答：单位银行存款日记账余额与银行送来的对账单余额在核对时如果不一致，产生的原因有两个：一是单位或银行中的一方发生记账错误；二是存在未达账项。

未达账项包括以下几种情况：（1）单位已经收款入账，银行尚未收款入账；（2）单位已经付款入账，银行尚未付款入账；（3）银行已经收款入账，单位尚未收款入账；（4）银行已经付款入账，单位尚未付款入账。

事业单位发生外币业务的，应当按照业务发生当日（或当期期初，下同）的即期汇率，将外币金额折算为人民币记账，并登记外币金额和汇率。

期末，各种外币账户的外币余额应当按照期末的即期汇率折算为人民币，作为外币账户期末人民币余额。调整后的各种外币账户人民币余额与原账面人民币余额的差额，作为汇兑损益计入相关支出。

以外币购买物资、劳务等，按照购入当日的即期汇率将支付的外币或应支付的外币折算为人民币金额，借记有关科目，贷记本科目、“应付账款”等科目的外币账户。

以外币收取相关款项等，按照收取款项或收入确认当日的即期汇率将收取的外币或应收取的外币折算为人民币金额，借记本科目、“应收账款”等科目的外币账户，贷记有关科目。

期末，根据各外币账户按期末汇率调整后的人民币余额与原账面人民币余额的差额，作为汇兑损益，借记或贷记本科目、“应收账款”、“应付账款”等科目，贷记或借记“事业支出”、“经营支出”等科目。

**【例题 16-2】**某事业单位发生如下业务：

①收到外单位欠款 1 000 元，存入银行。

借：银行存款　　1 000

　贷：应收账款　　1 000

②签发现金支票，从银行提取现金 300 元。

借：库存现金　　300

　贷：银行存款　　300

③开出转账支票，购买材料一批，价款及运费共计 3 000 元。

借：材料　　3 000

　贷：银行存款　　3 000

④收到一笔技术转让款 10 000 美元，当日美元对人民币汇率为 1∶6.80。

借：银行存款　　68 000

　　贷：事业收入　　68 000

⑤本月末，美元户存款余额为10 000美元，当月月末美元对人民币汇率为1∶6.60。

汇兑损益=10 000×6.6−68 000=−2 000（元）

借：事业支出　　2 000

　　贷：银行存款　　2 000

**【小思考16-2】**原"现金"、"银行存款"、"零余额账户用款额度"、"财政应返还额度"、"应收票据"、"应收账款"、"预付账款"、"其他应收款"科目如何处理？

答：新制度设置了"库存现金"、"银行存款"、"零余额账户用款额度"、"财政应返还额度"、"应收票据"、"应收账款"、"预付账款"、"其他应收款"科目，其核算内容与原账中上述相应科目的核算内容基本相同。转账时，应将原账中上述科目的余额直接转入新账中相应科目。新账中相应科目设有明细科目的，应将原账中上述科目的余额加以分析，分别转入新账中相应科目的相关明细科目。

### 16.1.3　零余额账户用款额度

"零余额账户用款额度"科目核算实行国库集中支付的事业单位根据财政部门批复的用款计划收到和支用的零余额账户用款额度。

在财政授权支付方式下，收到代理银行盖章的"授权支付到账通知书"时，根据通知书所列数额，借记本科目，贷记"财政补助收入"科目。按规定支用额度时，借记有关科目，贷记本科目。从零余额账户提取现金时，借记"库存现金"科目，贷记本科目。

因购货退回等发生国库授权支付额度退回的，属于以前年度支付的款项，按照退回金额，借记本科目，贷记"财政补助结转"、"财政补助结余"、"存货"等有关科目；属于本年度支付的款项，按照退回金额，借记本科目，贷记"事业支出"、"存货"等有关科目。

年度终了，依据代理银行提供的对账单作注销额度的相关账务处理，借记"财政应返还额度——财政授权支付"科目，贷记本科目。

事业单位本年度财政授权支付预算指标数大于零余额账户用款额度下达数的，根据未下达的用款额度，借记“财政应返还额度——财政授权支付”科目，贷记“财政补助收入”科目。

下年初，事业单位依据代理银行提供的额度恢复到账通知书作恢复额度的相关账务处理，借记本科目，贷记“财政应返还额度——财政授权支付”科目。事业单位收到财政部门批复的上年末未下达零余额账户用款额度的，借记本科目，贷记“财政应返还额度——财政授权支付”科目。

本科目期末借方余额，反映事业单位尚未支用的零余额账户用款额度。本科目年末应无余额。

【例题16-3】某事业单位实行财政授权支付方式，6月份发生如下业务：

①收到银行的“授权支付到账通知”，本月的零余额账户用款额度为20 000元，与财政部门批准的分月用款计划核对无误。

| | | |
|---|---|---|
| 借：零余额账户用款额度 | 20 000 | |
| 　贷：财政补助收入 | | 20 000 |

②购进材料一批，材料价款与运费等共计30 000元，开出转账支票给供货商，并填写财政部门统一印制的“财政性资金支付凭证”。代理银行收到支票与“财政性资金支付凭证”核对确认后，将财政资金从预算单位零余额账户划拨到供应商账户，同时，将加盖“转讫”章的“财政性资金支付凭证”退给预算单位，单位据以记账。

| | | |
|---|---|---|
| 借：材料 | 30 000 | |
| 　贷：零余额账户用款额度 | | 30 000 |

③支付职工取暖费用10 000元。

| | | |
|---|---|---|
| 借：事业支出 | 10 000 | |
| 　贷：零余额账户用款额度 | | 10 000 |

### 16.1.4　短期投资

“短期投资”科目核算事业单位依法取得的，持有时间不超过1年（含1年）的投资，主要是国债投资。事业单位应当严格遵守国家法律、行政法规以及财政部门、主管部门关于对外投资的有关规定。短期投资在取得时，应当按照其实际成本（包括购买价款以及税金、手续费等相关税费）作为投资成本，借记本科目，贷记“银行存款”等科目。短期投资持有期间收到利息时，按实际收到的金额，借记“银行存款”科目，贷记“其他收入——投资收益”科目。出售短期投资或到期收回短期国债本息，按照实际收到的金额，借记“银行存款”科目，按照出售或收回短期国债的成本，贷记本科目，按其差额，贷记或借记“其他收入——投资收益”科目。

本科目期末借方余额，反映事业单位持有的短期投资成本。

【例题 16-4】某事业单位发生如下业务：

①购买 1 年期国债 50 000 元。

借：短期投资　　50 000

　贷：银行存款　　50 000

②收到利息收入 1 000 元。

借：银行存款　　1 000

　贷：其他收入——投资收益　　1 000

③国债到期出售，取得本息共 51 000 元。

借：银行存款　　51 000

　贷：短期投资　　50 000

　　其他收入——投资收益　　1 000

**【小资料 16-1】新旧事业单位会计制度有关衔接问题的处理规定——“对外投资”科目**

新制度将事业单位的对外投资划分为短期投资和长期投资，相应设置了“短期投资”、“长期投资”两个科目，两个科目的核算内容与原账中“对外投资”科目的核算内容基本相同。转账时，应对原账中“对外投资”科目的余额进行分析：将依法取得的、持有时间不超过 1 年（含 1 年）的对外投资余额转入新账中“短期投资”科目，将剩余余额转入新账中“长期投资”科目。

### 16.1.5 财政应返还额度

“财政应返还额度”科目核算实行国库集中支付的事业单位应收财政返还的资金额度。本科目应当设置“财政直接支付”、“财政授权支付”两个明细科目，进行明细核算。

（1）在财政直接支付方式下，年度终了，事业单位根据本年度财政直接支付预算指标数与当年财政直接支付实际支出数的差额，借记本科目（财政直接支付），贷记“财政补助收入”科目。下年度恢复财政直接支付额度后，事业单位以财政直接支付方式发生实际支出时，借记有关科目，贷记本科目（财政直接支付）。

（2）在财政授权支付方式下，年度终了，事业单位依据代理银行提供的对账单作注销额度的相关账务处理，借记本科目（财政授权支付），贷记“零余额账户用款额度”科目。事业单位本年度财政授权支付预算指标数大于零余额账户用款额度下达数的，根据未下达的用款额度，借记本科目（财政授权支付），贷记“财政补助收入”科目。下年初，事业单位依据代理银行提供的额度恢复到账通知书作恢复额度的相关账务处理，借记“零余额账户用款额度”科目，贷记本科目（财政授权支付）。事业单位收到财政部门批复的上年末未下达零余额账户用款额度时，借记“零余额账户用款额度”科目，贷记本科目（财政授权支付）。

本科目期末借方余额，反映事业单位应收财政返还的资金额度。

**【例题16-5】** 某事业单位是财政直接支付单位，本单位本年度财政直接支付预算数为200 000元，当年实际支出为150 000元。

借：财政应返还额度——财政直接支付　　　　50 000

　贷：财政补助收入　　　　50 000

**【例题16-6】** 某事业单位是财政授权支付单位，上年末，本单位依据代理银行提供的对账单作注销额度100 000元。年初恢复本单位零余额账户用款额度100 000元。

借：财政应返还额度——财政授权支付　　　　100 000

　贷：零余额账户用款额度　　　　100 000

借：零余额账户用款额度　　　　100 000

　贷：财政应返还额度——财政授权支付　　　　100 000

### 16.1.6　应收票据

“应收票据”科目核算事业单位因开展经营活动销售产品、提供有偿服务等而收到的商业汇票，包括商业承兑汇票和银行承兑汇票。事业单位因销售产品、提供服务等收到商业汇票，按照商业汇票的票面金额，借记本科目，按照确认的收入金额，贷记“经营收入”等科目，按照应缴增值税金额，贷记“应缴税费——应缴增值税”科目。

事业单位持未到期的商业汇票向银行贴现，按照实际收到的金额（即扣除贴现息后的净额），借记“银行存款”科目，按照贴现息，借记“经营支出”等科目，按照商业汇票的票面金额，贷记本科目。

事业单位将持有的商业汇票背书转让以取得所需物资时，按照取得物资的成本，借记有关科目，按照商业汇票的票面金额，贷记本科目，如有差额，借记或贷记“银行存款”等科目。

商业汇票到期时，应当分别以下情况处理：

（1）收回应收票据，按照实际收到的商业汇票票面金额，借记“银行存款”科目，贷记本科目。

（2）因付款人无力支付票款，收到银行退回的商业承兑汇票、委托收款凭证、未付票款通知书或拒付款证明等，按照商业汇票的票面金额，借记“应收账款”科目，贷记本科目。

事业单位应当设置“应收票据备查簿”，逐笔登记每一应收票据的种类、号数、出票日期、到期日、票面金额、交易合同号和付款人、承兑人、背书人姓名或单位名称、背书转让日、贴现日期、贴现率和贴现净额、收款日期、收回金额和退票情况等。应收票据到期结清票款或退票后，应当在备查簿内逐笔注销。

本科目期末借方余额，反映事业单位持有的商业汇票票面金额。

**【小资料 16-2】　商业承兑汇票和银行承兑汇票**

商业承兑汇票是由银行以外的付款人承兑的票据。商业承兑汇票可以由付款人签发并承兑，也可以由收款人签发交由付款人承兑。商业承兑汇票的出票人为在银行开立存款账户的法人及其他组织，它与付款人具有真实的委托付款关系，具有支付汇票金额的可靠资金来源。商业承兑汇票不附带利息。

银行承兑汇票是由在承兑银行开立存款账户的存款人出票，向开户银行申请并经银行审查同意承兑的，保证在指定日期无条件支付确定的金额给收款人或持票人的票据。对出票人签发的银行承兑汇票进行承兑，是银行基于对出票人资信的认可而给予的信用支持。

【例题16-7】某事业单位销售产品，取得价款收入30 000元，收到购买方开来的一张期限为6个月的银行承兑汇票，金额10 000元，同时缴纳增值税1 700元。

借：应收票据 11 700

　贷：经营收入 10 000

　　应缴税费——应缴增值税 1 700

【例题16-8】某事业单位因资金周转需要，持未到期的不带息商业承兑汇票到银行贴现。票据面值10 000元，期限6个月，单位已持有1个月，银行贴现率为5%。

贴现实收金额=10 000−10 000×5%×（5÷12）=9 792（元）

借：银行存款 9 792

　　经营支出 208

　贷：应收票据 10 000

【小资料16-3】 **应收票据的贴现**

事业单位持有的应收票据，在到期前可以用背书形式转让给银行。银行同意接受时，要预扣自贴现日至到期日的利息，将其余额即贴现净值支付给企业。这种利用票据向银行融资的做法被称为应收票据贴现。银行所预扣的利息称为贴现息，计算的贴现利率称为贴现率。

计算贴现净值的步骤是：

（1）计算到期值：

票据到期值=面值×（1+利率×期限）

对于无息票据来说，到期值就是其面值。

（2）计算贴现息：

贴现息=票据到期值×银行贴现率×贴现期限

贴现期限=票据有效天数−持有天数

（3）计算贴现净值：

贴现净值=票据到期值−贴现息

### 16.1.7 应收账款

“应收账款”科目核算事业单位因开展经营活动销售产品、提供有偿服务等而应收取的款项。发生应收账款时，按照应收未收金额，借记本科目，按照确认的收入金额，贷记“经营收入”等科目，按照应缴增值税金额，贷记“应缴税费——应缴增值税”科目。收回应收账款时，按照实际收到的金额，借记“银行存款”等科目，贷记本科目。

逾期3年或以上、有确凿证据表明确实无法收回的应收账款，按规定报经批准后予以核销。核销的应收账款应在备查簿中保留登记。转入待处置资产时，按照待核销的应收账款金额，借记“待处置资产损溢”科目，贷记本科目。报经批准予以核销时，借记“其他支出”科目，贷记“待处置资产损溢”科目。已核销应收账款在以后期间收回的，按照实际收回的金额，借记“银行存款”等科目，贷记“其他收入”科目。

本科目期末借方余额，反映事业单位尚未收回的应收账款。

本科目应当按照购货、接受劳务单位（或个人）进行明细核算。

**【小思考16-3】**事业单位会计的“应收账款”科目和企业会计的“应收账款”科目有何区别？

答：与企业会计制度不同，事业单位的应收账款不提取坏账准备，而是对无法收回的坏账、呆账直接列支核销。所以，事业单位会计的“应收账款”科目没有备抵账户。

**【例题16-9】**某事业单位采用委托收款方式销售一批产品，售价为25 000元，增值税销项税额为4 250元，发货时代垫运杂费500元，产品已发运，并向银行办妥委托收款手续。

| | | |
|---|---|---|
| 借：应收账款 | 29 750 | |
| 　贷：经营收入 | | 25 000 |
| 　　应交税费——应交增值税（销项税额） | | 4 250 |
| 　　银行存款 | | 500 |

**【例题16-10】**上例中的应收账款已收到，并存入银行。

| | | |
|---|---|---|
| 借：银行存款 | 29 750 | |
| 　贷：应收账款 | | 29 750 |

**【例题16-11】**某事业单位有一笔逾期3年确实无法收回的款项10 000元。

批准前，记：

借：待处置资产损溢　　10 000

　贷：应收账款　　10 000

批准后，记：

借：其他支出　　10 000

　贷：待处置资产损溢　　10 000

### 16.1.8　预付账款

“预付账款”科目核算按照购货、劳务合同规定预付给供应单位的款项。事业单位发生预付账款时，按照实际预付的金额，借记本科目，贷记“零余额账户用款额度”、“财政补助收入”、“银行存款”等科目。收到所购物资或劳务，按照购入物资或劳务的成本，借记有关科目，按照相应预付账款金额，贷记本科目，按照补付的款项，贷记“零余额账户用款额度”、“财政补助收入”、“银行存款”等科目。收到所购固定资产、无形资产的，按照确定的资产成本，借记“固定资产”、“无形资产”科目，贷记“非流动资产基金——固定资产、无形资产”科目；同时，按资产购置支出，借记“事业支出”、“经营支出”等科目，按照相应预付账款金额，贷记本科目，按照补付的款项，贷记“零余额账户用款额度”、“财政补助收入”、“银行存款”等科目。

逾期3年或以上、有确凿证据表明因供货单位破产、撤销等原因已无望再收到所购物资，且确实无法收回的预付账款，按规定报经批准后予以核销。核销的预付账款应在备查簿中保留登记。

转入待处置资产时，按照待核销的预付账款金额，借记“待处置资产损溢”科目，贷记本科目。报经批准予以核销时，借记“其他支出”科目，贷记“待处置资产损溢”科目。已核销预付账款在以后期间收回的，按照实际收回的金额，借记“银行存款”等科目，贷记“其他收入”科目。

本科目期末借方余额，反映事业单位实际预付但尚未结算的款项。

【例题16-12】某事业单位3月份发生如下业务：

①向甲公司订购材料一批，按照合同规定，预付该公司材料款4 000元，以银行存款支付。

借：预付账款——甲公司　　4 000

贷：银行存款　　4 000

②订购的材料已到，发票所列货款5 000元、运杂费用200元，由对方垫付，共计5 200元，单位用银行存款补付货款及运杂费用。

借：材料　　5 200

贷：预付账款　　4 000

银行存款　　1 200

③本月确认一笔无法收回的预付账款50 000元。

批准前，记：

借：待处置资产损溢　　50 000

贷：预付账款　　50 000

批准后，记：

借：其他支出　　50 000

贷：待处置资产损溢　　50 000

### 16.1.9　其他应收款

“其他应收款”科目核算事业单位除财政应返还额度、应收票据、应收账款、预付账款以外的其他各项应收、暂付款项，如职工预借的差旅费、拨付给内部有关部门的备用金、应向职工收取的各种垫付款项等。发生其他各种应收及暂付款项时，借记本科目，贷记“银行存款”、“库存现金”等科目。收回或转销其他各种应收及暂付款项时，借记“库存现金”、“银行存款”等科目，贷记本科目。

事业单位内部实行备用金制度的，有关部门使用备用金以后应当及时到财务部门报销并补足备用金。财务部门核定并发放备用金时，借记本科目，贷记“库存现金”等科目。根据报销数用现金补足备用金定额时，借记有关科目，贷记“库存现金”等科目，报销数和拨补数都不再通过本科目核算。

逾期3年或以上、有确凿证据表明确实无法收回的其他应收款，按规定报经批准后予以核销。核销的其他应收款应在备查簿中保留登记。转入待处置资产时，按照待核销的其他应收款金额，借记“待处置资产损溢”科目，贷记本科目。报经批准予以核销时，借记“其他支出”科目，贷记“待处置资产损溢”科目。已核销其他应收款在以后期间收回的，按照实际收回的金额，借记“银行存款”等科目，贷记“其他收入”科目。本科目期末借方余额，反映事业单位尚未收回的其他应收款。

本科目应按其他应收款的项目和债务人设置明细账。

【例题16-13】某事业单位发生如下业务：

①所属单位甲领取备用金2 000元。

借：其他应收款——甲　　2 000

　贷：库存现金　　2 000

②所属单位甲报销费用1 000元。

借：事业支出　　1 000

　贷：其他应收款——甲　　1 000

③本单位所需材料由政府统一采购，将单位自筹资金划到采购资金专户，款项金额为300 000元。

借：其他应收款——政府采购款　　300 000

　贷：银行存款　　300 000

④本次采购材料节约50 000元，收到财政划回的节约资金50 000元，以及财政开具的拨款通知书等相关票据，计350 000元。

划回的节约资金部分：

借：银行存款　　50 000

　贷：其他应收款——政府采购款　　50 000

购买材料部分：

借：材料　　350 000

　贷：其他应收款——政府采购款　　250 000

　　　财政补助收入　　100 000

### 16.1.10 存货

“存货”科目核算事业单位在开展业务活动及其他活动中为耗用而储存的各种材料、燃料、包装物、低值易耗品及达不到固定资产标准的用具、装具、动植物等的实际成本。事业单位随买随用的零星办公用品，可以在购进时直接列作支出，不通过本科目核算。

本科目应当按照存货的种类、规格、保管地点等进行明细核算。事业单位应当通过明细核算或辅助登记方式，登记取得存货成本的资金来源（区分财政补助资金、非财政专项资金和其他资金）。发生自行加工存货业务的事业单位，应当在本科目下设置“生产成本”明细科目，归集核算自行加工存货所发生的实际成本（包括耗用的直接材料费用、发生的直接人工费用和分配的间接费用）。

（1）存货在取得时，应当按照其实际成本入账。

①购入的存货，其成本包括购买价款、相关税费、运输费、装卸费、保险费以及其他使得存货达到目前场所和状态所发生的其他支出。事业单位按照税法规定属于增值税一般纳税人的，其购进非自用（如用于生产对外销售的产品）材料所支付的增值税税款不计入材料成本。购入的存货验收入库，按确定的成本，借记本科目，贷记“银行存款”、“应付账款”、“财政补助收入”、“零余额账户用款额度”等科目。

属于增值税一般纳税人的事业单位购入非自用材料的，按确定的成本（不含增值税进项税额），借记本科目，按增值税专用发票上注明的增值税税额，借记“应缴税费——应缴增值税（进项税额）”科目，按实际支付或应付的金额，贷记“银行存款”、“应付账款”等科目。

②自行加工的存货，其成本包括耗用的直接材料费用、发生的直接人工费用和按照一定方法分配的与存货加工有关的间接费用。

自行加工的存货在加工过程中发生各种费用时，借记本科目（生产成本），贷记本科目（领用材料相关的明细科目）、“应付职工薪酬”、“银行存款”等科目。

加工完成的存货验收入库，按照所发生的实际成本，借记本科目（相关明细科目），贷记本科目（生产成本）。

③接受捐赠、无偿调入的存货，其成本按照有关凭据注明的金额加上相关税费、运输费等确定；没有相关凭据的，其成本比照同类或类似存货的市场价格加上相关税费、运输费等确定；没有相关凭据、同类或类似存货的市场价格也无法可靠取得的，该存货按照名义金额（即人民币1元，下同）入账。相关财务制度仅要求进行实物管理的除外。

接受捐赠、无偿调入的存货验收入库，按照确定的成本，借记本科目，按照发生的相关税费、运输费等，贷记“银行存款”等科目，按照其差额，贷记“其他收入”科目。

按照名义金额入账的情况下，按照名义金额，借记本科目，贷记

“其他收入”科目；按照发生的相关税费、运输费等，借记“其他支出”科目，贷记“银行存款”等科目。

(2) 存货在发出时，应当根据实际情况采用先进先出法、加权平均法或者个别计价法确定发出存货的实际成本。计价方法一经确定，不得随意变更。低值易耗品的成本于领用时一次摊销。

①开展业务活动等领用、发出存货，按领用、发出存货的实际成本，借记“事业支出”、“经营支出”等科目，贷记本科目。

②对外捐赠、无偿调出存货，转入待处置资产时，按照存货的账面余额，借记“待处置资产损溢”科目，贷记本科目。

属于增值税一般纳税人的事业单位对外捐赠、无偿调出购进的非自用材料，转入待处置资产时，按照存货的账面余额与相关增值税进项税额转出金额的合计金额，借记“待处置资产损溢”科目，按存货的账面余额，贷记本科目，按转出的增值税进项税额，贷记“应缴税费——应缴增值税（进项税额转出）”科目。

实际捐出、调出存货时，按照“待处置资产损溢”科目的相应余额，借记“其他支出”科目，贷记“待处置资产损溢”科目。

(3) 事业单位的存货应当定期进行清查盘点，每年至少盘点一次。对于发生的存货盘盈、盘亏或者报废、毁损，应当及时查明原因，按规定报经批准后进行账务处理。

盘盈的存货，按照同类或类似存货的实际成本或市场价格确定入账价值；同类或类似存货的实际成本、市场价格均无法可靠取得的，按照名义金额入账。盘盈的存货，按照确定的入账价值，借记本科目，贷记“其他收入”科目。

盘亏或者毁损、报废的存货，转入待处置资产时，按照待处置存货的账面余额，借记“待处置资产损溢”科目，贷记本科目。

属于增值税一般纳税人的事业单位购进的非自用材料发生盘亏或者毁损、报废的，转入待处置资产时，按照存货的账面余额与相关增值税进项税额转出金额的合计金额，借记“待处置资产损溢”科目，按存货的账面余额，贷记本科目，按转出的增值税进项税额，贷记“应缴税费——应缴增值税（进项税额转出）”科目。

报经批准予以处置时，按照“待处置资产损溢”科目的相应余额，借记“其他支出”科目，贷记“待处置资产损溢”科目。

处置存货过程中所取得的收入、发生的费用，以及处置收入扣除相关处置费用后的净收入的账务处理，参见“待处置资产损溢”科目。

本科目期末借方余额，反映事业单位存货的实际成本。

【例题16-14】某事业单位属于一般纳税人，10月发生如下业务：

①购入非自用材料一批，价款30 000元、增值税5 100元，支付运杂费500元，共计35 600元，以银行存款支付。

借：存货材料　　30 500

　　应交税费——应缴增值税（进项税额）　　5 100

　贷：银行存款　　35 600

②所属甲部门领用A材料，用于业务活动，价款1 000元；乙部门领用B材料，用于向社会提供非专业业务活动，价款2 000元。

甲部门领用A材料，记：

借：事业支出　　1 000

　贷：存货——A材料　　1 000

乙部门领用B材料，记：

借：经营支出　　2 000

　贷：存货——B材料　　2 000

③将预定用于对外加工的材料一批转作自用，材料价款20 000元，增值税税率17%。

增值税税额=20 000×17%=3 400（元）

借：事业支出　　23 400

　贷：存货——材料　　23 400

④年终，经批准，盘盈经营用甲材料20件，每件10元；盘亏事业用乙材料30件，每件20元。

盘盈甲材料时，记：

借：其他支出　　200

　贷：待处理财产损溢　　200

盘亏乙材料时，记：

借：存货　　600

　贷：其他收入　　600

【小思考16-4】原“材料”、“产成品”、“成本费用”科目如何处理？

答：新制度未设置“材料”、“产成品”、“成本费用”科目，但设置了“存货”科目，其核算范围包括原账中“材料”、“产成品”、“成本费用”科目的核算内容。转账时，应将原账中“材料”、“产成品”、“成本费用”科目的余额分析转入新账中“存货”科目的相关明细科目。

## 16.2 长期投资的核算

长期投资是指事业单位依法取得的，持有时间超过1年（不含1年）的股权和债权性质的投资，包括长期股权投资和长期债权投资。

事业单位应当严格遵守国家法律、行政法规以及财政部门、主管部门有关事业单位对外投资的规定。本科目应当按照长期投资的种类和被投资单位等进行明细核算。

### 16.2.1 长期股权投资的核算

（1）长期股权投资在取得时，应当按照其实际成本作为投资成本。

①以货币资金取得的长期股权投资，按照实际支付的全部价款（包括购买价款以及税金、手续费等相关税费）作为投资成本，借记本科目，贷记“银行存款”等科目；同时，按照投资成本金额，借记“事业基金”科目，贷记“非流动资产基金——长期投资”科目。

②以固定资产取得的长期股权投资，按照评估价值加上相关税费作为投资成本，借记本科目，贷记“非流动资产基金——长期投资”科目，按发生的相关税费，借记“其他支出”科目，贷记“银行存款”、“应缴税费”等科目；同时，按照投出固定资产对应的非流动资产基金，借记“非流动资产基金——固定资产”科目，按照投出固定资产已计提折旧，借记“累计折旧”科目，按投出固定资产的账面余额，

贷记"固定资产"科目。

③以已入账无形资产取得的长期股权投资，按照评估价值加上相关税费作为投资成本，借记本科目，贷记"非流动资产基金——长期投资"科目，按发生的相关税费，借记"其他支出"科目，贷记"银行存款"、"应缴税费"等科目；同时，按照投出无形资产对应的非流动资产基金，借记"非流动资产基金——无形资产"科目，按照投出无形资产已计提摊销，借记"累计摊销"科目，按照投出无形资产的账面余额，贷记"无形资产"科目。

以未入账无形资产取得的长期股权投资，按照评估价值加上相关税费作为投资成本，借记本科目，贷记"非流动资产基金——长期投资"科目，按发生的相关税费，借记"其他支出"科目，贷记"银行存款"、"应缴税费"等科目。

（2）长期股权投资持有期间，收到利润等投资收益时，按照实际收到的金额，借记"银行存款"等科目，贷记"其他收入——投资收益"科目。

（3）转让长期股权投资，转入待处置资产时，按照待转让长期股权投资的账面余额，借记"待处置资产损溢——处置资产价值"科目，贷记本科目。

实际转让时，按照所转让长期股权投资对应的非流动资产基金，借记"非流动资产基金——长期投资"科目，贷记"待处置资产损溢——处置资产价值"科目。

转让长期股权投资过程中取得价款、发生相关税费，以及转让价款扣除相关税费后的净收入的账务处理，参见"待处置资产损溢"科目。

（4）因被投资单位破产清算等原因，有确凿证据表明长期股权投资发生损失，按规定报经批准后予以核销。将待核销长期股权投资转入待处置资产时，按照待核销的长期股权投资账面余额，借记"待处置资产损溢"科目，贷记本科目。

报经批准予以核销时，借记"非流动资产基金——长期投资"科目，贷记"待处置资产损溢"科目。

**【例题16-15】**某事业单位10月发生如下业务：

①取得以货币形式购入的长期股权投资50 000元。

借：长期投资　　50 000

　贷：银行存款　　50 000

借：事业基金　　50 000

　贷：非流动资产资金——长期投资　　50 000

②收到外单位打印设备一台，经评估作价10 000元，支付评估费用800元。

借：长期投资——长期股权投资　　10 000

　贷：非流动资产资金——长期投资　　10 000

借：其他支出　　800

　贷：银行存款　　800

③取得商标投资，经评估作价50 000元，评估费用1 000元。

借：长期投资——长期股权投资　　50 000

　贷：非流动资产资金——长期投资　　50 000

借：其他支出　　1 000

　贷：银行存款　　1 000

④将以货币形式购入的长期股权转让，取得价款收入60 000元。

借：非流动资产基金——长期投资　　50 000

　贷：待处理财产损溢　　50 000

借：银行存款　　60 000

　贷：事业基金　　50 000

　　其他收入　　10 000

### 16.2.2　长期债券投资的核算

长期债券投资在取得时，应当按照其实际成本作为投资成本。以货币资金购入的长期债券投资，按照实际支付的全部价款（包括购买价款以及税金、手续费等相关税费）作为投资成本，借记本科目，贷记“银行存款”等科目；同时，按照投资成本金额，借记“事业基金”科目，贷记“非流动资产基金——长期投资”科目。

长期债券投资持有期间收到利息时，按照实际收到的金额，借记“银行存款”等科目，贷记“其他收入——投资收益”科目。

对外转让或到期收回长期债券投资本息，按照实际收到的金额，借记“银行存款”等科目，按照收回长期投资的成本，贷记本科目，按照其差额，贷记或借记“其他收入——投资收益”科目；同时，按照收回长期投资对应的非流动资产基金，借记“非流动资产基金——长期投资”科目，贷记“事业基金”科目。

本科目期末借方余额，反映事业单位持有的长期投资成本。

【例题16-16】①某事业单位取得上级单位以长期债券形式的投资10 000元，持有期间获得利息收入1 000元。

借：长期投资——长期债券投资　　10 000

　贷：银行存款　　10 000

同时，记：

借：事业基金　　10 000

　贷：非流动资产基金——长期投资　　10 000

借：银行存款　　1 000

　贷：其他收入——投资收益　　1 000

②本单位持有的债券到期转让取得价款收入12 000元。

借：银行存款　　12 000

　贷：长期投资——长期债券投资　　10 000

　　　其他收入——投资收益　　2 000

## 16.3 非流动资产的核算

事业单位非流动资产包括固定资产、在建工程、无形资产等。

### 16.3.1 固定资产的核算

1）固定资产的定义

固定资产是指事业单位持有的使用期限超过1年（不含1年）、单位价值在规定标准以上（一般设备要求价值在1 000元以上，专用设备要求价值在1 500元以上），并在使用过程中基本保持原有物质形态的资产。单位价值虽未达到规定标准，但使用期限超过1年（不含1年）的大批同类物资，作为固定资产管理。

固定资产一般分为6类：房屋及构筑物；专用设备；通用设备；文

物和陈列品；图书、档案；家具、用具、装具及动植物。

(1) 对于应用软件，如果其构成相关硬件不可缺少的组成部分，应当将该软件价值包括在所属硬件价值中，一并作为固定资产进行核算；如果其不构成相关硬件不可缺少的组成部分，应当将该软件作为无形资产核算。

(2) 事业单位以经营租赁租入的固定资产，不作为固定资产核算，应当另设备查簿进行登记。

(3) 购入需要安装的固定资产，应当先通过“在建工程”科目核算，安装完毕交付使用时再转入本科目核算。

2）固定资产的管理

购建的固定资产应当按照取得时的实际成本记账。固定资产借款利息和有关费用，以及外币借款的汇兑差额，在固定资产办理竣工决算之前发生的，应当计入固定资产价值；在竣工决算之后发生的，计入当期支出或费用。

接受捐赠的固定资产应当按照同类资产的市场价格或者有关凭据确定固定资产价值。接受捐赠固定资产时发生的相关费用，应当计入固定资产价值。

融资租入的固定资产应当比照自有固定资产核算，并在会计报表附注中说明。

对固定资产进行改建、扩建，其净增值部分，应当计入固定资产价值。

固定资产应当定期进行清查盘点。固定资产转让、清理取得的收入和清理固定资产报废、毁损发生的损失应当相应增减修购基金。盘盈、盘亏固定资产，应当相应增减固定基金。

事业单位应根据规定的固定资产标准和分类，结合本单位情况，制定固定资产目录，作为核算依据。

3）固定资产的价值确认

事业单位的固定资产按下列规定的价值记账：

(1) 购入、调入的固定资产，按照实际支付的买价或调拨款、运杂费、安装费等记账。购置车辆，按规定支付的车辆购置附加费计入购价之内。

（2）自制的固定资产，按开支的工、料、费记账。

（3）在原有固定资产基础上进行改建、扩建的固定资产，应按改建、扩建发生的支出减去改建、扩建过程中的变价收入后的净增加值，增记固定资产。

（4）融资租入的固定资产，按租赁协议确定的设备价款、运杂费、安装费等记账。

（5）接受捐赠的固定资产，按照同类固定资产的市场价格或根据所提供的有关凭据记账。接受固定资产时发生的相关费用，应当计入固定资产价值。

（6）盘盈的固定资产，按重置完全价值入账。

（7）已投入使用但尚未办理移交手续的固定资产，可先按估计价值入账，待确定实际价值后，再进行调整。

购置固定资产过程中发生的差旅费，不计入固定资产价值。

4）固定资产的账务处理

"固定资产"科目核算事业单位固定资产的原价。

（1）固定资产在取得时，应当按照其实际成本入账。

①购入的固定资产，其成本包括购买价款、相关税费以及固定资产交付使用前所发生的可归属于该项资产的运输费、装卸费、安装调试费和专业人员服务费等。

以一笔款项购入多项没有单独标价的固定资产，按照各项固定资产同类或类似资产市场价格的比例对总成本进行分配，分别确定各项固定资产的入账成本。

购入不需安装的固定资产，按照确定的固定资产成本，借记本科目，贷记"非流动资产基金——固定资产"科目；同时，按照实际支付金额，借记"事业支出"、"经营支出"、"专用基金——修购基金"等科目，贷记"财政补助收入"、"零余额账户用款额度"、"银行存款"等科目。

购入需要安装的固定资产，先通过"在建工程"科目核算。安装完工交付使用时，借记本科目，贷记"非流动资产基金——固定资产"科目；同时，借记"非流动资产基金——在建工程"科目，贷记"在建工程"科目。

购入固定资产扣留质量保证金的，应当在取得固定资产时，按照确定的成本，借记本科目［不需安装］或“在建工程”科目［需要安装］，贷记“非流动资产基金——固定资产、在建工程”科目。同时取得固定资产全款发票的，应当同时按照构成资产成本的全部支出金额，借记“事业支出”、“经营支出”、“专用基金——修购基金”等科目，按照实际支付金额，贷记“财政补助收入”、“零余额账户用款额度”、“银行存款”等科目，按照扣留的质量保证金，贷记“其他应付款”［扣留期在1年以内（含1年）］或“长期应付款”［扣留期超过1年］科目；取得的发票金额不包括质量保证金的，应当同时按照不包括质量保证金的支出金额，借记“事业支出”、“经营支出”、“专用基金——修购基金”等科目，贷记“财政补助收入”、“零余额账户用款额度”、“银行存款”等科目。质保期满支付质量保证金时，借记“其他应付款”、“长期应付款”科目，或借记“事业支出”、“经营支出”、“专用基金——修购基金”等科目，贷记“财政补助收入”、“零余额账户用款额度”、“银行存款”等科目。

②自行建造的固定资产，其成本包括建造该项资产至交付使用前所发生的全部必要支出。

工程完工交付使用时，按自行建造过程中发生的实际支出，借记本科目，贷记“非流动资产基金——固定资产”科目；同时，借记“非流动资产基金——在建工程”科目，贷记“在建工程”科目。已交付使用但尚未办理竣工决算手续的固定资产，按照估计价值入账，待确定实际成本后再进行调整。

③在原有固定资产基础上进行改建、扩建、修缮后的固定资产，其成本按照原固定资产账面价值（“固定资产”科目账面余额减去“累计折旧”科目账面余额后的净值）加上改建、扩建、修缮发生的支出，再扣除固定资产拆除部分的账面价值后的金额确定。

将固定资产转入改建、扩建、修缮时，按固定资产的账面价值，借记“在建工程”科目，贷记“非流动资产基金——在建工程”科目；同时，按固定资产对应的非流动资产基金，借记“非流动资产基金——固定资产”科目，按固定资产已计提折旧，借记“累计折旧”科目，按固定资产的账面余额，贷记本科目。

工程完工交付使用时，借记本科目，贷记“非流动资产基金——固定资产”科目；同时，借记“非流动资产基金——在建工程”科目，贷记“在建工程”科目。

④以融资租赁租入的固定资产，其成本按照租赁协议或者合同确定的租赁价款、相关税费以及固定资产交付使用前所发生的可归属于该项资产的运输费、途中保险费、安装调试费等确定。

融资租入的固定资产，按照确定的成本，借记本科目［不需安装］或“在建工程”科目［需安装］，按照租赁协议或者合同确定的租赁价款，贷记“长期应付款”科目，按照其差额，贷记“非流动资产基金——固定资产、在建工程”科目。同时，按照实际支付的相关税费、运输费、途中保险费、安装调试费等，借记“事业支出”、“经营支出”等科目，贷记“财政补助收入”、“零余额账户用款额度”、“银行存款”等科目。

定期支付租金时，按照支付的租金金额，借记“事业支出”、“经营支出”等科目，贷记“财政补助收入”、“零余额账户用款额度”、“银行存款”等科目；同时，借记“长期应付款”科目，贷记“非流动资产基金——固定资产”科目。

跨年度分期付款购入固定资产的账务处理，参照融资租入固定资产。

⑤接受捐赠、无偿调入的固定资产，其成本按照有关凭据注明的金额加上相关税费、运输费等确定；没有相关凭据的，其成本比照同类或类似固定资产的市场价格加上相关税费、运输费等确定；没有相关凭据、同类或类似固定资产的市场价格也无法可靠取得的，该固定资产按照名义金额入账。

接受捐赠、无偿调入的固定资产，按照确定的固定资产成本，借记本科目［不需安装］或“在建工程”科目［需安装］，贷记“非流动资产基金——固定资产、在建工程”科目；按照发生的相关税费、运输费等，借记“其他支出”科目，贷记“银行存款”等科目。

（2）按月计提固定资产折旧时，按照实际计提金额，借记“非流动资产基金——固定资产”科目，贷记“累计折旧”科目。

（3）与固定资产有关的后续支出，应分别以下情况处理：

为增加固定资产使用效能或延长其使用年限而发生的改建、扩建或修缮等后续支出，应当计入固定资产成本，通过“在建工程”科目核算，完工交付使用时转入本科目。有关账务处理参见“在建工程”科目。

为维护固定资产的正常使用而发生的日常修理等后续支出，应当计入当期支出但不计入固定资产成本，借记“事业支出”、“经营支出”等科目，贷记“财政补助收入”、“零余额账户用款额度”、“银行存款”等科目。

（4）报经批准出售、无偿调出、对外捐赠固定资产或以固定资产对外投资，应当分别以下情况处理：

出售、无偿调出、对外捐赠固定资产，转入待处置资产时，按照待处置固定资产的账面价值，借记“待处置资产损溢”科目，按照已计提折旧，借记“累计折旧”科目，按照固定资产的账面余额，贷记本科目。

实际出售、调出、捐出时，按照处置固定资产对应的非流动资产基金，借记“非流动资产基金——固定资产”科目，贷记“待处置资产损溢”科目。

出售固定资产过程中取得价款、发生相关税费，以及出售价款扣除相关税费后的净收入的账务处理，参见“待处置资产损溢”科目。

以固定资产对外投资，按照评估价值加上相关税费作为投资成本，借记“长期投资”科目，贷记“非流动资产基金——长期投资”科目，按发生的相关税费，借记“其他支出”科目，贷记“银行存款”、“应缴税费”等科目；同时，按照投出固定资产对应的非流动资产基金，借记“非流动资产基金——固定资产”科目，按照投出固定资产已计提折旧，借记“累计折旧”科目，按照投出固定资产的账面余额，贷记本科目。

（5）事业单位的固定资产应当定期进行清查盘点，每年至少盘点一次。对于发生的固定资产盘盈、盘亏或者报废、毁损，应当及时查明原因，按规定报经批准后进行账务处理。

盘盈的固定资产，按照同类或类似固定资产的市场价格确定入账价值；同类或类似固定资产的市场价格无法可靠取得的，按照名义金额入账。盘盈的固定资产，按照确定的入账价值，借记本科目，贷记“非流动资产基金——固定资产”科目。

盘亏或者毁损、报废的固定资产，转入待处置资产时，按照待处置固定资产的账面价值，借记“待处置资产损溢”科目，按照已计提折旧，借记“累计折旧”科目，按照固定资产的账面余额，贷记本科目。

报经批准予以处置时，按照处置固定资产对应的非流动资产基金，借记“非流动资产基金——固定资产”科目，贷记“待处置资产损溢”科目。

处置毁损、报废固定资产过程中所取得的收入、发生的相关费用，以及处置收入扣除相关费用后的净收入的账务处理，参见“待处置资产损溢”科目。

本科目期末借方余额，反映事业单位固定资产的原价。

【例题 16-17】某事业单位 3 月份发生如下业务：

①用结余资金购入设备一台，价款为 200 000 元，支付运杂费等共 2 000 元。

借：固定资产　　202 000

　贷：非流动资产基金——固定资产　　202 000

同时：

借：事业支出　　202 000

　贷：银行存款　　202 000

②将原有办公楼进行改建，结算工程价款 100 000 元，工程完工交付使用。

结算价款时，记：

借：在建工程　　100 000

　贷：非流动资产基金——在建工程　　100 000

借：事业支出　　100 000

　贷：银行存款　　100 000

工程交付使用时，记：

借：非流动资产基金——在建工程　　100 000

　贷：在建工程　　100 000

借：固定资产　　100 000

　贷：非流动资产基金——固定资产　　100 000

③年末进行财产盘点，盘盈设备一台，重置价值为40 000元。

借：固定资产　　40 000

　贷：非流动资产基金——固定资产　　40 000

④经批准报废打印机一台，账面原值为8 000元，已计提累计折旧5 000元，支付清理费用500元，残料收入每台500元。

经批准报废打印机时：

借：待处置资产损溢　　3 000

　　累计折旧　　5 000

　贷：固定资产　　8 000

支付清理费用时：

借：待处置资产损溢——处置净收入　　500

　贷：银行存款　　500

取得残料收入时：

借：银行存款　　500

　贷：待处置资产损溢——处置净收入　　500

⑤将一台不用的计算机出售，该计算机原值为10 000元，已计提累计折旧5 000元，双方议定售价为5 000元，已通过银行收回价款。

转入带处置资产时，记：

借：待处置资产损溢　　5 000

　　累计折旧　　5 000

　贷：固定资产　　10 000

出售固定资产时，记：

借：非流动资产基金——固定资产　　5 000

　贷：待处置资产损溢　　5 000

取得收入时，记：

借：银行存款　　5 000

　贷：待处置资产损溢——处置净收入　　5 000

【小资料 16-4】 新旧事业单位会计制度有关衔接问题的处理规定——固定资产科目

新制度设置了"固定资产"科目，由于固定资产价值标准提高，原账中作为固定资产核算的实物资产，将有一部分要按照新制度转为低值易耗品。转账时，应当根据重新确定的固定资产目录，对原账中"固定资产"科目的余额进行分析：

（1）对于达不到新制度中固定资产确认标准的，应当将相应余额转入新账中"存货"科目，将相应的"固定基金"科目余额转入新账中"事业基金"科目；对于已领用出库的，还应同时将其成本一次性摊销，同时做好相关实物资产的登记管理工作，在新账中，借记"事业基金"科目，贷记"存货"科目。

（2）对于符合新制度中固定资产确认标准的，应当将相应余额转入新账中"固定资产"科目。

### 16.3.2 累计折旧的核算

1）累计折旧的确认

折旧是指在固定资产使用寿命内，按照确定的方法对应折旧金额进行系统分摊。事业单位应当对除下列各项资产以外的其他固定资产计提折旧：文物和陈列品；动植物；图书、档案；以名义金额计量的固定资产。

（1）事业单位应当根据固定资产的性质和实际使用情况，合理确定其折旧年限。省级以上财政部门、主管部门对事业单位固定资产折旧年限作出规定的，从其规定。

（2）事业单位一般应当采用年限平均法或工作量法计提固定资产折旧。

（3）事业单位固定资产的应折旧金额为其成本，计提固定资产折旧不考虑预计净残值。

（4）事业单位一般应当按月计提固定资产折旧。当月增加的固定资产，当月不提折旧，从下月起计提折旧；当月减少的固定资产，当月照提折旧，从下月起不提折旧。

（5）固定资产提足折旧后，无论能否继续使用，均不再计提折旧；提前报废的固定资产，也不再补提折旧。已提足折旧的固定资产，可以继续使用的，应当继续使用，规范管理。

（6）计提融资租入固定资产折旧时，应当采用与自有固定资产相一致的折旧政策。能够合理确定租赁期届满时将会取得租入固定资产所有权的，应当在租入固定资产尚可使用年限内计提折旧；无法合理确定租赁期届满时能够取得租入固定资产所有权的，应当在租赁期与租入固定资产尚可使用年限两者中较短的期间内计提折旧。

（7）固定资产因改建、扩建或修缮等原因而延长其使用年限的，应当按照重新确定的固定资产的成本以及重新确定的折旧年限，重新计算折旧额。

2）累计折旧的账务处理

按月计提固定资产折旧时，按照应计提折旧金额，借记“非流动资产基金——固定资产”科目，贷记本科目。

固定资产处置时，按照所处置固定资产的账面价值，借记“待处置资产损溢”科目，按照已计提折旧，借记本科目，按照固定资产的账面余额，贷记“固定资产”科目。

本科目期末贷方余额，反映事业单位计提的固定资产折旧累计数。

**【例题16-18】** 某事业单位4月份计提固定资产累计折旧5 000元。

借：非流动资产基金——固定资产　　5 000

　贷：累计折旧　　5 000

### 16.3.3　在建工程的核算

“在建工程”科目是核算事业单位已经发生必要支出，但尚未完工交付使用的各种建筑（包括新建、改建、扩建、修缮等）和设备安装工程的实际成本。本科目应当按照工程性质和具体工程项目等进行明细核算。事业单位应当在本科目下设置“基建工程”明细科目，核算由基建账套并入的在建工程成本。有关基建并账的具体账务处理另行规定。

1）建筑工程

（1）将固定资产转入改建、扩建或修缮等时，按照固定资产的账面价值，借记本科目，贷记“非流动资产基金——在建工程”科目；

同时，按照固定资产对应的非流动资产基金，借记“非流动资产基金——固定资产”科目，按照已计提折旧，借记“累计折旧”科目，按照固定资产的账面余额，贷记“固定资产”科目。

（2）根据工程价款结算账单与施工企业结算工程价款时，按照实际支付的工程价款，借记本科目，贷记“非流动资产基金——在建工程”科目；同时，借记“事业支出”等科目，贷记“财政补助收入”、“零余额账户用款额度”、“银行存款”等科目。

（3）事业单位为建筑工程借入的专门借款的利息，属于建设期间发生的，计入在建工程成本，借记本科目，贷记“非流动资产基金——在建工程”科目；同时，借记“其他支出”科目，贷记“银行存款”科目。

（4）工程完工交付使用时，按照建筑工程所发生的实际成本，借记“固定资产”科目，贷记“非流动资产基金——固定资产”科目；同时，借记“非流动资产基金——在建工程”科目，贷记本科目。

2）设备安装

（1）购入需要安装的设备，按照确定的成本，借记本科目，贷记“非流动资产基金——在建工程”科目；同时，按照实际支付金额，借记“事业支出”、“经营支出”等科目，贷记“财政补助收入”、“零余额账户用款额度”、“银行存款”等科目。

融资租入需要安装的设备，按照确定的成本，借记本科目，按照租赁协议或者合同确定的租赁价款，贷记“长期应付款”科目，按照其差额，贷记“非流动资产基金——在建工程”科目。同时，按照实际支付的相关税费、运输费、途中保险费等，借记“事业支出”、“经营支出”等科目，贷记“财政补助收入”、“零余额账户用款额度”、“银行存款”等科目。

（2）发生安装费用时，借记本科目，贷记“非流动资产基金——在建工程”科目；同时，借记“事业支出”、“经营支出”等科目，贷记“财政补助收入”、“零余额账户用款额度”、“银行存款”等科目。

（3）设备安装完工交付使用时，借记“固定资产”科目，贷记“非流动资产基金——固定资产”科目；同时，借记“非流动资产基金——在建工程”科目，贷记本科目。

本科目期末借方余额，反映事业单位尚未完工的在建工程发生的实际成本。

【例题16-19】某事业单位5月份发生如下业务：

①修缮本单位办公楼，办公楼估价600 000元。

借：非流动资产基金——固定资产　　600 000

　贷：固定资产　　600 000

同时：

借：在建工程　　600 000

　贷：非流动资产基金——在建工程　　60 000

②修缮办公楼费用共计50 000元，工程完工交付使用。

借：在建工程　　50 000

　贷：非流动资产基金——在建工程　　50 000

同时，记：

借：事业支出　　50 000

　贷：银行存款　　50 000

### 16.3.4 无形资产的核算

无形资产是指事业单位持有的没有实物形态的可辨认非货币性资产，包括专利权、商标权、著作权、土地使用权、非专利技术等。事业单位购入的不构成相关硬件不可缺少组成部分的应用软件，应当作为无形资产核算。

1）无形资产的摊销

自行开发的无形资产，应当按开发过程中实际发生的支出记账；购入的无形资产，应当按实际成本记账。

实行内部成本核算的事业单位，无形资产应当在受益期内平均摊销，未摊销余额在会计报表中列示。

2）无形资产的核算

(1)“无形资产”科目核算事业单位无形资产的原价。无形资产在取得时，应当按照其实际成本入账。

①外购的无形资产，其成本包括购买价款、相关税费以及可归属于该项资产达到预定用途所发生的其他支出。

购入的无形资产，按照确定的无形资产成本，借记本科目，贷记“非流动资产基金——无形资产”科目；同时，按照实际支付金额，借记“事业支出”等科目，贷记“财政补助收入”、“零余额账户用款额度”、“银行存款”等科目。

②委托软件公司开发软件视同外购无形资产进行处理。支付软件开发费时，按照实际支付金额，借记“事业支出”等科目，贷记“财政补助收入”、“零余额账户用款额度”、“银行存款”等科目。软件开发完成交付使用时，按照软件开发费总额，借记本科目，贷记“非流动资产基金——无形资产”科目。

③自行开发并按法律程序申请取得的无形资产，按照依法取得时发生的注册费、聘请律师费等费用，借记本科目，贷记“非流动资产基金——无形资产”科目；同时，借记“事业支出”等科目，贷记“财政补助收入”、“零余额账户用款额度”、“银行存款”等科目。

依法取得前所发生的研究开发支出，应于发生时直接计入当期支出，借记“事业支出”等科目，贷记“银行存款”等科目。

④接受捐赠、无偿调入的无形资产，其成本按照有关凭据注明的金额加上相关税费等确定；没有相关凭据的，其成本比照同类或类似无形资产的市场价格加上相关税费等确定；没有相关凭据、同类或类似无形资产的市场价格也无法可靠取得的，该资产按照名义金额入账。

接受捐赠、无偿调入的无形资产，按照确定的无形资产成本，借记本科目，贷记“非流动资产基金——无形资产”科目；按照发生的相关税费等，借记“其他支出”科目，贷记“银行存款”等科目。

（2）按月计提无形资产摊销时，按照应计提摊销金额，借记“非流动资产基金——无形资产”科目，贷记“累计摊销”科目。

（3）与无形资产有关的后续支出，应分别以下情况处理：

①为增加无形资产的使用效能而发生的后续支出，如对软件进行升级改造或扩展其功能等所发生的支出，应当计入无形资产的成本，借记本科目，贷记“非流动资产基金——无形资产”科目；同时，借记“事业支出”等科目，贷记“财政补助收入”、“零余额账户用款额度”、“银行存款”等科目。

②为维护无形资产的正常使用而发生的后续支出，如对软件进行漏洞修补、技术维护等所发生的支出，应当计入当期支出但不计入无形资产成本，借记“事业支出”等科目，贷记“财政补助收入”、“零余额账户用款额度”、“银行存款”等科目。

（4）报经批准转让、无偿调出、对外捐赠无形资产或以无形资产对外投资，应当分别以下情况处理：

①转让、无偿调出、对外捐赠无形资产，转入待处置资产时，按照待处置无形资产的账面价值，借记“待处置资产损溢”科目，按照已计提摊销，借记“累计摊销”科目，按照无形资产的账面余额，贷记本科目。

实际转让、调出、捐出时，按照处置无形资产对应的非流动资产基金，借记“非流动资产基金——无形资产”科目，贷记“待处置资产损溢”科目。

转让无形资产过程中取得价款、发生相关税费，以及出售价款扣除相关税费后的净收入的账务处理，参见“待处置资产损溢”科目。

②以已入账无形资产对外投资，按照评估价值加上相关税费作为投资成本，借记“长期投资”科目，贷记“非流动资产基金——长期投资”科目，按发生的相关税费，借记“其他支出”科目，贷记“银行存款”、“应缴税费”等科目；同时，按照投出无形资产对应的非流动资产基金，借记“非流动资产基金——无形资产”科目，按照投出无形资产已计提摊销，借记“累计摊销”科目，按照投出无形资产的账面余额，贷记本科目。

（5）无形资产预期不能为事业单位带来服务潜力或经济利益的，应当按规定报经批准后将该无形资产的账面价值予以核销。

转入待处置资产时，按照待核销无形资产的账面价值，借记“待处置资产损溢”科目，按照已计提摊销，借记“累计摊销”科目，按照无形资产的账面余额，贷记本科目。

报经批准予以核销时，按照核销无形资产对应的非流动资产基金，借记“非流动资产基金——无形资产”科目，贷记“待处置资产损溢”科目。

本科目期末借方余额，反映事业单位无形资产的原价。

【小资料 16-5】 **无形资产的内容**

无形资产通常包括专利权、商标权、著作权、土地使用权、非专利技术等。

(1) 专利权：是指国家专利主管机关依法授予发明创造专利申请人对其发明创造在法定期限内所享有的专有权利，包括发明专利权、实用新型专利权和外观设计专利权。

(2) 商标权：是指专门在某类指定的商品或产品上使用特定的名称或图案的权利。

(3) 著作权：著作者对其创作的文学、科学和艺术作品依法享有的某些特殊权利。

(4) 土地使用权：是指国家准许某企业在一定期间内对国有土地享有开发、利用、经营的权利。

(5) 非专利技术：也称专有技术，是指不为外界所知，在生产经营活动中采用的，不享有法律保护，可以带来经济效益的各种技术和诀窍。

**【例题 16-20】**①2013 年 1 月 11 日，某事业单位从某单位购入一项专利权，价值 300 000 元，以银行存款支付。

借：无形资产　　300 000

　贷：非流动资产基金——无形资产　　300 000

借：事业支出　　300 000

　贷：银行存款　　300 000

②2013 年 6 月 1 日，某事业单位购入一项专利权，成本为 150 000 元，该专利权期限为 5 年，每月的摊销额为 2 500 元。

每月摊销时会计分录为：

借：非流动资产基金——无形资产　　150 000

　贷：累计摊销　　150 000

③某事业单位（不实行内部成本核算）2013 年 12 月 12 日对外转让一项专利权，该专利权的账面价值为 25 000 元，转让价格为 25 000元。

转入待处置资产时，记：

借：待处置资产损溢　　25 000

　贷：无形资产　　25 000

实际转让时，记：

借：非流动资产基金——无形资产　　25 000

　贷：待处置资产损溢　　25 000

取得变价收入时，记：

借：银行存款　　25 000

　贷：待处置资产损溢——处置净收入　　25 000

### 16.3.5 累计摊销的核算

1）累计摊销的确认

摊销是指在无形资产使用寿命内，按照确定的方法对应摊销金额进行系统分摊。

事业单位应当按照如下原则确定无形资产的摊销年限：

（1）法律规定了有效年限的，按照法律规定的有效年限作为摊销年限；法律没有规定有效年限的，按照相关合同或单位申请书中的受益年限作为摊销年限；法律没有规定有效年限、相关合同或单位申请书也没有规定受益年限的，按照不少于10年的期限摊销。

（2）事业单位应当采用年限平均法对无形资产进行摊销。

（3）事业单位无形资产的应摊销金额为其成本。

（4）事业单位应当自无形资产取得当月起，按月计提无形资产摊销。

（5）因发生后续支出而增加无形资产成本的，应当按照重新确定的无形资产成本，重新计算摊销额。

2）累计摊销的账务处理

“累计摊销”是核算事业单位无形资产计提的累计摊销。本科目应当按照对应无形资产的类别、项目等进行明细核算。

事业单位应当对无形资产进行摊销，以名义金额计量的无形资产除外。

按月计提无形资产摊销时，按照应计提摊销金额，借记“非流动资产基金——无形资产”科目，贷记本科目。

无形资产处置时，按照所处置无形资产的账面价值，借记“待处置资产损溢”科目，按照已计提摊销，借记本科目，按照无形资产的账面余额，贷记“无形资产”科目。

本科目期末贷方余额，反映事业单位计提的无形资产摊销累计数。

**【例题 16-21】**①某事业单位 2013 年 3 月从某单位购入一项专利权，价值 70 000 元，以银行存款支付。

借：无形资产　　300 000

　贷：非流动资产基金——无形资产　　300 000

借：事业支出　　300 000

　贷：银行存款　　300 000

②每月计提摊销 500 元。

借：非流动资产基金——无形资产　　500

　贷：累计摊销——无形资产　　500

### 16.3.6　待处置资产损溢的核算

事业单位资产处置包括资产的出售、出让、转让、对外捐赠、无偿调出、盘亏、报废、毁损以及货币性资产损失核销等。

本科目核算事业单位待处置资产的价值及处置损溢。本科目应当按照待处置资产项目进行明细核算；对于在处置过程中取得相关收入、发生相关费用的处置项目，还应设置“处置资产价值”、“处置净收入”明细科目，进行明细核算。

事业单位处置资产一般应当先记入本科目，按规定报经批准后及时进行账务处理。年度终了结账前一般应处理完毕。

待处置资产损溢的主要账务处理如下：

1）按规定报经批准予以核销的应收及预付款项、长期股权投资、无形资产

（1）转入待处置资产时，借记本科目［核销无形资产的，还应借记“累计摊销”科目］，贷记“应收账款”、“预付账款”、“其他应收款”、“长期投资”、“无形资产”等科目。

（2）报经批准予以核销时，借记“其他支出”科目［应收及预付款项核销］或“非流动资产基金——长期投资、无形资产”科目［长期投资、无形资产核销］，贷记本科目。

2）盘亏或者毁损、报废的存货、固定资产

（1）转入待处置资产时，借记本科目（处置资产价值）[处置固定资产的，还应借记“累计折旧”科目]，贷记“存货”、“固定资产”等科目。

（2）报经批准予以处置时，借记“其他支出”科目[处置存货]或“非流动资产基金——固定资产”科目[处置固定资产]，贷记本科目（处置资产价值）。

（3）处置毁损、报废存货、固定资产过程中收到残值变价收入、保险理赔和过失人赔偿等，借记“库存现金”、“银行存款”等科目，贷记本科目（处置净收入）。

（4）处置毁损、报废存货、固定资产过程中发生相关费用，借记本科目（处置净收入），贷记“库存现金”、“银行存款”等科目。

（5）处置完毕，按照处置收入扣除相关处置费用后的净收入，借记本科目（处置净收入），贷记“应缴国库款”等科目。

3）对外捐赠、无偿调出存货、固定资产、无形资产

（1）转入待处置资产时，借记本科目[捐赠、调出固定资产、无形资产的，还应借记“累计折旧”、“累计摊销”科目]，贷记“存货”、“固定资产”、“无形资产”等科目。

（2）实际捐出、调出时，借记“其他支出”科目[捐出、调出存货]或“非流动资产基金——固定资产、无形资产”科目[捐出、调出固定资产、无形资产]，贷记本科目。

4）转让（出售）长期股权投资、固定资产、无形资产

（1）转入待处置资产时，借记本科目（处置资产价值）[转让固定资产、无形资产的，还应借记“累计折旧”、“累计摊销”科目]，贷记“长期投资”、“固定资产”、“无形资产”等科目。

（2）实际转让时，借记“非流动资产基金——长期投资、固定资产、无形资产”科目，贷记本科目（处置资产价值）。

（3）转让过程中取得价款、发生相关税费，以及转让价款扣除相关税费后的净收入的账务处理，按照国家有关规定，比照本科目有关毁损、报废存货、固定资产进行处理。

本科目期末如为借方余额，反映尚未处置完毕的各种资产价值及净

损失；期末如为贷方余额，反映尚未处置完毕的各种资产净溢余。年度终了报经批准处理后，本科目一般应无余额。

## 本章小结

●流动资产是指可以在一年内变现或者耗用的资产，包括库存现金、各种存款、应收及预付款项、存货等。应收及预付款项包括应收票据、应收账款、其他应收款、预付账款等。

●事业单位应加强对本单位银行账户的管理，由会计部门统一在银行开户，避免多头开户。银行存款日记账应定期与银行对账，至少每月核对一次。

●“零余额账户用款额度”科目核算实行国库集中支付的事业单位根据财政部门批复的用款计划收到和支用的零余额账户用款额度。

●“短期投资”科目核算事业单位依法取得的，持有时间不超过1年的（含1年）的投资，主要是国债投资。

●“财政应返还额度”科目核算实行国库集中支付的事业单位应收财政返还的资金额度。

●“应收票据”科目核算事业单位因开展经营活动销售产品、提供有偿服务等而收到的商业汇票，包括商业承兑汇票和银行承兑汇票。

●“应收账款”科目核算事业单位因开展经营活动销售产品、提供有偿服务等而应收取的款项。

●“预付账款”科目核算按照购货、劳务合同规定预付给供应单位的款项。

●“其他应收款”科目核算事业单位除财政应返还额度、应收票据、应收账款、预付账款以外的其他各项应收、暂付款项，如职工预借的差旅费、拨付给内部有关部门的备用金、应向职工收取的各种垫付款项等。

●“存货”科目核算事业单位在开展业务活动及其他活动中为耗用而储存的各种材料、燃料、包装物、低值易耗品及达不到固定资产标准的用具、装具、动植物等的实际成本。

●长期投资是指事业单位依法取得的，持有时间超过1年（不含1年）的股权和债权性质的投资，包括长期股权投资和长期债券投资。

● 固定资产是指事业单位持有的使用期限超过1年（不含1年）、单位价值在规定标准以上，并在使用过程中基本保持原有物质形态的资产。单位价值虽未达到规定标准，但使用期限超过1年（不含1年）的大批同类物资，作为固定资产管理。

●“在建工程”科目核算事业单位已经发生必要支出，但尚未完工交付使用的各种建筑（包括新建、改建、扩建、修缮等）和设备安装工程的实际成本。

● 无形资产是指事业单位持有的没有实物形态的可辨认非货币性资产，包括专利权、商标权、著作权、土地使用权、非专利技术等。事业单位购入的不构成相关硬件不可缺少组成部分的应用软件，应当作为无形资产核算。

● 摊销是指在无形资产使用寿命内，按照确定的方法对应摊销金额进行系统分摊。

● 事业单位资产处置包括资产的出售、出让、转让、对外捐赠、无偿调出、盘亏、报废、毁损以及货币性资产损失核销等。

## 主要概念和观念

★ 主要概念

资产　流动资产　零余额账户用款额度　短期投资　固定资产　无形资产　应收票据　应收账款

★ 主要观念

资产观念　非盈利观念　社会效益观念

## 基础训练

16.1　简答题

(1) 简述事业单位资产的概念及内容。

(2) 简述事业单位固定资产的确认标准。

(3) 简述无形资产的概念及内容。

(4) 简述短期投资和长期投资的概念及内容。

(5) 简述事业单位对外投资的管理要求。

(6) 简述事业单位流动资产的内容。

(7) 简述事业单位非流动资产的内容。

(8) 简述事业单位固定资产原始价值的确认。

16.2 判断题

(1) 库存现金是指存放在事业单位会计部门的、符合制度规定的、用于日常零星开支的库存现金。 ( )

(2) 银行日记账应该定期与银行对账单核对，至少每季核对一次。 ( )

(3) 事业单位领用材料，应该借记“事业支出”科目。 ( )

(4) 带息应收票据的利息收入，列入“其他收入”或冲减“经营支出”。 ( )

(5) 某事业单位购入一台价值500元的办公设备，其耐用时间在1年以上，应该将该办公设备列入固定资产。 ( )

(6) 购入、调入固定资产过程中发生的差旅费用应该计入固定资产价值。 ( )

(7) 清理、毁损固定资产的残值收入和清理费用列入“其他收入”科目。 ( )

(8) 清理报废固定资产人员的工资应记入“其他收入”科目。 ( )

(9) 事业单位无论是转让无形资产的所有权还是使用权，其取得的收入除国家另有规定外，均记入“其他收入”科目。 ( )

(10) 转让无形资产是发生的费用，应冲减事业收入。 ( )

(11) 事业单位购入债券，收到的利息应记入“事业收入”科目。 ( )

16.3 综合分析题

某事业单位为一般纳税人，2013年发生的部分经济业务如下：

(1) 签发现金支票，从银行提取现金1 000元。

(2) 小王出差，预借差旅费800元，用现金支付。

(3) 用银行存款购买办公用品2 000元。

(4) 小王出差归来，报销差旅费550元，余款退回。

(5) 购入材料用于产品生产，价款10 000元，增值税专用发票上注明增值税1 700元，材料已验收入库，货款以银行存款支付。

(6) 签发转账支票，支付生产产品材料加工费1 000元。

(7) 将两个月前收到的期限为6个月、面值为10 000元、年利率为10%的商业汇票贴现，贴现率为12%。

(8) 购入一台设备，价款30 000元，用转账支票支付，设备已验收入库。

(9) 融资租入设备一台，按照租赁协议，设备价款100 000元，运输费1 000元，安装调试费500元。已交付使用。

(10) 融资租入的设备费分5年付清，已通过银行支付第一年的使用费用。

(11) 原旧设备报废，账面原值30 000元，残值变价收入1 000元，已存入银行，支付清理费用500元。

(12) 兑换到期的国库券20 000元，利息收入500元，款项已存入银行。

(13) 对某公司投资转出专利技术一项，该项专利技术账面原值30 000元，双方确认价值35 000元。

(14) 年终，盘点生产用材料，盘亏200千克，单价5元。经调查，120千克属于合理损耗，80千克属于管理员过失造成，由管理员赔偿。

根据以上资料做会计分录。

16.4 网上调研

利用电子图书馆和因特网收集我国事业单位会计资产的相关理论知识，掌握最新的事业单位会计资产的改革动态，巩固和充实所学的知识。

16.5 单元实践

以小组为单位，对事业单位国有资产的配置情况进行实地考察，了解当前我国国有资产的核算管理情况。

# 第17章　事业单位负债的核算

## 学习目标

☆**知识目标**

熟悉负债的概念与内容；

了解短期借款、应付和预收款项、应缴款项及非流动负债的概念；

掌握短期借款、应付和预收款项、应缴款项及非流动负债的内容。

☆**技能目标**

熟悉负债核算所运用的会计科目；

掌握负债核算中各会计科目的使用方法及具体账务处理方法；

熟练掌握短期借款、应付和预收款项、应缴款项及非流动负债的核算与账务处理。

☆**能力目标**

掌握国家政策，正确处理事业单位负债会计核算业务。

**行政事业单位资产负债审计不容忽视**

2010 年 1 月，灌南县审计局在对某撤并单位进行资产负债清查时发现，该单位及下属部门往来长期未清理，账实严重不符。

此次审计包含某撤并单位及下属部门共 8 个独立核算单位，资产负债审计结果显示：截至 2010 年 1 月 19 日，8 个单位账面反映负债总额 76.37 万元，审计后实有负债总额 31.14 万元，差额 45.23 万元，差异率 59.22%。存在账实不符的主要问题是，财政补助款及其他资金结余长期挂账，基建应付款结账未冲销，拆迁补助款挂账等。

审计部门认为，存在上述问题的主要原因有三个：一是单位领导对资产及债权债务管理重视不够；二是在报账制会计核算方式下，会计人员如何对各单位的资产及债权债务进行管理没有规范性要求，单位资产及债权债务已成为集中会计核算后监督管理的盲点；三是会计主管等监督人员和部门的监督管理工作不够深入。

资料来源　根据灌南县审计局官方网站（www.gnsj.gov.cn）2010 年 3 月 18 日工作动态报道整理。

负债是指事业单位所承担的能以货币计量、需要以资产或劳务偿付的债务，包括短期借款、应付和预收款项、应缴款项及非流动负债。

## 17.1　短期借款的核算

短期借款是事业单位借入的期限在 1 年内（含 1 年）的各种借款。

事业单位应设置“短期借款”科目核算事业单位从财政部门、上级主管部门、金融机构借入的有偿使用的款项。借入各种短期借款时，按照实际借入的金额，借记“银行存款”科目，贷记本科目。

银行承兑汇票到期，本单位无力支付票款的，按照银行承兑汇票的票面金额，借记“应付票据”科目，贷记本科目。

支付短期借款利息时，借记“其他支出”科目，贷记“银行存款”科目。

归还短期借款时，借记本科目，贷记“银行存款”科目。

本科目期末贷方余额，反映事业单位尚未偿还的短期借款本金。本科目应当按照贷款单位和贷款种类进行明细核算。

【例题 17-1】某事业单位 2013 年 1 月 1 日向银行借入期限为 6 个月的借款 200 000 元，用于经营活动，利率为 5%，在每季季末支付利息。

1 月 1 日取得借款时：

借：银行存款　　200 000

　贷：短期借款　　200 000

每季季末支付利息时：

借：其他支出　　2 500

　贷：银行存款　　2 500

到期归还本金和最后一个季度的利息时：

借：短期借款　　200 000

　　其他支出　　2 500

　贷：银行存款　　202 500

## 17.2 应付和预收款项的核算

应付和预收款项是事业单位流动负债的主要内容，包括应付票据、应付账款、预收账款、应付职工薪酬和其他应付款等。

### 17.2.1 应付票据

应付票据是指因购买材料、物资等而开出、承兑的商业汇票，包括银行承兑汇票和商业承兑汇票。按国家有关规定，单位之间只有在商品交易的情况下，才能使用商业汇票结算方式。事业单位应设置“应付票据”科目，核算、反映事业单位由于商品交易而开出、承兑的商业汇票的实际情况。

事业单位开出、承兑商业汇票时，借记“存货”等科目，贷记本科目。以承兑商业汇票抵付应付账款时，借记“应付账款”科目，贷记本科目。支付银行承兑汇票的手续费时，借记“事业支出”、“经营支出”等科目，贷记“银行存款”等科目。

商业汇票到期时，应当分别以下情况处理：

（1）收到银行支付到期票据的付款通知时，借记本科目，贷记

"银行存款"科目。

（2）银行承兑汇票到期，本单位无力支付票款的，按照汇票票面金额，借记本科目，贷记"短期借款"科目。

（3）商业承兑汇票到期，本单位无力支付票款的，按照汇票票面金额，借记本科目，贷记"应付账款"科目。

事业单位应当设置"应付票据备查簿"，详细登记每一应付票据的种类、号数、出票日期、到期日、票面金额、交易合同号、收款人姓名或单位名称，以及付款日期和金额等资料。应付票据到期结清票款后，应当在备查簿内逐笔注销。

本科目期末贷方余额，反映事业单位开出、承兑的尚未到期的商业汇票票面金额。

**【例题 17-2】**某事业单位为一般纳税人，购入一批材料，价款10 000元，增值税1 700元，材料已入库，该单位开出一张3月期不带息商业承兑汇票。该批材料用于生产。

开出商业承兑汇票时：

| | | |
|---|---|---|
| 借：存货——材料 | 10 000 | |
| 　　应交税金——应交增值税（进项税额） | 1 700 | |
| 　贷：应付票据 | | 11 700 |

到期付款时：

| | | |
|---|---|---|
| 借：应付票据 | 11 700 | |
| 　贷：银行存款 | | 11 700 |

若到期无力支付：

| | | |
|---|---|---|
| 借：应付票据 | 11 700 | |
| 　贷：应付账款 | | 11 700 |

**【小资料 17-1】　　汇票**

汇票是出票人签发的，委托付款人在见票时或者在指定日期无条件支付确定的金额给收款人或者持票人的票据。汇票是一种无条件支付委托，有三个当事人：出票人、付款人和收款人。按出票人不同，可分为银行汇票和商业汇票。银行汇票，出票人是银行，付款人也是银行。商业汇票，出票人是企业或个人，付款人可以是企业、个人或银行。

### 17.2.2 应付账款

应付账款是指事业单位因购买材料、物资而应付的款项，是事业单位在结算中发生的负债行为。

购入材料、物资等已验收入库但货款尚未支付的，按照应付未付金额，借记“存货”等科目，贷记本科目。偿付应付账款时，按照实际支付的款项金额，借记本科目，贷记“银行存款”等科目。开出、承兑商业汇票抵付应付账款，借记本科目，贷记“应付票据”科目。无法偿付或债权人豁免偿还的应付账款，借记本科目，贷记“其他收入”科目。

本科目期末贷方余额，反映事业单位尚未支付的应付账款。本科目应按供应单位设置明细账。

**【例题 17-3】**①某事业单位向某公司购入办公用品一批，价款 3 000 元，已验收入库，款项尚未支付。

| | | |
|---|---|---|
| 借：存货——材料 | 3 000 | |
| 　贷：应付账款 | | 3 000 |

②某事业单位用银行承兑汇票冲抵应付账款 10 000 元。

| | | |
|---|---|---|
| 借：应付账款 | 10 000 | |
| 　贷：应付票据 | | 10 000 |

**【小资料 17-2】　应付账款入账时间的确定**

应付账款是买卖双方在购销活动中由于取得物资与支付货款在时间上不一致而产生的负债。应付账款入账时间的确定，应区别情况处理：在货物和发票账单同时到达的情况下，一般待货物验收入库后，才按发票账单登记应付账款；在货物和发票账单不同时到达的情况下，在实际中采用在月份终了将所购货物和应付账款估计入账的办法。

### 17.2.3 预收账款

“预收账款”科目核算事业单位按照合同规定预收的款项。

从付款方预收款项时，按照实际预收的金额，借记“银行存款”等科目，贷记本科目。

确认有关收入时，借记本科目，按照应确认的收入金额，贷记“经营收入”等科目，按照付款方补付或退回付款方的金额，借记或贷记“银行存款”等科目。无法偿付或债权人豁免偿还的预收账款，借记本科目，贷记“其他收入”科目。

本科目期末贷方余额，反映事业单位按合同规定预收但尚未实际结算的款项。

【例题 17-4】①某事业单位按照合同规定对外提供劳务，预收对方账款 20 000 元。

借：银行存款　　20 000

　贷：预收账款　　20 000

②按照合同对其提供的劳务计价 15 000 元，退回5 000元。

借：预收账款　　20 000

　贷：银行存款　　5 000

　　经营收入　　15 000

③某事业单位按照合同规定对外销售产品，预收对方账款 10 000 元，对方补付 1 000 元。

借：银行存款　　1 000

　　预收账款　　10 000

　贷：经营收入　　11 000

### 17.2.4　其他应付款

“其他应付款”科目核算事业单位除应缴税费、应缴国库款、应缴财政专户款、应付职工薪酬、应付票据、应付账款、预收账款之外的其他各项偿还期限在 1 年内（含 1 年）的应付及暂收款项，如存入保证金等。

事业单位发生其他各项应付及暂收款项时，借记“银行存款”等科目，贷记本科目。支付其他应付款项时，借记本科目，贷记“银行存款”等科目。无法偿付或债权人豁免偿还的其他应付款项，借记本科目，贷记“其他收入”科目。

本科目期末贷方余额，反映事业单位尚未支付的其他应付款。

【例题 17-5】某事业单位 2013 年 4 月份出租经营用设备一台，预收保证金 1 000 元。

借：银行存款　　1 000

贷：其他应付款　　1 000

### 17.2.5 应付职工薪酬

“应付职工薪酬”科目核算事业单位按有关规定应付给职工及为职工支付的各种薪酬，包括基本工资、绩效工资、国家统一规定的津贴补贴、社会保险费、住房公积金等。

本科目应当根据国家有关规定按照“工资（离退休费）”、“地方（部门）津贴补贴”、“其他个人收入”以及“社会保险费”、“住房公积金”等进行明细核算。

计算当期应付职工薪酬，借记“事业支出”、“经营支出”等科目，贷记本科目。向职工支付工资、津贴补贴等薪酬，借记本科目，贷记“财政补助收入”、“零余额账户用款额度”、“银行存款”等科目。按税法规定代扣代缴个人所得税，借记本科目，贷记“应缴税费——应缴个人所得税”科目。按照国家有关规定缴纳职工社会保险费和住房公积金，借记本科目，贷记“财政补助收入”、“零余额账户用款额度”、“银行存款”等科目。从应付职工薪酬中支付其他款项，借记本科目，贷记“财政补助收入”、“零余额账户用款额度”、“银行存款”等科目。

本科目期末贷方余额，反映事业单位应付未付的职工薪酬。

**【例题17-6】**某事业单位发生如下业务：

①本月计提本单位职工基本工资300 000元。

借：事业支出　　300 000

贷：应付职工薪酬　　300 000

②月末支付职工工资300 000元。

借：应付职工薪酬　　300 000

贷：银行存款　　300 000

③收到劳动保险部门转拨的离退休职工离退休金20 000元。

借：银行存款　　20 000

贷：应付职工薪酬——工资（离退休费）　　20 000

④向离退休职工发放离退休金20 000元。

借：应付职工薪酬——工资（离退休费）　　20 000

贷：银行存款　　20 000

⑤本月代扣职工住房公积金 50 000 元，代缴职工个人所得税 20 000元。

借：应付职工薪酬　　50 000

贷：银行存款　　50 000

借：应缴税费——应缴个人所得税　　20 000

贷：银行存款　　20 000

## 17.3 应缴款项的核算

应缴款项是指事业单位按照国家法律法规的规定应该缴入政府预算或财政资金专户的各种款项，包括应缴国库款、应缴财政专户款和应缴税费。

### 17.3.1 应缴国库款

“应缴国库款”科目核算事业单位按规定应缴入国库的款项（应缴税费除外），主要包括事业单位预收的纳入预算管理的基金、行政性收费收入、罚没收入、无主财务变价收入和其他按预算管理规定应上缴国库的款项。

本科目用来核算事业单位应缴预算收入按规定计算确定或实际取得应缴国库的款项时，借记有关科目，贷记本科目。事业单位处置资产取得的应上缴国库的处置净收入的账务处理，参见“待处置资产损溢”科目。上缴款项时，借记本科目，贷记“银行存款”等科目。

本科目期末贷方余额，反映事业单位应缴入国库但尚未缴纳的款项。

**【例题 17-7】**某事业单位发生下列应缴预算款业务：

① 收本月行政性收费收入 2 000 元。

借：银行存款　　2 000

贷：应缴国库款　　2 000

②按照有关规定取得罚没收入 1 000 元。

借：库存现金　　1 000

贷：应缴国库款　　1 000

③收到无主变价款800元，存入银行。

借：银行存款　　800

贷：应缴国库款　　800

### 17.3.2 应缴财政专户款

“应缴财政专户款”科目核算事业单位按规定应缴入财政专户的款项。

事业单位取得应缴财政专户的款项时，借记有关科目，贷记本科目。上缴款项时，借记本科目，贷记“银行存款”等科目。

本科目期末贷方余额，反映事业单位应缴入财政专户但尚未缴纳的款项。

1）全额上缴

实行全额上缴财政专户的预算外资金，不能直接作为事业收入处理，应缴入同级财政专户，待同级财政部门拨付本单位使用时，才能计入事业收入。

**【例题17-8】**某事业单位实行全额上缴预算外资金的办法，本月发生下列应缴财政专户款业务：

①收到应缴财政专户的预算外资金50 000元，存入银行。

借：银行存款　　50 000

贷：应缴财政专户款　　50 000

②将上述预算外资金上缴财政专户。

借：应缴财政专户款　　50 000

贷：银行存款　　50 000

③收到财政专户核拨的预算外资金10 000元，存入银行。

借：银行存款　　10 000

贷：事业收入　　10 000

2）比例上缴

实行比例上缴财政专户的预算外资金，其上缴部分不能直接作为事业单位收入处理，应缴入同级财政专户，待同级财政部门拨付本单位使用时，才能计入事业收入，其留用部分可以直接作为事业收入处理。

**【例题17-9】**某事业单位实行比例上缴预算外资金的办法，财政部门核定的上缴比例为70%，本月发生下列应缴财政专户款业务：

①收到应缴财政专户的预算外资金20 000元。

借：银行存款　　20 000

　贷：事业收入　　6 000

　　　应缴财政专户款　　14 000

②上缴应缴财政专户的预算外资金。

借：应缴财政专户款　　14 000

　贷：银行存款　　14 000

3）结余上缴

实行结余上缴财政专户的预算外资金，平时可以直接作为事业收入处理，年终按该项预算外资金的收支结余数额上缴财政专户。

【例题17-10】某事业单位实行结余上缴预算外资金的办法，本月发生下列应缴财政专户款业务：

①取得预算外资金收入30 000元。

借：银行存款　　30 000

　贷：应缴财政专户款　　30 000

②年终结算应上缴财政专户的预算外资金结余10 000元。

借：事业收入　　10 000

　贷：应缴财政专户款　　10 000

③将上述预算外资金结余上缴财政专户。

借：应缴财政专户款　　10 000

　贷：银行存款　　10 000

### 17.3.3 应缴税费

应缴税费是指事业单位按税法规定应缴纳的各种税费，包括营业税、增值税、城市维护建设税、教育费附加、车船税、房产税、城镇土地使用税、企业所得税等。

"应缴税费"科目核算事业单位应缴纳的各种税费。事业单位代扣代缴的个人所得税，也通过本科目核算。事业单位应缴纳的印花税不需要预提应缴税费，直接通过支出等有关科目核算，不在本科目核算。各单位应按所缴纳的税费种类进行明细核算。其中，属于一般纳税人的事业单位，其应缴增值税明细账中应设置"进项税额"、"已交税金"、

“销项税额”等专栏。

发生营业税、城市维护建设税、教育费附加纳税义务的，按税法规定计算的应缴税费金额，借记“待处置资产损溢——处置净收入”科目［出售不动产应缴的税费］或有关支出科目，贷记本科目。实际缴纳时，借记本科目，贷记“银行存款”科目。

属于增值税一般纳税人的事业单位购入非自用材料的，按确定的成本（不含增值税进项税额），借记“存货”科目，按增值税专用发票上注明的增值税税额，借记本科目（应缴增值税——进项税额），按实际支付或应付的金额，贷记“银行存款”、“应付账款”等科目。

属于增值税一般纳税人的事业单位所购进的非自用材料发生盘亏、毁损、报废、对外捐赠、无偿调出等税法规定不得从增值税销项税额中抵扣进项税额的，将所购进的非自用材料转入待处置资产时，按照材料的账面余额与相关增值税进项税额转出金额的合计金额，借记“待处置资产损溢”科目，按材料的账面余额，贷记“存货”科目，按转出的增值税进项税额，贷记本科目（应缴增值税——进项税额转出）。

属于增值税一般纳税人的事业单位销售应税产品或提供应税服务，按包含增值税的价款总额，借记“银行存款”、“应收账款”、“应收票据”等科目，按扣除增值税销项税额后的价款金额，贷记“经营收入”等科目，按增值税专用发票上注明的增值税金额，贷记本科目（应缴增值税——销项税额）。

属于增值税一般纳税人的事业单位实际缴纳增值税时，借记本科目（应缴增值税——已交税金），贷记“银行存款”科目。

属于增值税小规模纳税人的事业单位销售应税产品或提供应税服务，按实际收到或应收的价款，借记“银行存款”、“应收账款”、“应收票据”等科目，按实际收到或应收价款扣除增值税税额后的金额，贷记“经营收入”等科目，按应缴增值税金额，贷记本科目（应缴增值税）。实际缴纳增值税时，借记本科目（应缴增值税），贷记“银行存款”科目。

发生房产税、城镇土地使用税、车船税纳税义务的，按税法规定计算的应缴税金数额，借记有关科目，贷记本科目。实际缴纳时，借记本科目，贷记“银行存款”科目。

代扣代缴个人所得税的，按税法规定计算应代扣代缴的个人所得税金额，借记“应付职工薪酬”科目，贷记本科目。实际缴纳时，借记本科目，贷记“银行存款”科目。

发生企业所得税纳税义务的，按税法规定计算的应缴税金数额，借记“非财政补助结余分配”科目，贷记本科目。实际缴纳时，借记本科目，贷记“银行存款”科目。

发生其他纳税义务的，按照应缴纳的税费金额，借记有关科目，贷记本科目。实际缴纳时，借记本科目，贷记“银行存款”等科目。

本科目期末借方余额，反映事业单位多缴纳的税费金额；本科目期末贷方余额，反映事业单位应缴未缴的税费金额。

**【例题17-11】**某事业单位发生下列应缴税费业务：

①按规定计算应缴纳营业税5 000元。

| | | |
|---|---|---|
| 借：待处置资产损溢——处置净收入 | 5 000 | |
| 贷：应缴税费——应缴营业税 | | 5 000 |

②按规定计算应缴纳企业所得税3 000元。

| | | |
|---|---|---|
| 借：非财政补助结余分配 | 3 000 | |
| 贷：应缴税费——应缴企业所得税 | | 3 000 |

③用银行存款上缴上述各种税金。

| | | |
|---|---|---|
| 借：应缴税费——应缴营业税 | 5 000 | |
| ——应缴企业所得税 | 3 000 | |
| 贷：银行存款 | | 8 000 |

## 17.4 非流动负债的核算

事业单位非流动负债包括长借款和长期应付款。

### 17.4.1 长期借款

“长期借款”科目核算事业单位借入的期限超过1年（不含1年）的各种借款。

本科目应当按照贷款单位和贷款种类进行明细核算。对于基建项目借款，还应按具体项目进行明细核算。

事业单位借入各项长期借款时，按照实际借入的金额，借记“银行存款”科目，贷记本科目。

为购建固定资产支付的专门借款利息，分别以下情况处理：

（1）属于工程项目建设期间支付的，计入工程成本，按照支付的利息，借记“在建工程”科目，贷记“非流动资产基金——在建工程”科目；同时，借记“其他支出”科目，贷记“银行存款”科目。

（2）属于工程项目完工交付使用后支付的，计入当期支出但不计入工程成本，按照支付的利息，借记“其他支出”科目，贷记“银行存款”科目。

其他长期借款利息，按照支付的利息金额，借记“其他支出”科目，贷记“银行存款”科目。归还长期借款时，借记本科目，贷记“银行存款”科目。

本科目期末贷方余额，反映事业单位尚未偿还的长期借款本金。

**【例题 17-12】**某事业单位发生下列业务：

①为扩建本单位的办公楼，借入两年期款项 50 000 元。

| | | |
|---|---|---|
| 借：银行存款 | 50 000 | |
| 　贷：长期借款 | | 50 000 |

②按规定支付利息 5 000 元。

| | | |
|---|---|---|
| 借：在建工程 | 5 000 | |
| 　贷：非流动资产基金——在建工程 | | 5 000 |

③工程完毕，归还借款。

| | | |
|---|---|---|
| 借：长期借款 | 50 000 | |
| 　贷：银行存款 | | 50 000 |

### 17.4.2 长期应付款

“长期应付款”科目核算事业单位发生的偿还期限超过 1 年（不含 1 年）的应付款项，如以融资租赁租入固定资产的租赁费、跨年度分期付款购入固定资产的价款等。

本科目应当按照长期应付款的类别以及债权单位（或个人）进行明细核算。

事业单位发生长期应付款时，借记“固定资产”、“在建工程”等科目，贷记本科目、“非流动资产基金”等科目。支付长期应付款时，借记“事业支出”、“经营支出”等科目，贷记“银行存款”等科目；同时，借记本科目，贷记“非流动资产基金”科目。

无法偿付或债权人豁免偿还的长期应付款，借记本科目，贷记“其他收入”科目。

本科目期末贷方余额，反映事业单位尚未支付的长期应付款。

**【例题 17-13】** 某事业单位发生下列业务：

①以融资租赁方式租入一幢办公楼，租赁期限 5 年，租金共计 100 000元。

借：固定资产　　100 000

　贷：长期应付款　　100 000

②按规定偿还租金。

借：事业支出　　100 000

　贷：银行存款　　100 000

同时，记：

借：长期应付款　　100 000

　贷：非流动资产基金　　100 000

**【小思考 17-1】** 与企业会计相比，事业单位的负债核算有哪些特点？

答：与企业会计相比，事业单位的负债核算有两个特点：(1) 关于借入款项，一般不预计利息支出，实际支付利息时，视不同情况进行处理：属于固定资产借款利息，在固定资产办理竣工决算之前发生的，应当计入固定资产价值；属于固定资产办理竣工决算之后发生的以及其他借款利息，应当计入当期事业支出或经营支出。(2) 关于代收的各种款项，如代收的预算资金、代收的预算外资金，在实际收到但尚未上缴时，应作为负债入账。

## 本章小结

● 负债是指事业单位所承担的能以货币计量、需要以资产或劳务偿付的债务，包括短期借款、应付和预收款项、各种应缴款项和非流动负债等。

● 短期借款是事业单位借入的期限在1年内（含1年）的各种借款。

● 应缴款项是事业单位按照国家法律法规的规定应该缴入政府预算或财政资金专户的各种款项，包括应缴国库款、应缴财政专户款和应缴税费。

● 应缴国库款是事业单位按规定应缴入国库的款项（应缴税费除外），主要包括事业单位预收的纳入预算管理的基金、行政性收费收入、罚没收入、无主财务变价收入和其他按预算管理规定应上缴国库的款项。

● 应缴财政专户款是事业单位按规定应缴入财政专户的款项。

● 应缴税费是事业单位按税法规定应缴纳的各种税费，包括营业税、增值税、城市维护建设税、教育费附加、车船税、房产税、城镇土地使用税、企业所得税等。

● 长期借款是事业单位借入的期限超过1年（不含1年）的各种借款。

● 长期应付款是事业单位发生的偿还期限超过1年（不含1年）的应付款项，如以融资租赁租入固定资产的租赁费、跨年度分期付款购入固定资产的价款等。

## 主要概念和观念

★ 主要概念

短期借款　应付账款　应付票据　应缴国库款　应缴财政专户款　预收账款

★ 主要观念

负债观念　专户观念　核算观念

## 基础训练

17.1　简答题

(1) 简述事业单位负债的内容。

(2) 简述“短期借款”科目的核算方法。

(3) 简述事业单位应缴国库款和应缴财政专户款在核算方面的

区别。

(4) 简述应缴税费的内容。

(5) 简述非流动负债的具体核算内容。

17.2 判断题

(1) 若事业单位预收货款的业务不多，也可不设“预收账款”科目，直接记入“应收账款”科目。 ( )

(2) 应缴国库款是事业单位按照规定应上缴国家预算的款项，包括政府性基金收入、应缴财政的预算外资金收入等。 ( )

(3) 一般纳税人应纳增值税税额应是销项税额减去进项税额。 ( )

(4) 事业单位从事专业业务活动借款所支付的利息应记入“经营支出”科目。 ( )

(5) 在银行承兑汇票方式下，当付款期满而无力付款时，由银行代为支付或作逾期借款处理，借记“应付票据”科目，贷记“其他应付款”科目。 ( )

(6) 事业单位收到上级拨付的退休金时，记入“上级补助收入”科目。 ( )

(7) 事业单位依法收取的罚没收入应记入“其他收入”科目。 ( )

(8) 应付票据是指事业单位根据合同规定进行延期付款交易利用商业汇票结算时，由销售方签发、承兑的商业汇票。 ( )

(9) 应缴财政专户款是指事业单位按规定代收的应上缴财政专户的预算外资金。 ( )

(10) 应缴税费期末贷方余额为多交的税金，借方余额为应交未交的税金。 ( )

17.3 综合分析题

某事业单位2013年发生的部分经济业务如下：

(1) 为开展事业活动，临时向上级借入款项100 000元，借款期限3个月，月利率0.5%，到期还本付息。

(2) 购买自用材料一批，开出3个月期的带息商业承兑汇票一张，面值10 000元，月利率0.3%，同时支付银行承兑手续费50元。

(3) 上述商业承兑汇票到期，收到银行支付汇票本金和利息的付款通知。

(4) 购入材料一批，价款1 000元，材料已验收入库，款项尚未支付。

(5) 依合同向某单位提供劳务，应收款项5 000元。

(6) 出租经营活动设备一台，预收保证金1 000元。

(7) 按照有关规定，提取统筹退休金10 000元，从职工工资中代扣住房公积金1 500元。

(8) 实行预算外资金结余上缴办法，应缴财政专户的预算外资金结余5 000元，当即予以上缴。

(9) 销售产品一批，价款50 000元，增值税8 500元，款项已存入银行。

(10) 出售房屋一栋，收入200 000元，营业税税率5%。

根据以上资料做会计分录。

17.4 网上调研

(1) 利用电子图书馆和因特网收集我国事业单位负债核算和管理的有关规定，巩固和充实所学的知识。

(2) 网上查询国外政府会计负债的管理要求，并比较分析对我国事业单位负债核算的借鉴意义。

17.5 单元实践

(1) 将事业单位负债内容和行政单位负债内容比较区分。

(2) 到仿真实验室或实践部门实练事业单位负债会计核算业务。

# 第 18 章　事业单位收入的核算

## 学习目标

**☆知识目标**

熟悉事业单位收入的内容；

了解事业单位收入的分类及管理；

掌握事业单位收入核算所运用的会计科目；

掌握财政补助收入和上级补助收入、经营收入、事业收入的基本概念。

**☆技能目标**

掌握事业单位财政补助收入和上级补助收入、经营收入、事业收入的账务处理方法；

熟悉事业单位附属单位上缴收入和其他收入的账务处理方法。

**☆能力目标**

明确各项收入的区分界限，准确把握各收入账户的核算内容、原理和方法。

**事业单位收入分配制度改革**

根据党的十六大和十六届三中全会关于“推进事业单位收入分配制度改革”的要求，结合事业单位改革和人事制度改革，事业单位收入分配制度改革的基本考虑是：从落实科学发展观和实施人才强国战略出发，坚持分类管理、内部搞活、有效激励、政府调控的原则，逐步建立符合各类事业单位特点、体现岗位绩效和分级分类管理的事业单位收入分配制度，形成完善的收入水平决定机制、动态调整机制和有效激励机制，健全体现事业单位特点的工资管理体制及调控机制，使职工的劳动报酬与其岗位职责、工作业绩相联系，实现事业单位收入分配制度的科学化、规范化和法制化。改革内容主要包括：一是建立岗位绩效工资制度；二是实行新的工资分类管理办法；三是完善特殊人才收入分配激励机制；四是健全收入分配宏观调控机制；五是形成纪律严明、管理严格的工资分配秩序。

事业单位收入是指事业单位为开展业务活动，依法取得的非偿还性资金，包括财政补助收入、上级补助收入、事业收入、经营收入、附属单位上缴、其他收入等。

【小思考 18-1】 事业单位收入有什么特点?

答：(1) 事业单位收入是依法取得的。事业单位的各项收入都必须符合国家的法律规定。

(2) 事业单位收入是通过多种形式、多种渠道取得的。事业单位收入既有财政补助收入，也有上级补助收入、事业收入、经营收入、附属单位上缴收入等。

(3) 事业单位收入是非偿还性的。事业单位取得的各项收入均不需要偿还，可以用于开展业务活动和其他活动。事业单位取得的各项需要偿还的资金，包括借入款、应付款项和应缴预算金等应缴款项，需要偿还债权人和上缴财政，应当列为负债，不能作为收入处理。

## 18.1 事业单位收入的核算和管理要求

### 18.1.1 统一核算、统一管理

根据有关规定，事业单位的各项收入要全部纳入单位预算，统一核算、统一管理。事业单位银行开户要规范，一般事业单位只开设一个基本账户。各部门、各单位在组织收入时，属于行政事业性收费的，要使用省以上（含省）财政部门统一监制的票据；属于经营性收入的，应使用规范的税务发票。

### 18.1.2 正确划分各项收入，依法缴纳各项税费

事业单位的收入是通过多种渠道和多种形式取得的，事业单位必须做好各项收入的划分工作，正确区分经营收入和事业收入的界限、财政补助收入和上级补助收入的界限。对按规定应上缴预算和财政专户的收入，要及时上缴，不能直接作为收入处理。对经营性和服务性收入，要按国家有关规定，依法缴纳各项税费。

### 18.1.3 充分利用现有条件，积极组织收入

有条件的事业单位可以按市场经济的客观要求，充分利用现有的人、财、物等资源和设备，开展有偿服务活动和生产经营活动，获得事业收入和经营收入，补偿业务活动的资金耗费，不断提高经费自给率和自我发展能力。

### 18.1.4 保证收入的合理性、合法性

事业单位必须依法组织收入，严格执行国家规定的收费政策和管理制度规定。严禁为了小团体的利益擅自设立收费项目，取得违纪收入；严禁使用不合法收款收据，取得违法收入；严禁违反物价部门的规定提高收费标准，取得违规收入等。

### 18.1.5 正确处理经济效益和社会效益的关系

事业单位的业务活动和其他活动不以营利为根本目的，事业单位在开展有偿服务和经营活动的过程中，在讲求经济效益的同时，仍要把社

会效益放在首位，要有利于事业发展和社会主义精神文明建设，处理好经济效益和社会效益的关系。

**【小资料 18-1】 事业单位收入常见的舞弊形式**

(1) 将收入在往来款挂账。一是没有按国家有关规定把财政部门或上级主管部门拨入的专项资金专款专用，而是长期挂在往来款账上；二是不及时为取得的其他收入办理会计手续、进行会计核算，而是长期在往来款挂账，并在往来款账上进行实质性收支核算。

(2) 擅自设立收费项目，取得违法收入。一些单位为了小团体的利益，利用职权自行设立多种项目收费，扩大收费范围、提高收费标准，或将已经取消的行政事业性收费转为下属单位的服务性收费项目，或以协会、举办活动等各种形式超额收取企业的会员费等，或以宣传费、合作费等形式收取利益关联企业费用。

(3) 使用不合规收款收据，取得违规收入。某些事业单位在进行正常的行政事业性收费过程中，使用不合规收据收费，从而将部分预算外收入转到账外，将应上缴的预算外收入用于职工福利、请客送礼等。

(4) 赞助费不入账。随着事业单位各种活动的开展，各种形式的赞助应运而生。一些单位不将赞助费入账，直接用于职工福利、奖金发放，将余额以个人名义储蓄或将现金存放在各业务部门，有的甚至存放于别的单位进行各种开支。

(5) 利用银行委托收款等不直接收款形式，将事业收入转至账外。例如，某些执法监督部门收费是以银行委托收款的方式收取的，只给缴费单位银行收款凭单，不开具行政事业性收费单据，并将收取的此项费用在银行开设“其他活期存款”账户，在单位财务总账、明细账上却无记载。

## 18.2 财政补助收入的核算

财政补助收入是指事业单位从同级财政部门取得的各类财政拨款，包括基本支出补助和项目支出补助。

本科目应当设置“基本支出”和“项目支出”两个明细科目，两个明细科目下按照《政府收支分类科目》中“支出功能分类”的相关科目进行明细核算；同时在“基本支出”明细科目下按照“人员经费”和“日常公用经费”进行明细核算，在“项目支出”明细科目下按照具体项目进行明细核算。

### 18.2.1 财政直接支付方式下的核算

财政直接支付方式下，对财政直接支付的支出，事业单位根据财政国库支付执行机构委托代理银行转来的“财政直接支付入账通知书”及原始凭证，按照通知书中的直接支付入账金额，借记有关科目，贷记本科目。

年度终了，根据本年度财政直接支付预算指标数与当年财政直接支付实际支出数的差额，借记“财政应返还额度——财政直接支付”科目，贷记本科目。

**【例题 18-1】** 2013 年 5 月某事业单位由财政统发工资，在职工收到财政直接拨付的工资后，事业单位会计依据工资单、财政部门开具的拨款通知书等相关票据记账，本月工资总额 150 000 元。

借：事业支出——基本支出——工资支出　　150 000

　贷：财政补助收入　　150 000

### 18.2.2 财政授权支付方式下的核算

国库收付制度改革后，财政授权支付方式适用于未纳入财政直接支付的财政性资金和零星支出。事业单位应于收到零余额账户代理银行盖章的“授权支付到账通知书”时，按通知书标明的额度确认收入。

财政授权支付方式下，事业单位根据代理银行转来的“授权支付到账通知书”，按照通知书中的授权支付额度，借记“零余额账户用款额度”科目，贷记本科目。

年度终了，事业单位本年度财政授权支付预算指标数大于零余额账户用款额度下达数的，根据未下达的用款额度，借记“财政应返还额度——财政授权支付”科目，贷记本科目。

【例题 18-2】某事业单位 2013 年 6 月发生如下财政补助收入业务：

①收到代理银行转来的财政授权支付到账通知书，收到财政授权支付额度 100 000 元。

借：零余额账户用款额度——财政授权支付　　100 000

　贷：财政补助收入　　100 000

②提取现金 1 000 元备用。

借：库存现金　　1 000

　贷：零余额账户用款额度　　1 000

### 18.2.3 财政实拨资金方式下的核算

未纳入国库集中收付制度改革的事业单位，财政部门将资金直接拨入事业单位的开户银行。事业单位按收款通知书所列金额，借记“银行存款”等科目，贷记“财政补助收入”科目。

【例题 18-3】某事业单位 7 月份发生如下财政补助收入业务：

①收到开户银行转来的收款通知书，收到拨入经费 10 000 元。

借：银行存款　　10 000

　贷：财政补助收入　　10 000

②退回财政补助收入 2 000 元，根据开户银行返回的“预算拨款凭证”回单联编制记账凭证。

借：财政补助收入　　2 000

　贷：银行存款　　2 000

③年终，将“财政补助收入”科目贷方余额 20 000 元全数转入“事业结余”科目。

借：财政补助收入　　20 000

　贷：事业结余　　20 000

因购货退回等发生国库直接支付款项退回的，属于以前年度支付的款项，按照退回金额，借记“财政应返还额度”科目，贷记“财政补助结转”、“财政补助结余”、“存货”等有关科目；属于本年度支付的款项，按照退回金额，借记本科目，贷记“事业支出”、“存货”等有关科目。

期末，将本科目本期发生额转入财政补助结转，借记本科目，贷记“财政补助结转”科目。

期末结账后，本科目应无余额。

## 18.3 上级补助收入的核算

上级补助收入是指事业单位从主管部门和上级单位取得的非财政补助收入。

本科目核算事业单位收到上级单位拨入的非财政补助资金。收到上级补助收入时，按照实际收到的金额，借记“银行存款”等科目，贷记本科目。期末，将本科目本期发生额中的专项资金收入结转入非财政补助结转，借记本科目下各专项资金收入明细科目，贷记“非财政补助结转”科目；将本科目本期发生额中的非专项资金收入结转入事业结余，借记本科目下各非专项资金收入明细科目，贷记“事业结余”科目。

期末结账后，本科目应无余额。

**【例题 18-4】** 某事业单位本月发生如下上级补助收入业务：

①收到上级补助收入 10 000 元。

借：银行存款　　10 000

　贷：上级补助收入　　10 000

②年终，将“上级补助收入”科目贷方余额 5 000 元转入“事业结余”科目。

借：上级补助收入　　5 000

　贷：事业结余　　5 000

【小思考18-2】如何区分财政补助收入和上级补助收入？

答：财政补助收入是指事业单位按核定的预算和经费领报关系从财政部门取得的各类事业经费，包括正常经费和专项资金，不包括国家对事业单位的基本建设投资。

上级补助收入是指事业单位从主管部门和上级单位取得的非财政补助收入，即事业单位的主管部门或上级单位用自身组织的收入或集中下级单位的收入拨给事业单位的资金。

## 18.4 事业收入和经营收入的核算

### 18.4.1 事业收入

事业收入是指事业单位开展专业业务活动及辅助活动所取得的收入。事业单位应设置“事业收入”科目核算事业单位开展专业业务活动及辅助活动所取得的收入。本科目应当按照事业收入类别、项目、《政府收支分类科目》中“支出功能分类”相关科目等进行明细核算。事业收入中如有专项资金收入，还应按具体项目进行明细核算。

（1）采用财政专户返还方式管理的事业收入。收到应上缴财政专户的事业收入时，按照收到的款项金额，借记“银行存款”、“库存现金”等科目，贷记“应缴财政专户款”科目。向财政专户上缴款项时，按照实际上缴的款项金额，借记“应缴财政专户款”科目，贷记“银行存款”等科目。收到从财政专户返还的事业收入时，按照实际收到的返还金额，借记“银行存款”等科目，贷记本科目。

（2）其他事业收入。收到事业收入时，按照收到的款项金额，借记“银行存款”、“库存现金”等科目，贷记本科目。涉及增值税业务的，相关账务处理参照“经营收入”科目。

（3）期末，将本科目本期发生额中的专项资金收入结转入非财政补助结转，借记本科目下各专项资金收入明细科目，贷记“非财政补助结转”科目；将本科目本期发生额中的非专项资金收入结转入事业结余，借记本科目下各非专项资金收入明细科目，贷记“事业结余”科目。

期末结账后，本科目应无余额。

【例题18-5】①某事业单位取得需要纳入财政专户管理的技术服务收入20 000元，款项已存入银行。

借：银行存款　　20 000

　贷：应缴财政专户款　　20 000

②某事业单位实行比例上缴财政专户管理办法，取得预算外资金收入10 000元，比例上缴为60%。

借：应缴财政专户款　　6 000

　贷：银行存款　　6 000

③某事业单位实行财政专户返还方式管理办法，收到从财政专户返还的事业收入5 000元。

借：银行存款　　5 000

　贷：事业收入　　5 000

**【小资料18-2】　独立核算和非独立核算的区别**

独立核算是指对本单位的业务经营活动过程及成果进行全面、系统的会计核算。独立核算单位的特点是：在管理上有独立的组织形式，具有一定数量的资金，在当地银行开户；独立进行经营活动，能同其他单位订立经济合同；独立计算盈亏，单独设置会计机构并配备会计人员，并有完整的会计工作组织体系。

非独立核算又称报账制，是把与本单位的业务经营活动有关的日常业务资料，逐日或定期报送上级单位，由上级单位进行核算。非独立核算单位的特点是：一般由上级拨给一定数额的周转金从事业务活动，一切收入全部上缴，所有支出向上级报销，本身不单独计算盈亏，只记录和计算几个主要指标，进行简易核算。

### 18.4.2　经营收入

经营收入是指事业单位在专业业务活动及辅助活动之外开展非独立核算经营活动取得的收入。事业单位应设置“经营收入”科目核算事业单位开展非独立核算经营活动取得的收入。本科目应当按照经营活动类别、项目、《政府收支分类科目》中“支出功能分类”相关科目等进行明细核算。

经营收入应当在提供服务或发出存货，同时收讫价款或者取得索取价款的凭据时，按照实际收到或应收的金额确认收入。

实现经营收入时，按照确定的收入金额，借记“银行存款”、“应收账款”、“应收票据”等科目，贷记本科目。

属于增值税小规模纳税人的事业单位实现经营收入，按实际出售价款，借记“银行存款”、“应收账款”、“应收票据”等科目，按出售价款扣除增值税税额后的金额，贷记本科目，按应缴增值税金额，贷记“应缴税费——应缴增值税”科目。

属于增值税一般纳税人的事业单位实现经营收入，按包含增值税的价款总额，借记“银行存款”、“应收账款”、“应收票据”等科目，按扣除增值税销项税额后的价款金额，贷记本科目，按增值税专用发票上注明的增值税金额，贷记“应缴税费——应缴增值税（销项税额）”科目。

期末，将本科目本期发生额转入经营结余，借记本科目，贷记“经营结余”科目。期末结账后，本科目应无余额。

【例题18-6】某事业单位属于小规模纳税人，5月份发生如下业务：

①从事非独立核算经营活动取得收入10 000元，贷款尚未收到(2009年1月1日起，小规模纳税人征收率为3%)。

借：应收账款　　10 000

　贷：经营收入　　9 700

　　　应缴税费——应缴增值税　　300

②本年度销售的产品发生退货，销售额为5 000元（含增值税)。

借：经营收入　　4 850

　　应缴税费——应缴增值税　　150

　贷：银行存款　　5 000

【例题18-7】某事业单位属于一般纳税人，开展非独立核算经营活动，本月发生如下业务：

①取得销售收入20 000元（含增值税)，增值税税率为17%。

借：银行存款 20 000

　贷：经营收入 17 094

　　　应缴税费——应缴增值税（销项税额） 2 906

②为取得销售收入，发生折扣2 000元。

借：经营收入 2 000

　　应缴税费——应缴增值税 340

　贷：银行存款 2 340

③以前年度销售的产品发生退货，销售额10 000元（不含增值税），销售时计算出的应交增值税销项税额为1 700元。

借：经营收入 10 000

　　应缴税费金——应缴增值税（销项税额） 1 700

　贷：银行存款 11 700

④年终，结转“经营收入”贷方余额200 000元。

借：经营收入 200 000

　贷：经营结余 200 000

【小思考18-3】事业单位经营收入的特征有哪些？

答：一般来讲，事业单位的经营收入应同时具备以下特征：（1）是经营活动取得的收入，而不是专业业务活动及辅助活动取得的收入；（2）是非独立核算的经营活动取得的收入，而不是独立核算经营活动取得的收入。

## 18.5 附属单位上缴收入和其他收入的核算

### 18.5.1 附属单位上缴收入

“附属单位上缴收入”科目核算事业单位附属独立核算单位按照有关规定上缴的收入。本科目应当按照附属单位、缴款项目、《政府收支分类科目》中“支出功能分类”相关科目等进行明细核算。附属单位上缴收入中如有专项资金收入，还应按具体项目进行明细核算。

收到附属单位缴来款项时，按照实际收到金额，借记“银行存款”等科目，贷记本科目。期末，将本科目本期发生额中的专项资金收入结转入非财政补助结转，借记本科目下各专项资金收入明细科目，贷记“非财政补助结转”科目；将本科目本期发生额中的非专项资金收入结转入事业结余，借记本科目下各非专项资金收入明细科目，贷记“事业结余”科目。

期末结账后，本科目应无余额。

**【例题 18-8】**①某事业单位收到所属独立核算的甲工厂上缴利润10 000元。

借：银行存款　　10 000

　贷：附属单位上缴收入——甲工厂　　10 000

②某事业单位退回所属独立核算单位上缴款项 5 000 元。

借：附属单位上缴收入　　5 000

　贷：银行存款　　5 000

③年终，结转“附属单位上缴收入”余额 30 000 元。

借：附属单位上缴收入　　30 000

　贷：事业结余　　30 000

### 18.5.2 其他收入

“其他收入”科目核算事业单位除财政补助收入、事业收入、上级补助收入、附属单位上缴收入、经营收入以外的各项收入，包括投资收益、银行存款利息收入、租金收入、捐赠收入、现金盘盈收入、存货盘盈收入、收回已核销应收及预付款项、无法偿付的应付及预收款项等。

本科目应当按照其他收入的类别、《政府收支分类科目》中“支出功能分类”相关科目等进行明细核算。对于事业单位对外投资实现的投资净损益，应单设“投资收益”明细科目进行核算；其他收入中如有专项资金收入（如限定用途的捐赠收入），还应按具体项目进行明细核算。

1）投资收益

（1）对外投资持有期间收到利息、利润等时，按实际收到的金额，借记“银行存款”等科目，贷记本科目（投资收益）。

（2）出售或到期收回国债投资本息，按照实际收到的金额，借记“银行存款”等科目，按照出售或收回国债投资的成本，贷记“短期投资”、“长期投资”科目，按其差额，贷记或借记本科目（投资收益）。

2）银行存款利息收入、租金收入

收到银行存款利息、资产承租人支付的租金，按照实际收到的金额，借记“银行存款”等科目，贷记本科目。

3）捐赠收入

接受捐赠现金资产，按照实际收到的金额，借记“银行存款”等科目，贷记本科目。接受捐赠的存货验收入库，按照确定的成本，借记“存货”科目，按照发生的相关税费、运输费等，贷记“银行存款”等科目，按照其差额，贷记本科目。接受捐赠固定资产、无形资产等非流动资产，不通过本科目核算。

4）现金盘盈收入

每日现金账款核对中如发现现金溢余，属于无法查明原因的部分，借记“库存现金”科目，贷记本科目。

5）存货盘盈收入

盘盈的存货，按照确定的入账价值，借记“存货”科目，贷记本科目。

6）收回已核销应收及预付款项

已核销应收账款、预付账款、其他应收款在以后期间收回的，按照实际收回的金额，借记“银行存款”等科目，贷记本科目。

7）无法偿付的应付及预收款项

无法偿付或债权人豁免偿还的应付账款、预收账款、其他应付款及长期应付款，借记“应付账款”、“预收账款”、“其他应付款”、“长期应付款”等科目，贷记本科目。

期末，将本科目本期发生额中的专项资金收入结转入非财政补助结转，借记本科目下各专项资金收入明细科目，贷记“非财政补助结转”科目；将本科目本期发生额中的非专项资金收入结转入事业结余，借记本科目下各非专项资金收入明细科目，贷记“事业结余”科目。

期末结账后，本科目应无余额。

【例题 18-9】某事业单位 5 月份发生如下其他收入业务：

①以货币资金对外投资，取得投资分红收入20 000元。

借：银行存款　　　　　　　　　　　　　　20 000

　贷：其他收入——投资收益　　　　　　　　　　20 000

②收到外单位捐赠人民币100 000元。

借：银行存款　　　　　　　　　　　　　100 000

　贷：其他收入——捐赠收入　　　　　　　　　100 000

③收回3年前购买的到期债权，本金150 000元，利息收入50 000元。

借：银行存款　　　　　　　　　　　　200 000

　贷：长期投资　　　　　　　　　　　　　　150 000

　　其他收入——投资收益　　　　　　　　　　50 000

## 本章小结

● 事业单位收入是指事业单位为开展业务活动，依法取得的非偿还性资金，包括财政补助收入、上级补助收入、事业收入、经营收入、附属单位上缴、其他收入等。

● 财政补助收入是指事业单位从同级财政部门取得的各类财政拨款，包括基本支出补助和项目支出补助。

● 上级补助收入是指事业单位从主管部门和上级单位取得的非财政补助收入。

● 事业收入是指事业单位开展专业业务活动及辅助活动所取得的收入。

● 经营收入是指事业单位在专业业务活动及辅助活动之外开展非独立核算经营活动取得的收入。

● 附属单位上缴收入是指事业单位附属独立核算单位按照有关规定上缴的收入。

● 其他收入是指事业单位除财政补助收入、事业收入、上级补助收入、附属单位上缴收入、经营收入以外的各项收入，包括投资收益、银行存款利息收入、租金收入、捐赠收入、现金盘盈收入、存货盘盈收入、收回已核销应收及预付款项、无法偿付的应付及预收款项等。

## 主要概念和观念

★ 主要概念

事业单位收入　财政补助收入　上级补助收入　事业收入　经营收入　附属单位上缴收入　其他收入

★ 主要观念

事业观念　经营观念　社会效益观念　依法纳税观念

## 基础训练

18.1　简答题

(1) 简述事业单位收入的内容。

(2) 简述事业单位收入的核算管理要求。

(3) 简述财政补助收入的概念及核算方法。

(4) 简述经营收入和事业收入在会计核算上的区别。

(5) 简述事业单位“其他收入”科目的核算内容。

(6) 与企业会计收入相比，事业单位收入有什么特点?

18.2　判断题

(1) 事业单位收入是指事业单位在某一时期所取得的所有收入。（　）

(2) 事业单位收到所属报销单位报销缴来的收入，应列入“附属单位缴款”。（　）

(3)“财政补助收入”科目年终转账后无余额。（　）

(4) 财政补助收入来源于国家预算资金和返还的财政专户款。（　）

(5) 年终，事业单位“事业收入”科目的余额应转入“事业基金”科目。（　）

(6) 事业单位收到外单位捐赠为限定用途的财物，应列入“事业收入”科目。（　）

(7) 留存单位的专款结余应列入“事业基金”科目。（　）

(8) 事业单位发生现金折扣时，应当列为“经营支出”科目。（　）

(9) 事业单位发生销售退回时，不论是否属于本年度销售的，都应当冲减本期的经营收入。 ( )

(10) 上级补助收入是指事业单位从主管部门和上级单位取得的非财政补助收入。 ( )

(11) 事业单位收到从财政专户核拨的预算外资金和部分经财政部门核准不上缴财政专户管理的预算外资金，也在“事业收入”科目核算。 ( )

18.3　综合分析题

某事业单位2013年发生的部分经济业务如下：

(1) 收到财政拨入的事业经费10 000元。

(2) 接到银行通知，收到上级单位拨来的弥补事业开支不足补助款项20 000元。

(3) 收到财政部门拨入的大型修缮款350 000元。

(4) 收到预算外资金收入40 000元。本单位预算外资金采用收入总额60%比例上缴财政专户的管理办法。

(5) 收到所属独立核算单位通过银行上缴的款项10 000元。

(6) 对外销售产品一批，价款20 000元，增值税3 400元，产品成本12 000元，款项已收到。

(7) 开展辅助活动取得收入10 000元，应缴纳营业税300元，款项已存入银行。

(8) 获得某单位未限定用途的捐赠款项20 000元，捐来办公材料2 000元。

(9) 与某单位进行联营，年终分得利润100 000元。

(10) 年终，本单位全年累计收到财政拨来的事业经费300 000元，将“上级补助收入”科目贷方余额230 000元、“事业收入”科目贷方余额65 000元、“其他收入”科目贷方余额30 000元全部转入“事业结余”科目。

根据以上资料做会计分录。

18.4　网上调研

(1) 利用电子图书馆和因特网收集我国事业单位收入的相关理论知识，把握最新的会计核算改革动态，巩固和充实所学的知识。

（2）网上查询事业单位收入分配改革的内容，探讨其对事业单位收入会计核算的影响。

18.5 单元实践

以小组为单位，对当地某一事业单位进行实地调研，具体操作事业单位收入的会计处理。

# 第 19 章　事业单位支出的核算

## 学习目标

☆**知识目标**

熟悉事业单位支出的内容；

熟悉事业单位支出的核算和管理要求；

熟悉事业单位支出的原则；

掌握事业单位支出核算所运用的会计科目；

掌握事业单位支出的列报口径。

☆**技能目标**

熟悉事业单位各项支出账户的设置和使用方法。

☆**能力目标**

划清各项支出的界限，熟悉会计制度的规定，准确核算各项支出。

## 新修订的《事业单位会计制度》的作用

新修订的《事业单位会计制度》通过详细规定会计科目使用及财务报表编制，较全面地规范了事业单位经济业务或者事项的确认、计量、记录和报告。新制度既继承了原制度的合理内容，又体现了若干重大突破和创新。与原制度相比较，主要有如下的变化：

第一，配套新增了与国库集中支付、政府收支分类、部门预算、国有资产管理等财政改革相关的会计核算内容，实现了会计规范与其他财政法规政策的有机衔接，有利于促进各项财政改革政策的贯彻落实。

第二，着力加强了对财政投入资金的会计核算。新制度重新界定了财政补助收入的核算口径，要求在“事业支出”科目下单独对财政补助支出进行明细核算，增设了“财政补助结转”、“财政补助结余”两个净资产科目，对于财政补助收入、支出情况以及财政补助结转和结余的形成过程设计了清晰的账务处理流程，对于实施部门预决算管理、加强财政资金的科学化、精细化管理将发挥更为重要的基础性作用。

第三，进一步规范了非财政补助结转、结余及分配的会计核算。新制度严格区分财政补助和非财政补助结转结余，通过设置“非财政补助结转”、“事业结余”、“经营结余”等科目，进一步将非财政补助资金区分结转和结余分别核算，并对非财政补助结余的形成及分配情况设计了科学的账务处理流程。这些规定符合“财政拨款结转结余不参与预算单位的结余分配、不转入事业基金”、“专项资金专款专用”等部门预算管理规定，有助于进一步规范事业单位的支出和分配行为，促进事业单位健康、可持续发展。

第四，突出强化了资产的计价和入账管理。新制度针对事业单位实务中普遍存在的对于接受捐赠、无偿调入资产计量口径不统一、相关资产不入账等问题，进一步明确了该种情况下资产的计量原则，要求在没有相关凭据、同类或类似资产的市场价格也无法可靠取得的情况下，将所取得的资产按照名义金额入账，并要求在会计报表附注中披露以名义金额计量的资产情况。这些规定有利于提高事业单位会计信息的可比性，有利于促进取得的资产及时入账，通过资产的账实核对手段加强国有资产管理，确保国有资产安全完整。

综上所述，新制度的若干重大修订将促使事业单位的财务状况、事业成果、预算执行情况得到更为全面、真实、合理的反映，对于提高事业单位会计信息质量，加强财政对事业单位的科学化、精细化管理，提升事业单位的财务管理水平，促进事业单位健康、可持续发展具有十分重要的意义。

事业单位支出是指事业单位为开展业务活动和其他活动所发生的各项资金耗费及损失，以及用于基本建设项目的开支，包括事业支出、经营支出、对附属单位补助支出、上缴上级支出和其他支出等。

**【小思考19-1】** 事业单位支出如何确认？

答：事业单位支出的确认必须符合以下两个条件：

(1) 支出发生的同时，资产会减少或负债会增加。当发生支出时，由于耗费和损失，会引起资产的减少和相应承担负债的增加。

(2) 能够可靠计量。支出必须是能够准确计量的，按照支出发生时引起的资产减少数和负债的增加数计量。若资产减少或负债增加属于货币项目，直接以货币计量；若属于非货币项目，要按照其公允价值计量。

## 19.1 事业单位支出的核算与管理要求

**【小思考19-2】** 事业单位支出超范围、超标准的表现形式有哪些？

答：滥发工资、奖金、财物；违规列支差旅费；违规列支业务招待费；违规支出其他费用。

事业单位的支出既要保证开展业务活动的需要，又要遵守财政制度的规定，节约经费开支。在国家财力紧张的情况下，压缩各项事业支出，对于减轻财政压力更有实际意义。为加强对事业单位支出的核算与管理，对支出的管理应遵循以下原则：

### 19.1.1　执行财经纪律，遵守开支范围、标准

国家规定的各项财政财务制度是各事业单位业务支出的法律规定，必须严格执行，不得违反。对国家统一规定的各项费用开支范围和标准，如招待费、差旅费及单位职工的工资、津贴、福利待遇等，事业单位不得擅自扩大范围和提高标准，以防资金浪费和腐败滋生，避免引起财政收支困难。

### 19.1.2　支出分类管理，保持合理支出结构

国家制定的预算收支科目对事业单位各类支出的范围做了规定，各事业单位应按照规定的支出项目和支出科目的划分标准执行。事业单位的各项支出不仅要与其相关的收入配比，而且各项支出之间也要有一个合理的比例关系。如事业单位支出应与财政补助收入、上级补助收入、事业收入或其他收入相配比。从支出看，事业单位的人员经费支出与公用经费支出之间也应保持一定的比例，应控制人员经费支出，相对增加公用经费支出。因此，事业单位要合理划分各类支出的界线，保持合理的支出结构。

### 19.1.3　厉行节约，提高资金使用效益

事业单位应本着勤俭节约的原则，树立"成本"意识，精打细算，既要考虑完成事业计划对资金的需要，又要反对铺张浪费、盲目攀比，通过编制支出计划或预算并严格执行，加强对资金的控制和管理，防止资金浪费，最大限度地提高资金的使用效益。

### 19.1.4　划清支出界限，按预算支用资金

划清基本建设支出与事业经费支出的界限。凡是达到基本建设额度的支出，应报请计划部门从基建投资中安排，不得以任何方式挤占事业经费。

划清单位支出与个人支出的界限。应由个人承担的支出，不得以任何借口由单位负担，杜绝公款私用、公车私用等。

划清事业支出与经营支出的界限。事业支出是完成事业发展计划的，不得被经营支出所挤占，事业支出也不能挤占经营支出。

划清事业支出与对附属单位补助支出、上缴上级支出的界限，以防虚增事业支出。

## 19.2 事业支出和经营支出的核算

### 19.2.1 事业支出

事业支出是指事业单位开展各项专业业务活动及辅助活动所发生的基本支出和项目支出，是事业单位支出的主要内容。其中，基本支出是指事业单位为了保障其正常运转、完成日常工作任务而发生的人员支出和公用支出。项目支出是指事业单位为了完成特定工作任务和事业发展目标，在基本支出之外所发生的支出。

事业单位应设置“事业支出”科目核算事业单位开展各项专业业务活动及辅助活动所发生的资金、物资耗费。

事业单位为从事专业业务活动及辅助活动人员计提的薪酬等，借记本科目，贷记“应付职工薪酬”等科目。

开展专业业务活动及辅助活动领用的存货，按领用存货的实际成本，借记本科目，贷记“存货”科目。

开展专业业务活动及辅助活动中发生的其他各项支出，借记本科目，贷记“库存现金”、“银行存款”、“零余额账户用款额度”、“财政补助收入”等科目。

期末，将本科目（财政补助支出）本期发生额结转入“财政补助结转”科目，借记“财政补助结转——基本支出结转、项目支出结转”科目，贷记本科目（财政补助支出——基本支出、项目支出）或本科目（基本支出——财政补助支出、项目支出——财政补助支出）；将本科目（非财政专项资金支出）本期发生额结转入“非财政补助结转”科目，借记“非财政补助结转”科目，贷记本科目（非财政专项资金支出）或本科目（项目支出——非财政专项资金支出）；将本科目（其他资金支出）本期发生额结转入“事业结余”科目，借记“事业结余”科目，贷记本科目（其他资金支出）或本科目（基本支出——其他资金支出、项目支出——其他资金支出）。

期末结账后，本科目应无余额。

本科目应当按照“基本支出”和“项目支出”、“财政补助支出”

和“非财政专项资金支出”及“其他资金支出”等层级进行明细核算，并按照《政府收支分类科目》中“支出功能分类”相关科目进行明细核算；“基本支出”和“项目支出”明细科目下应当按照《政府收支分类科目》中“支出经济分类”的款级科目进行明细核算；同时在“项目支出”明细科目下按照具体项目进行明细核算。

**【例题19-1】**①某事业单位用现金1 000元购买办公用品。

借：事业支出——基本支出——商品和服务支出　　1 000

　贷：库存现金　　1 000

②学校发放职工工资100 000元，其中：基本工资60 000元，津贴补贴20 000元，奖金20 000元。

借：事业支出——基本支出——工资福利支出　　100 000

　贷：应付职工薪酬　　100 000

③某事业单位以专项资金支付办公大楼修理费5 000元。

借：事业支出——项目支出——修理费　　5 000

　贷：银行存款　　5 000

**【例题19-2】**①某单位通过零余额账户支付单位设备维修费800元。

借：事业支出——基本支出——设备维修费　　800

　贷：零余额账户用款额度　　800

②某事业单位购买专用材料一批，价款30 000元；购买专用设备一台，价款10 000元。款项通过本单位零余额账户支付。

借：事业支出——项目支出——材料费　　30 000

　　　　　　　　　　——设备购置费　　10 000

　贷：零余额账户用款额度　　40 000

③某事业单位根据财政国库支付中心委托代理银行转来的“财政直接支付入账通知书”及有关原始凭证，登记购入办公设备一台，价值50 000元。

借：事业支出——基本支出——设备购置费　　50 000

　贷：财政补助收入——财政直接支付　　50 000

### 19.2.2 经营支出

经营支出是指事业单位在专业业务活动及辅助活动之外开展非独立核算经营活动发生的各项支出。事业单位应设置“经营支出”科目对其进行核算。事业单位开展非独立核算经营活动的，应当正确归集开展经营活动发生的各项费用数；无法直接归集的，应当按照规定的标准或比例合理分摊。事业单位的经营支出与经营收入应当配比。

为在专业业务活动及辅助活动之外开展非独立核算经营活动人员计提的薪酬等，借记本科目，贷记“应付职工薪酬”等科目。

在专业业务活动及辅助活动之外开展非独立核算经营活动领用、发出的存货，按领用、发出存货的实际成本，借记本科目，贷记“存货”科目。

在专业业务活动及辅助活动之外开展非独立核算经营活动中发生的其他各项支出，借记本科目，贷记“库存现金”、“银行存款”、“应缴税费”等科目。

期末，将本科目本期发生额转入经营结余，借记“经营结余”科目，贷记本科目。

期末结账后，本科目应无余额。

**【例题 19-3】** 某事业单位从事非独立核算的附属单位4月份发生如下经营支出业务：

①用现金发放职工基本工资 50 000 元，津贴补贴 20 000 元。

借：经营支出——工资福利支出——基本工资　　50 000

　　　　　　　　　　　　　——津贴补贴　　20 000

　贷：库存现金　　70 000

②年终，将“经营支出”科目借方余额 340 000 元转入“经营结余”科目。

借：经营结余　　340 000

　贷：经营支出　　340 000

## 19. 3　上缴上级支出和对附属单位补助支出的核算

### 19. 3.1　上缴上级支出

上缴上级支出是指事业单位按照财政部门和主管部门的规定上缴上级单位的支出。

事业单位应设置“上缴上级支出”科目，核算附属于上级单位的独立核算单位按规定的标准或比例上缴上级单位的支出。本科目应当按照收缴款项单位、缴款项目、《政府收支分类科目》中“支出功能分类”相关科目等进行明细核算。

按规定将款项上缴上级单位的，按照实际上缴的金额，借记本科目，贷记“银行存款”等科目。期末，将本科目本期发生额转入事业结余，借记“事业结余”科目，贷记本科目。

期末结账后，本科目应无余额。

**【例题 19-4】** ①某事业单位按照规定的收入比例向上级单位上缴收入 10 000 元。

借：上缴上级支出　　10 000
　贷：银行存款　　10 000

②年终，将“上缴上级支出”科目借方余额 20 000 元转入“事业结余”科目。

借：事业结余　　20 000
　贷：上缴上级支出　　20 000

### 19.3.2 对附属单位补助支出

对附属单位补助支出是指事业单位用财政补助收入之外的收入对附属单位补助发生的支出。

事业单位应设置“对附属单位补助支出”科目，核算事业单位用非财政预算资金对附属单位补助发生的支出。本科目应当按照接受补助单位、补助项目、《政府收支分类科目》中“支出功能分类”相关科目等进行明细核算。发生对附属单位补助支出的，按照实际支出的金额，借记本科目，贷记“银行存款”等科目。

期末，将本科目本期发生额转入事业结余，借记“事业结余”科目，贷记本科目。

**【例题 19-5】** ①某事业单位对所属甲单位拨付补助款 100 000 元。

借：对附属单位补助支出——甲单位　　100 000
　贷：银行存款　　100 000

②年终，将“对附属单位补助支出”科目借方余额 20 000 元全数转入“事业结余”科目。

借：事业结余 20 000

贷：对附属单位补助支出 20 000

## 19.4 其他支出的核算

其他支出是指事业单位除事业支出、上缴上级支出、对附属单位补助支出、经营支出以外的各项支出，包括利息支出、捐赠支出、现金盘亏损失、资产处置损失、接受捐赠（调入）非流动资产发生的税费支出等。

本科目应当按照其他支出的类别、《政府收支分类科目》中“支出功能分类”相关科目等进行明细核算。其他支出中如有专项资金支出，还应按具体项目进行明细核算。

1）利息支出

支付银行借款利息时，借记本科目，贷记“银行存款”科目。

2）捐赠支出

（1）对外捐赠现金资产，借记本科目，贷记“银行存款”等科目。

（2）对外捐出存货，借记本科目，贷记“待处置资产损溢”科目。

对外捐赠固定资产、无形资产等非流动资产，不通过本科目核算。

3）现金盘亏损失

每日现金账款核对中如发现现金短缺，属于无法查明原因的部分，报经批准后，借记本科目，贷记“库存现金”科目。

4）资产处置损失

报经批准核销应收及预付款项、处置存货，借记本科目，贷记“待处置资产损溢”科目。

5）接受捐赠（调入）非流动资产发生的税费支出

接受捐赠、无偿调入非流动资产发生的相关税费、运输费等，借记本科目，贷记“银行存款”等科目。

以固定资产、无形资产取得长期股权投资，所发生的相关税费计入本科目。具体账务处理参见“长期投资”科目。

期末，将本科目本期发生额中的专项资金支出结转入非财政补助结转，借记“非财政补助结转”科目，贷记本科目下各专项资金支出明细科目；将本科目本期发生额中的非专项资金支出结转入事业结余，借记“事业结余”科目，贷记本科目下各非专项资金支出明细科目。

期末结账后，本科目应无余额。

【例题 19-6】①某事业单位支付借款利息 5 000 元。

借：其他支出　　5 000

　贷：银行存款　　5 000

②本月对外捐赠现金资产 50 000 元。

借：其他支出　　50 000

　贷：银行存款　　50 000

③年终，将“其他支出”科目借方余额 100 000 元全数转入“事业结余”科目。

借：事业结余　　100 000

　贷：其他支出　　100 000

## 本章小结

● 事业单位支出是指事业单位为开展业务活动和其他活动所发生的各项资金耗费及损失，以及用于基本建设项目的开支，包括事业支出、经营支出、对附属单位补助支出、上缴上级支出和其他支出等。

● 事业支出是指事业单位开展各项专业业务活动及辅助活动所发生的基本支出和项目支出，是事业单位支出的主要内容。其中，基本支出是指事业单位为了保障其正常运转、完成日常工作任务而发生的人员支出和公用支出。项目支出是指事业单位为了完成特定工作任务和事业发展目标，在基本支出之外所发生的支出。

● 经营支出是指事业单位在专业业务活动及辅助活动之外开展非独立核算经营活动发生的各项支出。

● 上缴上级支出是指事业单位按照财政部门和主管部门的规定上缴上级单位的支出。

● 对附属单位补助是指事业单位用财政补助收入之外的收入对附属单位补助发生的支出。

● 其他支出是指事业单位除事业支出、上缴上级支出、对附属单位位补助支出、经营支出以外的各项支出，包括利息支出、捐赠支出、现金盘亏损失、资产处置损失、接受捐赠（调入）非流动资产发生的税费支出等。

## 主要概念和观念

★ 主要概念

事业支出　经营支出　上缴上级支出　对附属单位补助支出　其他支出

★ 主要观念

厉行节约观念　社会效益观念　成本费用观念

## 基础训练

19.1 简答题

(1) 简述事业单位支出的内容。

(2) 简述事业单位支出的核算和管理要求。

(3) 简述事业单位支出管理的原则。

(4) 简述事业单位事业支出、经营支出和对附属单位补助之间的区别。

(5) 简述事业支出的列报口径。

19.2 判断题

(1) 有财政补助收入的事业单位，其财政补助资金必须按拟定的用途使用，不得自行改变资金用途。（　）

(2) “事业支出”科目用来核算事业单位拨付所属单位的各项资金。（　）

(3) 学校购入教学设备应列入“事业支出”。（　）

(4) 事业单位专项工程完工，年终将“事业支出”科目余额转入“事业结余”。（　）

(5) 事业支出是指事业单位在专业业务活动及辅助活动之外开展非独立核算经营活动发生的各项支出。（　）

(6) 经营支出是指事业单位在专业业务活动及辅助活动之外开展经营活动发生的支出。（　）

(7) 事业单位以固定资产、无形资产取得长期股权投资，所发生的相关税费计入“事业支出”。 ( )

(8)“事业支出”属于支出类账户。 ( )

(9) 上缴上级支出结转后，本科目无余额。 ( )

19.3 综合分析题

某事业单位发生如下业务:

(1) 签发转账支票购买办公用品共计2 000元，当即领用。

(2) 转给下属单位本月经费10 000元。

(3) 用银行存款支付水电费1 000元。

(4) 按照规定提取本月经营活动用固定资产修购基金30 000元。

(5) 月末结转经营活动销售成本15 000元。

(6) 从银行提取现金45 000元，支付生产工人工资及附件费，转账支付其他费用2 000元。

(7) 开展经营活动，取得应税收入20 000元，营业税税率为3%，收入存入银行。

(8) 出售某产品，价款60 000元，成本40 000元，增值税1 020元，款项存入银行。

(9) 拨给下属单位30 000元用于办公楼装修。

(10) 开出转账支票上缴上级单位10 000元。

(11) 从仓库领用材料一批，价款50 000元，用于专业业务活动。

(12) 年终，将“上缴上级支出”科目借方余额450 000元全数转入“事业结余”科目。

根据以上资料做会计分录。

19.4 网上调研

利用电子图书馆和因特网收集我国事业单位支出的财务管理状况，探讨事业单位支出会计核算方法的改革。

19.5 单元实践

以小组为单位，实践操作事业单位支出业务的账务处理。

# 第 20 章　事业单位净资产的核算

## 学习目标

☆**知识目标**

了解事业单位净资产的定义；

熟悉事业单位净资产的内容；

掌握事业单位净资产核算所用的会计科目。

☆**技能目标**

熟练掌握各类净资产会计科目的核算内容和使用方法；

掌握事业基金的两个明细账与对外投资增减核算之间的对应关系和账务处理。

☆**能力目标**

熟悉《事业单位财务规则》和《事业单位会计制度》的相关内容；熟练处理净资产会计事务。

**行政事业单位“结余”类科目存在的问题不容忽视**

近年来，在对行政事业单位财务收支和经济责任审计中发现，“结余”类科目存在一些问题，致使其不能正确、完整地反映核算单位的结余状况，主要表现为：

一是结余为零。有些单位年终结账时，直接将收入和支出对冲结转下年，而不是按照行政事业单位会计制度的规定结转“结余”类科目。

二是结余为负。个别单位将部分收入、支出放在往来科目中核算，用于调节一些违规收入和支出问题。

三是未设置明细账。部分单位在年终结账时，将专项资金和正常经费的年终结余全部汇总转入“结余”类科目，未设置“经常性结余”和“专项结余”二级科目及相关的三级科目。时间一长，根本无法分清，不但无法反映具体项目的进展情况，分析产生结余的原因，也容易滋生挤占和挪用专项资金的现象。

对此，审计机关建议，相关领导应予以重视，加强监管力度，健全内部审计制度，督促财务人员提高综合业务素质，规范会计行为，切实担负起财务监督的职责。

资料来源　根据2009年5月21日淮南市审计局官方网站工作动态栏目《行政事业单位“结余”科目存在的问题不容忽视》整理。

事业单位净资产是指资产减去负债的差额，包括事业基金、非流动资产基金、专用基金、各项结转和结余等。

## 20.1　基金的核算

**【小资料20-1】　　事业单位基金的特点**

（1）不表示投入资本，体现事业单位公立、私立的属性，但不代表企业那样的所有者权益；

（2）拨款补助部门和捐赠者是名义所有者，但不要求获得和求偿；

（3）拨款补助部门和捐赠者对某些净资产可能规定或限定用途。

### 20.1.1 事业基金

事业基金是指事业单位拥有的非限定用途的净资产，主要为非财政补助结余扣除结余分配后滚存的金额。

事业单位应设置“事业基金”科目。年末，将“非财政补助结余分配”科目余额转入事业基金，借记或贷记“非财政补助结余分配”科目，贷记或借记本科目。

年末，将留归本单位使用的非财政补助专项（项目已完成）剩余资金转入事业基金，借记“非财政补助结转——××项目”科目，贷记本科目。

以货币资金取得长期股权投资、长期债券投资，按照实际支付的全部价款（包括购买价款以及税金、手续费等相关税费）作为投资成本，借记“长期投资”科目，贷记“银行存款”等科目；同时，按照投资成本金额，借记本科目，贷记“非流动资产基金——长期投资”科目。

对外转让或到期收回长期债券投资本息，按照实际收到的金额，借记“银行存款”等科目，按照收回长期投资的成本，贷记“长期投资”科目，按照其差额，贷记或借记“其他收入——投资收益”科目；同时，按照收回长期投资对应的非流动资产基金，借记“非流动资产基金——长期投资”科目，贷记本科目。

事业单位发生需要调整以前年度非财政补助结余的事项，通过本科目核算。国家另有规定的，从其规定。

本科目期末贷方余额，反映事业单位历年积存的非限定用途净资产的金额。

**【小资料 20-2】 新旧事业单位会计制度有关衔接问题的处理规定——“事业基金”科目**

新制度设置了“事业基金”科目，但不再在该科目下设置“一般基金”、“投资基金”明细科目，其核算范围也较原账中“事业基金”科目发生变化，不再包括财政补助结转和财政补助结余。转账时，应将原账中“事业基金”科目所属“投资基金”明细科目的余额分析转入新账中“非流动资产基金——长期投资”科目，并对所属“一般基金”明细科目的余额（扣除转入新账中“非流动资产基金——无形资产”科目数额后的余额）进行分析：对属于新制度下财政补助结转的余额转入新账中“财政补助结转”科目；对属于新制度下财政补助结余的余额转入新账中“财政补助结余”科目；将剩余余额，转入新账中“事业基金”科目。

**【例题20-1】**①年末，某事业单位结转非财政补助结余分配形成的事业基金180 000元。

借：非财政补助结余分配　　180 000

　贷：事业基金　　180 000

②年末，某事业单位结转非财政补助专项的剩余资金形成的事业基金20 000元。

借：非财政补助结转　　20 000

　贷：事业基金　　20 000

### 20.1.2　非流动资产基金

非流动资产基金是指事业单位长期投资、固定资产、在建工程、无形资产等非流动资产占用的金额。

事业单位应设置“固定基金”科目，非流动资产基金应当在取得长期投资、固定资产、在建工程、无形资产等非流动资产或发生相关支出时予以确认。本科目应当设置“长期投资”、“固定资产”、“在建工程”、“无形资产”等明细科目，进行明细核算。

取得相关资产或发生相关支出时，借记“长期投资”、“固定资产”、“在建工程”、“无形资产”等科目，贷记本科目等有关科目；同时或待以后发生相关支出时，借记“事业支出”等有关科目，贷记“财政补助收入”、“零余额账户用款额度”、“银行存款”等科目。

计提固定资产折旧、无形资产摊销时，应当冲减非流动资产基金。计提固定资产折旧、无形资产摊销时，按照计提的折旧、摊销额，借记本科目（固定资产、无形资产），贷记“累计折旧”、“累计摊销”科目。

处置长期投资、固定资产、无形资产，以及以固定资产、无形资产对外投资时，应当冲销该资产对应的非流动资产基金。

（1）以固定资产、无形资产对外投资，按照评估价值加上相关税费作为投资成本，借记“长期投资”科目，贷记本科目（长期投资），按发生的相关税费，借记“其他支出”科目，贷记“银行存款”等科目；同时，按照投出固定资产、无形资产对应的非流动资产基金，借记本科目（固定资产、无形资产），按照投出资产已提折旧、摊销，借记“累计折旧”、“累计摊销”科目，按照投出资产的账面余额，贷记“固定资产”、“无形资产”科目。

（2）出售或以其他方式处置长期投资、固定资产、无形资产，转入待处置资产时，借记“待处置资产损溢”、“累计折旧”［处置固定资产］或“累计摊销”［处置无形资产］科目，贷记“长期投资”、“固定资产”、“无形资产”等科目。实际处置时，借记本科目（有关资产明细科目），贷记“待处置资产损溢”科目。

本科目期末贷方余额，反映事业单位非流动资产占用的金额。

**【例题20-2】**①某事业单位用事业经费购置办公设备一台，价款12 000元，款项由零余额账户支付。

借：事业支出　　12 000

　贷：零余额账户用款额度　　12 000

同时，记：

借：固定资产　　12 000

　贷：非流动资产基金——固定资产　　12 000

②某事业单位从外单位调入一台复印机，调拨价8 000元，运杂费150元，安装费100元。

借：固定资产　　8 250

　贷：非流动资产基金——固定资产　　8 250

③某事业单位以一台设备对外投资，经评估价值为30 000元，评估费用500元。

借：长期投资　　30 000

　贷：非流动资产基金——长期投资　　30 000

同时，记：

借：其他支出　　500

　贷：银行存款　　500

借：非流动资产基金——固定资产　　30 000

贷：固定资产　　30 000

④某事业单位接受捐赠固定资产，按照同类固定资产的市场价值2 000元记账。

借：固定资产　　2 000

贷：非流动资产基金——固定资产　　2 000

⑤某事业单位对外出售一台闲置的设备，该设备原值2 000元，售价1 800元，价款已收到。

转入待处置资产时，记：

借：待处置资产损溢　　1 800

贷：固定资产　　1 800

实际处置时，记：

借：非流动资产基金——固定资产　　2 000

贷：待处置资产损溢　　2 000

### 20.1.3 专用基金

**【小思考20-1】**修购基金与折旧是否为同一概念？

答：修购基金与折旧不是同一概念。

(1) 定义不同。事业单位的修购基金是指根据《事业单位财务规则》和《事业单位会计制度》的规定，按事业单位事业收入和经营收入的一定比例计提的修缮费和设备购置费，也可以由处置固定资产的所得形成，专门用于固定资产的购置和修缮支出。折旧是指企业按照固定资产的原值和预计使用年限、预计残值，采用一定的计算方法，按月计提、转移到产品价值的那部分固定资产的价值。它是固定资产的备抵科目，反映的是已转移或消耗的固定资产的价值。

(2) 用途不同。用上述两种会计处理方法提取的修购基金和折旧，都将作为事业单位或企业现金流量的调增部分，但这部分增加的现金流量有不同的使用方法：事业单位形成修购基金，专门用于固定资产的购置和修缮；企业对这部分转移的价值并不形成专门用途的基金，对增加的现金流量，企业有自由支配权，可购买原材料，也可添置固定资产等。

（3）性质不同。修购基金是为积累固定资产的，折旧是为收回已购固定资产的价值的，两者不能混为一谈。

（4）两者在资产负债表中的位置不同。修购基金的变动会使净资产同方向变动，而折旧的增减都将减少资产部类的金额。

因此，在实际工作中，不能错误地把计提修购基金当做计提固定资产折旧。

专用基金是指事业单位按规定提取、设置的具有专门用途的净资产，主要包括修购基金、职工福利基金等。

事业单位应设置“专用基金”科目，核算事业单位按规定提取、设置的具有专门用途的净资产的收入、支出及结存情况。

（1）提取修购基金。按规定提取修购基金的，按照提取金额，借记“事业支出”、“经营支出”科目，贷记本科目（修购基金）。

（2）提取职工福利基金。年末，按规定从本年度非财政补助结余中提取职工福利基金的，按照提取金额，借记“非财政补助结余分配”科目，贷记本科目（职工福利基金）。

（3）提取、设置其他专用基金。若有按规定提取的其他专用基金，按照提取金额，借记有关支出科目或“非财政补助结余分配”等科目，贷记本科目。若有按规定设置的其他专用基金，按照实际收到的基金金额，借记“银行存款”等科目，贷记本科目。

（4）使用专用基金。按规定使用专用基金时，借记本科目，贷记“银行存款”等科目；使用专用基金形成固定资产的，还应借记“固定资产”科目，贷记“非流动资产基金——固定资产”科目。

**【小资料 20-3】　专用基金包括的内容**

（1）修购基金，即按照事业收入和经营收入的一定比例提取，并按照规定在相应的购置和修缮科目中列支（各列 50%），以及按照其他规定转入，用于事业单位固定资产维修和购置的资金。事业收入和经营收入较少的事业单位可以不提取修购基金，实行固定资产折旧的事业单位不提取修购基金。

（2）职工福利基金，即按照非财政拨款结余的一定比例提取以及按照其他规定提取转入，用于单位职工的集体福利设施、集体福利待遇等的资金。

（3）其他基金，即按照其他有关规定提取或者设置的专用资金。

**【例题 20-3】**①某事业单位经营部门人员 40 人，未纳入公费医疗经费开支范围，按照人均 40 元的标准计提本月医疗费用。

借：经营支出——基本支出——医疗费　　1 600

　贷：专用基金——医疗基金　　1 600

②某事业单位当月取得的事业收入和经营收入分别为 300 000 元和 50 000 元，按要求以 6% 的比例提取修购基金。

借：事业支出——基本支出——大型修缮　　1 800

　　经营支出——基本支出——设备购置费　　3 000

　贷：专用基金——修购基金　　4 800

③某事业单位使用修购基金购置机器设备一台，价值 30 000 元。

借：专用基金——修购基金　　30 000

　贷：银行存款　　30 000

借：固定资产　　30 000

　贷：非流动资产基金——固定资产　　30 000

④某事业单位本月事业结余 100 000 元，经营结余 80 000 元，按照 27% 的税率缴纳所得税，按照税后 20% 的比例提取职工福利金。

应缴纳所得税 = 80 000×27% = 21 600（元）

应计提职工福利基金 =（100 000+58 400）×20% = 31 680（元）

借：非财政补助结余分配——提取职工福利基金　　31 680

　贷：专用基金——职工福利基金　　31 680

使用福利基金时，记：

借：专用基金——职工福利基金　　31 680

　贷：银行存款　　31 680

⑤某事业单位计提住房公积金 30 000 元，已使用。

提取住房公积金时，记：

借：事业支出——社会保障费　　　　30 000

　贷：专用基金——住房公积金　　　　30 000

使用住房公积金时，记：

借：专用基金——住房公积金　　　　30 000

　贷：银行存款　　　　30 000

【小资料 20-4】　修购基金的提取和列支

事业单位是不以生产经营和创利为目的、保障社会发展和进步的社会公益性福利和服务机构。现行《事业单位会计制度》规定，事业单位对固定资产不计提折旧，但可以计提修购基金，用于事业单位固定资产的维修和购置。它主要按照事业收入和经营收入的一定比例提取，在修缮费和设备购置费中列支 50%。

## 20.2 结转和结余的核算

### 20.2.1 财政补助结转

财政补助结转是指事业单位滚存的财政补助结转资金，包括基本支出结转和项目支出结转。

本科目应当设置“基本支出结转”、“项目支出结转”两个明细科目，并在“基本支出结转”明细科目下按照“人员经费”、“日常公用经费”进行明细核算，在“项目支出结转”明细科目下按照具体项目进行明细核算；本科目还应按照《政府收支分类科目》中“支出功能分类科目”的相关科目进行明细核算。

期末，将财政补助收入本期发生额结转入本科目，借记“财政补助收入——基本支出、项目支出”科目，贷记本科目（基本支出结转、项目支出结转）；将事业支出（财政补助支出）本期发生额结转入本科目，借记本科目（基本支出结转、项目支出结转），贷记“事业支出——财政补助支出（基本支出、项目支出）”或“事业支出——基本支出（财政补助支出）、项目支出（财政补助支出）”科目。

年末，完成上述结转后，应当对财政补助各明细项目执行情况进行分析，按照有关规定将符合财政补助结余性质的项目余额转入财政补助结余，借记或贷记本科目（项目支出结转——××项目），贷记或借记“财政补助结余”科目。

按规定上缴财政补助结转资金或注销财政补助结转额度的，按照实际上缴资金数额或注销的资金额度数额，借记本科目，贷记“财政应返还额度”、“零余额账户用款额度”、“银行存款”等科目。取得主管部门归集调入财政补助结转资金或额度的，做相反会计分录。

事业单位发生需要调整以前年度财政补助结转的事项，通过本科目核算。

本科目期末贷方余额，反映事业单位财政补助结转资金数额。

**【例题20-4】** 期末，结转本期财政补助收入500 000元、事业支出中的财政补助支出620 000元。

| | | |
|---|---|---|
| 借：财政补助收入 | 500 000 | |
| 贷：财政补助结转 | | 500 000 |
| 借：财政补助结转 | 620 000 | |
| 贷：事业支出——财政补助支出 | | 620 000 |

### 20.2.2 非财政补助结转

非财政补助结转是指事业单位除财政补助收支以外的各专项资金收入与其相关支出相抵后剩余滚存的、须按规定用途使用的结转资金。

事业单位应设置“非财政补助结转”科目，按照非财政专项资金的具体项目进行明细核算。

期末，将事业收入、上级补助收入、附属单位上缴收入、其他收入本期发生额中的专项资金收入结转入本科目，借记“事业收入”、“上级补助收入”、“附属单位上缴收入”、“其他收入”科目下各专项资金收入明细科目，贷记本科目；将事业支出、其他支出本期发生额中的非财政专项资金支出结转入本科目，借记本科目，贷记“事业支出——非财政专项资金支出”或“事业支出——项目支出（非财政专项资金支出）”、“其他支出”科目下各专项资金支出明细科目。

年末，完成上述结转后，应当对非财政补助专项结转资金各项目情况进行分析，将已完成项目的项目剩余资金区分以下情况处理：缴回原专项资金拨入单位的，借记本科目（××项目），贷记“银行存款”等科目；留归本单位使用的，借记本科目（××项目），贷记“事业基金”科目。

事业单位发生需要调整以前年度非财政补助结转的事项，通过本科目核算。

本科目期末贷方余额，反映事业单位非财政补助专项结转资金数额。

**【小资料20-5】“事业结余”与“结余分配”科目**

新制度设置了“事业结余”科目，其核算范围较原账中“事业结余”科目发生变化，不再包括财政补助结转和财政补助结余；新制度未设置“结余分配”科目，但设置了“非财政补助结余分配”科目，核算事业单位本年度非财政补助结余分配的情况和结果。因原账中“事业结余”、“结余分配”科目一般无余额，所以不需进行转账处理。“事业结余”、“非财政补助结余分配”科目自2013年1月1日起直接启用新账即可。

### 20.2.3 事业结余

事业结余是指事业单位在一定期间除财政补助收支、非财政专项资金收支和经营收支以外各项收支相抵后的余额。事业单位应设置“事业结余”科目，对其进行会计核算。

期末，将事业收入、上级补助收入、附属单位上缴收入、其他收入本期发生额中的非专项资金收入结转入本科目，借记“事业收入”、“上级补助收入”、“附属单位上缴收入”、“其他收入”科目下各非专项资金收入明细科目，贷记本科目；将事业支出、其他支出本期发生额中的非财政、非专项资金支出，以及对附属单位补助支出、上缴上级支出的本期发生额结转入本科目，借记本科目，贷记“事业支出——其他资金支出”或“事业支出——基本支出（其他资金支出）、项目支出（其他资金支出）”科目、“其他支出”科目下各非专项资金支出明细科目、“对附属单位补助支出”、“上缴上级支出”科目。

年末，完成上述结转后，将本科目余额结转入“非财政补助结余分配”科目，借记或贷记本科目，贷记或借记“非财政补助结余分配”科目。

本科目期末如为贷方余额，反映事业单位自年初至报告期末累计实现的事业结余；如为借方余额，反映事业单位自年初至报告期末累计发生的事业亏损。年末结账后，本科目应无余额。

【例题20-5】①年终，结转“上级补助收入”贷方余额32 000元、“附属单位上缴收入”贷方余额50 000元、“事业收入”贷方余额65 000元、“其他收入”贷方余额10 000元。

借：上级补助收入　　32 000
　　附属单位上缴收入　　50 000
　　事业收入　　65 000
　　其他收入　　10 000
　贷：事业结余　　157 000

②年终，结转“事业支出”借方余额18 000元、“上缴上级支出”借方余额36 000元、“其他支出”借方余额41 000元、“对附属单位补助支出”借方余额10 000元。

借：事业结余　　105 000
　贷：事业支出　　18 000
　　上缴上级支出　　36 000
　　其他支出　　41 000
　　对附属单位补助支出　　10 000

③计算当年“事业结余”，并转入“非财政补助结余分配”科目。

当年收支结余 =(32 000+50 000+65 000+10 000)-(18 000+36 000+41 000+10 000)
= 52 000（元）

借：事业结余　　52 000
　贷：非财政补助结余分配　　52 000

### 20.2.4 经营结余

经营结余是指事业单位在一定期间各项经营收支相抵后余额弥补以前年度经营亏损后的余额。事业单位应设置“经营结余”科目，对其进行会计核算。

期末，将经营收入本期发生额结转入本科目，借记“经营收入”科目，贷记本科目；将经营支出本期发生额结转入本科目，借记本科目，贷记“经营支出”科目。

年末，完成上述结转后，如本科目为贷方余额，将本科目余额结转入“非财政补助结余分配”科目，借记本科目，贷记“非财政补助结余分配”科目；如本科目为借方余额，为经营亏损，不予结转。

本科目期末如为贷方余额，反映事业单位自年初至报告期末累计实现的经营结余弥补以前年度经营亏损后的经营结余；如为借方余额，反映事业单位截至报告期末累计发生的经营亏损。

年末结账后，本科目一般无余额。如出现借方结余，反映事业单位累计发生的经营亏损。

**【例题 20－6】** 期末，结转本期经营收入 300 000 元、经营支出 320 000元。

| | | |
|---|---|---|
| 借：经营收入 | 300 000 | |
| 　贷：经营结余 | | 300 000 |
| 借：经营结余 | 320 000 | |
| 　贷：经营支出 | | 320 000 |

### 20.2.5 财政补助结余

“财政补助结余”科目核算事业单位滚存的财政补助项目支出结余资金。

本科目应当按照《政府收支分类科目》中“支出功能分类科目”的相关科目进行明细核算。

年末，对财政补助各明细项目执行情况进行分析，按照有关规定将符合财政补助结余性质的项目余额转入财政补助结余，借记或贷记“财政补助结转——项目支出结转（××项目）”科目，贷记或借记本科目。

按规定上缴财政补助结余资金或注销财政补助结余额度的，按照实际上缴资金数额或注销的资金额度数额，借记本科目，贷记“财政应返还额度”、“零余额账户用款额度”、“银行存款”等科目。取得主管部门归集调入财政补助结余资金或额度的，做相反会计分录。

事业单位发生需要调整以前年度财政补助结余的事项，通过本科目核算。

本科目期末贷方余额，反映事业单位财政补助结余资金数额。

【例题 20-7】期末，结转本期财政补助结余性质的某项目资金余额80 000元，并将结余资金上缴。

借：财政补助结转——项目支出结转——某项目　　80 000

　贷：财政补助结余　　80 000

借：财政补助结余　　80 000

　贷：银行存款　　80 000

### 20.2.6 非财政补助结余分配

【小资料 20-6】　　事业单位结余分配顺序

《事业单位财务规则》规定，事业单位的专项结余以及实行预算外资金结余上缴办法的预算外资金结余不参与结余分配。事业单位的结余扣除这两项后，按下列次序分配：首先，按规定缴纳企业所得税；其次，上缴上级款；再次，按核定比例提取职工福利基金；最后，在做上述分配后若还有结余，转为事业基金的一般基金。

非财政补助结余分配是指事业单位本年度非财政补助结余分配的情况和结果。事业单位应设置“非财政补助结余分配”科目进行核算。

年末，将“事业结余”科目余额结转入本科目，借记或贷记“事业结余”科目，贷记或借记本科目；将“经营结余”科目贷方余额结转入本科目，借记“经营结余”科目，贷记本科目。

有企业所得税缴纳义务的事业单位计算出应缴纳的企业所得税，借记本科目，贷记“应缴税费——应缴企业所得税”科目。

按照有关规定提取职工福利基金的，按提取的金额，借记本科目，贷记“专用基金——职工福利基金”科目。

年末，按规定完成上述处理后，将本科目余额结转入事业基金，借记或贷记本科目，贷记或借记“事业基金”科目。

年末结账后，本科目应无余额。

【例题 20-8】①年终，将“事业结余”贷方余额 520 000 元、“经营结余”贷方余额400 000元转入“非财政补助结余分配”科目。

借：事业结余　　520 000

　　经营结余　　400 000

　贷：非财政补助结余分配　　920 000

②按规定计算应交企业所得税20 000元，提取职工福利基金38 000元。

借：非财政补助结余分配　　20 000

　贷：应缴税费——应交企业所得税　　20 000

借：非财政补助结余分配　　38 000

　贷：专用基金——职工福利基金　　38 000

③结转当年未分配结余30 000元。

借：非财政补助结余分配　　30 000

　贷：事业基金　　30 000

## 本章小结

● 事业单位净资产是指资产减去负债的差额，包括事业基金、非流动资产基金、专用基金、各项结转和结余等。

● 事业基金是指事业单位拥有的非限定用途的净资产，主要为非财政补助结余扣除结余分配后滚存的金额。

● 非流动资产基金是指事业单位长期投资、固定资产、在建工程、无形资产等非流动资产占用的金额。

● 专用基金是指事业单位按规定提取、设置的有专门用途的资金。主要包括修购基金、职工福利基金等。

● 财政补助结转是指事业单位滚存的财政补助结转资金，包括基本支出结转和项目支出结转。

● 非财政补助结转是指事业单位除财政补助收支以外的各专项资金收入与其相关支出相抵后剩余滚存的、须按规定用途使用的结转资金。

● 事业结余是指事业单位在一定期间除财政补助收支、非财政专项资金收支和经营收支以外各项收支相抵后的余额。

● 经营结余是指事业单位在一定期间各项经营收支相抵后余额弥

补以前年度经营亏损后的余额。

● 财政补助结余是指事业单位滚存的财政补助项目支出结余资金。

● 非财政补助结余分配是指事业单位本年度非财政补助结余分配的情况和结果。事业单位应设置“非财政补助结余分配”科目进行核算。

## 主要概念和观念

★ 主要概念

事业单位净资产　事业基金　非流动资产基金　专用基金　事业结余　经营结余

★ 主要观念

财务制度观念　结余观念　基金观念　分配观念

## 基础训练

20.1　简答题

(1) 简述事业单位净资产的内容。

(2) 简述事业单位结余的内容。

(3) 简述事业基金的来源。

(4) 简述事业单位结余的分配及核算方法。

20.2　判断题

(1) 事业单位年终结账后，发生以前年度会计事项调整或变更，涉及以前年度结余的，一般应直接转入或冲减事业基金。　(　　)

(2) 利用固定资产投资，合同确定的价值高于原账面价值的差额，转增“非流动资产基金”科目。　(　　)

(3) 专款结余按照规定留归本单位使用的部分，形成专用基金。　(　　)

(4) 专用基金按规定一般不直接参加经营业务活动。　(　　)

(5) 年终，“事业结余”和“经营结余”科目的贷方余额转入“非财政补助结余分配”科目的贷方；若为借方余额，表示亏损，就转入“非财政补助结余分配”科目的借方。　(　　)

(6) 事业基金是指事业单位拥有的净资产。　(　　)

(7) 专用基金在管理上要求专设账户，在银行单独开设账户。 ( )

(8) 事业结余是指事业单位在一定期间除经营收支外各项收支相抵后的余额，其中包括不实行预算外资金结余上缴办法的预算外资金结余。 ( )

(9) 年终，应将当年事业结余和经营结余全数转入非财政补助结余分配，借记“事业结余”、“经营结余”科目，贷记“非财政补助结余分配”。 ( )

(10) 事业单位按有关规定提取职工福利基金的，按提取的金额，借记“非财政补助结余分配”科目，贷记“事业基金——职工福利基金”科目。 ( )

20.3 综合分析题

某事业单位2013年发生如下业务：

(1) 报废本单位复印机一台，残值收入800元，其账面原值3 000元。

(2) 单位职工报销医疗费1 000元，以银行存款付讫。

(3) 动用修购基金10 000元购入设备一台，款项已通过银行付讫，设备验收合格。

(4) 兑付以前年度购买的国库券，本金25 000元，利息500元。

(5) 根据取得的事业收入200 000元和经营收入100 000元，分别按3%和4%的比例提取修购基金。

(6) 本单位拥有从事专业业务活动及辅助活动的人员500人、从事生产经营活动的人员80人，按财政部门确定的公费医疗经费人均年度预算定额标准300元提取医疗基金。

(7) 按照职工工资总额500 000元计算提取15 000元住房公积金。

(8) 当年实现事业结余100 000元、经营结余200 000元，假设经营结余按25%的税率缴纳企业所得税，按当年事业结余和经营结余的10%提取专用基金（职工福利基金）。

根据以上资料做会计分录。

20.4 网上调研

利用电子图书馆和因特网收集我国事业单位净资产的理论知识，掌握当前我国对事业单位净资产会计核算的最新动态，巩固和充实所学的知识。

## 20.5 单元实践

以小组为单位，对事业单位会计净资产的核算工作进行实地考察，讨论如何通过会计方法的改革加强我国事业单位净资产的监督和管理。

# 第21章 事业单位会计报表

## 学习目标

☆**知识目标**

了解事业单位会计报表的意义；

熟悉事业单位会计报表的含义和种类；

熟悉事业单位年终清理的主要内容；

掌握事业单位会计报表的分析指标和内容。

☆**技能目标**

熟悉事业单位年终结账的步骤和方法；

掌握资产负债表、收入支出表和财政补助收入的编制方法。

☆**能力目标**

熟悉《事业单位财务规则》和《事业单位会计制度》的相关内容，正确编制资产负债表和收入支出表，并能运用科学的指标和方法进行分析，撰写财务分析报告。

## 我国事业单位会计报表改革的必要性

会计报表是反映事业单位财务状况和收支情况的书面文件，包括资产负债表、收入支出表、基建投资表、附表及会计报表附注和收支情况说明书等。原《事业单位会计制度》对事业单位会计报表的相关规定要求，已不适应市场经济条件下事业单位发展、改革的客观需要，亟须作出相应调整、改革。主要问题如下：

（1）会计报表的内容不够完整。现行事业单位会计报表披露的信息过于简单，只能反映事业单位预算收支执行情况，不能充分反映整个事业单位的财务状况，一些资产产权如股权、债权等的情况没有核算或者核算得比较粗略，收支执行情况缺乏与预算之间的比较信息，难以充分反映预算收支的执行结果，不能很好地满足广大信息需求者的需要。

（2）缺乏对财务业绩分析的披露。事业单位会计报表信息不能全面披露事业单位的资金活动情况，不能充分揭示事业单位财务活动的业绩、问题和风险。我国政府审计机关对政府所属的事业单位就收支情况及结果实施审计监督形成的审计报告也不对公众公开，政府审计报告与事业单位财务报告往往相分离。由于缺乏相关的监督机制，我国的政府审计报告与事业单位的财务报告是否合理、合法、合规，资金使用是否节约并产生应有的效果，以及政府工作是否有效率等尚难以知晓。从内部信息需要来说，这将使管理者无法据以进行科学合理的决策；从外部信息需要来说，这将导致无法实现有效的监督。

（3）资产负债表的项目列示不科学。目前事业单位资产负债表中既包括资产、负债、净资产项目，又包括收入、支出项目。资产负债表是反映单位财务状况的静态报表，在现行报表结构下，收入类和支出类项目既在资产负债表中反映，又在收入支出表中反映，报表之间内容重复，容易造成资产总额、负债与基金总额虚增。

（4）收入支出表的科目设计不合理。目前我国事业单位会计的收入支出科目划分得过于粗略，所提供的会计信息过于概括。收入支出表基本上采取收支总额对比方式，未能详细提供各类资金的收支余超，不便于进行财务分析。由于全面实行收付实现制，当期应付未付的支出未能列支，从而虚增了结余。应付未付的款项不作负债处理，成为隐性负债，核算的真实性受到很大影响。

(5) 财务报告体系不够健全。目前我国事业单位会计报告体系包括资产负债表、收入支出表及附表、会计报表附注和财务情况说明书。从总体上看，事业单位财务报告体系比较单一，会计报表信息含量和可理解性受到影响，难以全面揭示事业单位受托责任中的财务信息和非财务信息，不仅立法机关和社会公众难以进行监督，财政部门也缺少宏观决策所需的重要信息资料。

事业单位会计报表是反映事业单位一定时期的财务状况和收支情况的书面文件，是日常会计核算工作的总结，包括资产负债表、收入支出表、财政补助收入支出表、会计报表附注和收支情况说明书等。

## 21.1 事业单位会计报表的意义

(1) 事业单位会计报表全面、系统、总括地反映事业单位一定时期的经济活动情况和财务状况，事业单位可以据此查摆问题、分析原因，促进事业单位提高财务管理水平。

(2) 财政部门和上级单位据此了解事业单位资产、负债、收入、支出、结余的构成，分析资金使用效果，掌握政策，指导事业单位预算执行工作，提高事业单位社会效益和经济效益。

(3) 投资者、债权人及关心事业单位的有关各方可以据此了解事业单位的财务状况、经营成果和财务状况变动资料，这是作出是否出资、贷款的决策依据。

(4) 为事业单位编制下年度财务收支计划、制订中长期规划提供重要资料和科学依据。

## 21.2 事业单位会计报表的种类

事业单位会计报表根据需要和不同标准，可以做如下分类：

(1) 按会计报表的基本特征分为资产负债表、收入支出表、基建投资表、附表及会计报表附注和收支情况说明书等。

（2）按会计报表的编制时间分为月报、季报和年报（决算）。

（3）按会计报表的编制层次分为本级会计报表和汇总会计报表。

（4）按会计报表的报送对象分为对外会计报表和内部会计报表。

## 21.3 年终清理结算与结账

### 21.3.1 年终清理结算

事业单位在年度终了前，应根据财政部门或主管部门的决算编审工作要求，对各项收支账目、往来款项、货币资金和财产物资进行全面的年终清理结算，在此基础上办理年度结账，编报决算。年终清理结算的主要事项包括：

（1）清理、核对年度预算收支数字和各项缴拨款项、上交下拨款项数字。年终前，对财政部门、上级单位和所属各单位之间的全年预算数（包括追加追减和上、下划数字）以及应上交、拨补的款项等，都应按规定逐笔进行清理结算，保证上下级之间的年度预算数、领拨经费数和上交、下拨数一致。为了准确反映各项收支数额，凡属本年度的应拨应交款项，应当在 12 月 31 日前汇达对方。主管会计单位对所属各单位的拨款应截至 12 月 25 日止，逾期一般不再下拨。

（2）清理、核对各项收支款项。凡属本年的各项收入都应及时入账。本年的各项应缴预算款和应缴财政专户的预算外资金收入，应在年终前全部上缴；属于本年的各项支出，应按规定的支出用途如实列报。年度单位支出决算，一律以基层用款单位截至 12 月 31 日的本年实际支出数为准，不得将年终前预拨下年的预算拨款列入本年的支出，也不得以上级会计单位的拨款数代替基层会计单位的实际支出数。

（3）清理往来款项。事业单位的往来款项，年终前应尽量清理完毕。按照有关规定应当转作各项收入或各项支出的往来款项，要及时转入各有关账户，编入本年决算。

（4）清查货币资金和财产物资。年终前，事业单位应及时同开户银行对账，银行存款账面余额应同银行对账单的余额核对相符，现金账面余额应同库存现金核对相符。有价证券账面数字，一般应同实存的有价证券核对相符，应对各项财产物资进行清理盘点。发生盘盈、盘亏的，应及时查明原因，按规定作出处理，调整账务，做到账实相符、账账相符。

### 21.3.2 年终结账

事业单位在年终清理结算的基础上进行年终结账。年终结账包括年终转账、结清旧账和记入新账。

（1）年终转账。账目核对无误后，首先计算出各账户借方或贷方12月份合计数和全年累计数，结出12月末的余额。然后，编制结账前的资产负债表，试算平衡后，再将应对冲结转的各个收支账户的余额按年终冲转办法，填制12月31日的记账凭单，办理结账冲转。

（2）结清旧账。将转账后无余额的账户结出全年总累计数，然后在下面画双红线，表示本账户全部结清。对年终有余额的账户，在“全年累计数”下行的“摘要”栏内注明“结转下年”字样，再在下面画双红线，表示年终余额转入新账，旧账结束。

（3）记入新账。根据本年度各账户余额，编制年终决算的资产负债表和有关明细表。将表列各账户的年终余额数（不编制记账凭单）直接记入新年度相应的各有关账户，并在“摘要”栏注明“上年结转”字样，以区别新年度发生数。

事业单位的决算经财政部门或上级单位审批后，需调整决算数字时，应作相应调整。

## 21.4 会计报表的编制

事业单位会计报表应当根据登记完整、核对无误的账簿记录和其他有关资料编制，要做到数字正确、内容完整、报送及时。

【小资料 21-1】 **财务报表新旧衔接**

(1) 2013 年 1 月 1 日期初资产负债表的编制。

事业单位应当根据新账各会计科目期初余额，按照新制度编制 2013 年 1 月 1 日期初资产负债表。

(2) 事业单位 2013 年度财务报表的编制。

事业单位应当按照新制度的规定编制 2013 年的月度、年度财务报表。在编制 2013 年度收入支出表、财政补助收入支出表时，不要求填列上年比较数。

### 21.4.1 资产负债表

资产负债表是反映事业单位在某一特定日期财务状况的报表。资产负债表的项目应当按会计要素的类别分别列示，基本格式见表 21-1。

1）资产类项目

(1)“货币资金”项目，反映事业单位期末库存现金、银行存款和零余额账户用款额度的合计数。本项目应当根据“库存现金”、“银行存款”、“零余额账户用款额度”科目的期末余额合计填列。

(2)“短期投资”项目，反映事业单位期末持有的短期投资成本。本项目应当根据“短期投资”科目的期末余额填列。

(3)“财政应返还额度”项目，反映事业单位期末财政应返还额度的金额。本项目应当根据“财政应返还额度”科目的期末余额填列。

(4)“应收票据”项目，反映事业单位期末持有的应收票据的票面金额。本项目应当根据“应收票据”科目的期末余额填列。

(5)“应收账款”项目，反映事业单位期末尚未收回的应收账款余额。本项目应当根据“应收账款”科目的期末余额填列。

(6)“预付账款”项目，反映事业单位预付给商品或者劳务供应单位的款项。本项目应当根据“预付账款”科目的期末余额填列。

(7)“其他应收款”项目，反映事业单位期末尚未收回的其他应收款余额。本项目应当根据“其他应收款”科目的期末余额填列。

表21-1 **资产负债表** 会事业01表

编表单位： 年 月 日 单位：元

| 资产 | 期末余额 | 年初余额 | 负债和净资产 | 期末余额 | 年初余额 |
|---|---|---|---|---|---|
| 流动资产： | | | 流动负债： | | |
| 货币资金 | | | 短期借款 | | |
| 短期投资 | | | 应缴税费 | | |
| 财政应返还额度 | | | 应缴国库款 | | |
| 应收票据 | | | 应缴财政专户款 | | |
| 应收账款 | | | 应付职工薪酬 | | |
| 预付账款 | | | 应付票据 | | |
| 其他应收款 | | | 应付账款 | | |
| 存 货 | | | 预收账款 | | |
| 其他流动资产 | | | 其他应付款 | | |
| 流动资产合计 | | | 其他流动负债 | | |
| 非流动资产： | | | 流动负债合计 | | |
| 长期投资 | | | 非流动负债： | | |
| 固定资产 | | | 长期借款 | | |
| 固定资产原价 | | | 长期应付款 | | |
| 减：累计折旧 | | | 非流动负债合计 | | |
| 在建工程 | | | 负债合计 | | |
| 无形资产 | | | 净资产： | | |
| 无形资产原价 | | | 事业基金 | | |
| 减：累计摊销 | | | 非流动资产基金 | | |
| 待处置资产损溢 | | | 专用基金 | | |
| 非流动资产合计 | | | 财政补助结转 | | |
| | | | 财政补助结余 | | |
| | | | 非财政补助结转 | | |
| | | | 非财政补助结余 | | |
| | | | 1. 事业结余 | | |
| | | | 2. 经营结余 | | |
| | | | 净资产合计 | | |
| 资产总计 | | | 负债和净资产总计 | | |

（8）“存货”项目，反映事业单位期末为开展业务活动及其他活动耗用而储存的各种材料、燃料、包装物、低值易耗品及达不到固定资产标准的用具、装具、动植物等的实际成本。本项目应当根据“存货”科目的期末余额填列。

（9）“其他流动资产”项目，反映事业单位除上述各项之外的其他流动资产，如将在1年内（含1年）到期的长期债券投资。本项目应当根据“长期投资”等科目的期末余额分析填列。

（10）“长期投资”项目，反映事业单位持有时间超过1年（不含1年）的股权和债权性质的投资。本项目应当根据“长期投资”科目期末余额减去其中将于1年内（含1年）到期的长期债券投资余额后的金额填列。

（11）“固定资产”项目，反映事业单位期末各项固定资产的账面价值。本项目应当根据“固定资产”科目期末余额减去“累计折旧”科目期末余额后的金额填列。

“固定资产原价”项目，反映事业单位期末各项固定资产的原价。本项目应当根据“固定资产”科目的期末余额填列。

“累计折旧”项目，反映事业单位期末各项固定资产的累计折旧。本项目应当根据“累计折旧”科目的期末余额填列。

（12）“在建工程”项目，反映事业单位期末尚未完工交付使用的在建工程发生的实际成本。本项目应当根据“在建工程”科目的期末余额填列。

（13）“无形资产”项目，反映事业单位期末持有的各项无形资产的账面价值。本项目应当根据“无形资产”科目期末余额减去“累计摊销”科目期末余额后的金额填列。

“无形资产原价”项目，反映事业单位期末持有的各项无形资产的原价。本项目应当根据“无形资产”科目的期末余额填列。

“累计摊销”项目，反映事业单位期末各项无形资产的累计摊销。本项目应当根据“累计摊销”科目的期末余额填列。

（14）“待处置资产损溢”项目，反映事业单位期末待处置资产的价值及处置损溢。本项目应当根据“待处置资产损溢”科目的期末借方余额填列；如“待处置资产损溢”科目期末为贷方余额，则以“-”

号填列。

（15）“非流动资产合计”项目，按照“长期投资”、“固定资产”、“在建工程”、“无形资产”、“待处置资产损溢”项目金额的合计数填列。

2）负债类项目

（16）“短期借款”项目，反映事业单位借入的期限在1年内（含1年）的各种借款。本项目应当根据“短期借款”科目的期末余额填列。

（17）“应缴税费”项目，反映事业单位应交未交的各种税费。

本项目应当根据“应缴税费”科目的期末贷方余额填列；如“应缴税费”科目期末为借方余额，则以“-”号填列。

（18）“应缴国库款”项目，反映事业单位按规定应缴入国库的款项（应缴税费除外）。本项目应当根据“应缴国库款”科目的期末余额填列。

（19）“应缴财政专户款”项目，反映事业单位按规定应缴入财政专户的款项。本项目应当根据“应缴财政专户款”科目的期末余额填列。

（20）“应付职工薪酬”项目，反映事业单位按有关规定应付给职工及为职工支付的各种薪酬。本项目应当根据“应付职工薪酬”科目的期末余额填列。

（21）“应付票据”项目，反映事业单位期末应付票据的金额。本项目应当根据“应付票据”科目的期末余额填列。

（22）“应付账款”项目，反映事业单位期末尚未支付的应付账款的金额。本项目应当根据“应付账款”科目的期末余额填列。

（23）“预收账款”项目，反映事业单位期末按合同规定预收但尚未实际结算的款项。本项目应当根据“预收账款”科目的期末余额填列。

（24）“其他应付款”项目，反映事业单位期末应付未付的其他各项应付及暂收款项。本项目应当根据“其他应付款”科目的期末余额填列。

（25）“其他流动负债”项目，反映事业单位除上述各项之外的其他流动负债，如承担的将于1年内（含1年）偿还的长期负债。本项目应当根据“长期借款”、“长期应付款”等科目的期末余额分析填列。

（26）“长期借款”项目，反映事业单位借入的期限超过1年（不含1年）的各项借款本金。本项目应当根据“长期借款”科目的期末余额减去其中将于1年内（含1年）到期的长期借款余额后的金额填列。

（27）“长期应付款”项目，反映事业单位发生的偿还期限超过1年（不含1年）的各种应付款项。本项目应当根据“长期应付款”科目的期末余额减去其中将于1年内（含1年）到期的长期应付款余额后的金额填列。

3）净资产类项目

（28）“事业基金”项目，反映事业单位期末拥有的非限定用途的净资产。本项目应当根据“事业基金”科目的期末余额填列。

（29）“非流动资产基金”项目，反映事业单位期末非流动资产占用的金额。本项目应当根据“非流动资产基金”科目的期末余额填列。

（30）“专用基金”项目，反映事业单位按规定设置或提取的具有专门用途的净资产。本项目应当根据“专用基金”科目的期末余额填列。

（31）“财政补助结转”项目，反映事业单位滚存的财政补助结转资金。本项目应当根据“财政补助结转”科目的期末余额填列。

（32）“财政补助结余”项目，反映事业单位滚存的财政补助项目支出结余资金。本项目应当根据“财政补助结余”科目的期末余额填列。

（33）“非财政补助结转”项目，反映事业单位滚存的非财政补助专项结转资金。本项目应当根据“非财政补助结转”科目的期末余额填列。

（34）“非财政补助结余”项目，反映事业单位自年初至报告期末累计实现的非财政补助结余弥补以前年度经营亏损后的余额。本项目应当根据“事业结余”、“经营结余”科目的期末余额合计填列；如“事业结余”、“经营结余”科目的期末余额合计为亏损数，则以“-”号填列。在编制年度资产负债表时，本项目金额一般应为“0”；若不为“0”，本项目金额应为“经营结余”科目的期末借方余额（“-”号填列）。

“事业结余”项目，反映事业单位自年初至报告期末累计实现的事业结余。本项目应当根据“事业结余”科目的期末余额填列；如“事业结余”科目的期末余额为亏损数，则以“-”号填列。在编制年度资产负债表时，本项目金额应为“0”。

“经营结余”项目，反映事业单位自年初至报告期末累计实现的经营结余弥补以前年度经营亏损后的余额。本项目应当根据“经营结余”科目的期末余额填列；如“经营结余”科目的期末余额为亏损数，则以“-”号填列。在编制年度资产负债表时，本项目金额一般应为“0”；若不为“0”，本项目金额应为“经营结余”科目的期末借方余额（“-”号填列）。

**【小思考21-1】**单位结账前后资产负债表的区别是什么？

(1) 依据不同。结账前资产负债表的“期末数”是依据年终转账前所结算出的12月31日各总分类账余额填列的；而结账后资产负债表的“期末数”是根据年终转账之后各总账账户的年末余额，也就是“结转下年”数填列的。

(2) 作用不同。编制结账前的资产负债表，主要目的是汇集所有账户的年末余额，进行年终转账前的试算平衡，可以说结账前的资产负债表是决算资产负债表的工作底稿。结账后的资产负债表才是真正反映事业单位年末财务状况的会计报表。

(3) 科目状况不同。在结账前的资产负债表中，所有会计科目都有余额；而在结账后的资产负债表中，收入、支出类科目都已冲平，不再有余额。

### 21.4.2 收入支出表

收入支出表是反映事业单位在一定期间的收支结余及其分配情况的报表。由收入、支出、结余及其分配三部分组成。收入支出表的项目按收支的构成和结余分配情况分项列示，基本格式如表21-2。

表21-2　　　　　　　　　**收入支出表**　　　　　　　　会事业02表

编制单位：　　　　　　　　年　　月　　　　　　　　　　单位：元

| 项目 | 本月数 | 本年累计数 |
| --- | --- | --- |
| 一、本期财政补助结转结余 | | |
| 财政补助收入 | | |
| 减：事业支出（财政补助支出） | | |
| 二、本期事业结转结余 | | |
| （一）事业类收入 | | |
| 1. 事业收入 | | |
| 2. 上级补助收入 | | |
| 3. 附属单位上缴收入 | | |
| 4. 其他收入 | | |
| 其中：捐赠收入 | | |
| 减：（二）事业类支出 | | |
| 1. 事业支出（非财政补助支出） | | |
| 2. 上缴上级支出 | | |
| 3. 对附属单位补助支出 | | |
| 4. 其他支出 | | |
| 三、本期经营结余 | | |
| 经营收入 | | |
| 减：经营支出 | | |
| 四、弥补以前年度亏损后的经营结余 | | |
| 五、本年非财政补助结转结余 | | |
| 减：非财政补助结转 | | |
| 六、本年非财政补助结余 | | |
| 减：应缴企业所得税 | | |
| 减：提取专用基金 | | |
| 七、转入事业基金 | | |

1）本期财政补助结转结余

（1）“本期财政补助结转结余”项目，反映事业单位本期财政补助收入与财政补助支出相抵后的余额。本项目应当按照本表中“财政补助收入”项目金额减去“事业支出（财政补助支出）”项目金额后的余额填列。

（2）“财政补助收入”项目，反映事业单位本期从同级财政部门取得的各类财政拨款。本项目应当根据“财政补助收入”科目的本期发生额填列。

（3）“事业支出（财政补助支出）”项目，反映事业单位本期使用财政补助发生的各项事业支出。本项目应当根据“事业支出——财政补助支出”科目的本期发生额填列，或者根据“事业支出——基本支出（财政补助支出）”、“事业支出——项目支出（财政补助支出）”科目的本期发生额合计填列。

2）本期事业结转结余

（4）“本期事业结转结余”项目，反映事业单位本期除财政补助收支、经营收支以外的各项收支相抵后的余额。本项目应当按照本表中“事业类收入”项目金额减去“事业类支出”项目金额后的余额填列；如为负数，以“-”号填列。

（5）“事业类收入”项目，反映事业单位本期事业收入、上级补助收入、附属单位上缴收入、其他收入的合计数。本项目应当按照本表中“事业收入”、“上级补助收入”、“附属单位上缴收入”、“其他收入”项目金额的合计数填列。

“事业收入”项目，反映事业单位开展专业业务活动及其辅助活动取得的收入。本项目应当根据“事业收入”科目的本期发生额填列。

“上级补助收入”项目，反映事业单位从主管部门和上级单位取得的非财政补助收入。本项目应当根据“上级补助收入”科目的本期发生额填列。

“附属单位上缴收入”项目，反映事业单位附属独立核算单位按照有关规定上缴的收入。本项目应当根据“附属单位上缴收入”科目的本期发生额填列。

“其他收入”项目，反映事业单位除财政补助收入、事业收入、上级补助收入、附属单位上缴收入、经营收入以外的其他收入。本项目应当根据“其他收入”科目的本期发生额填列。

“捐赠收入”项目，反映事业单位接受现金、存货捐赠取得的收入。本项目应当根据“其他收入”科目所属相关明细科目的本期发生额填列。

(6)“事业类支出”项目，反映事业单位本期事业支出（非财政补助支出）、上缴上级支出、对附属单位补助支出、其他支出的合计数。本项目应当按照本表中“事业支出（非财政补助支出）”、“上缴上级支出”、“对附属单位补助支出”、“其他支出”项目金额的合计数填列。

“事业支出（非财政补助支出）”项目，反映事业单位使用财政补助以外的资金发生的各项事业支出。本项目应当根据“事业支出——非财政专项资金支出”、“事业支出——其他资金支出”科目的本期发生额合计填列，或者根据“事业支出——基本支出（其他资金支出）”、“事业支出——项目支出（非财政专项资金支出、其他资金支出）”科目的本期发生额合计填列。

“上缴上级支出”项目，反映事业单位按照财政部门和主管部门的规定上缴上级单位的支出。本项目应当根据“上缴上级支出”科目的本期发生额填列。

“对附属单位补助支出”项目，反映事业单位用财政补助收入之外的收入对附属单位补助发生的支出。本项目应当根据“对附属单位补助支出”科目的本期发生额填列。

“其他支出”项目，反映事业单位除事业支出、上缴上级支出、对附属单位补助支出、经营支出以外的其他支出。本项目应当根据“其他支出”科目的本期发生额填列。

3）本期经营结余

(7)“本期经营结余”项目，反映事业单位本期经营收支相抵后的余额。本项目应当按照本表中“经营收入”项目金额减去“经营支出”项目金额后的余额填列；如为负数，以“-”号填列。

(8)“经营收入”项目，反映事业单位在专业业务活动及其辅助活动之外开展非独立核算经营活动取得的收入。本项目应当根据“经营收入”科目的本期发生额填列。

（9）“经营支出”项目，反映事业单位在专业业务活动及其辅助活动之外开展非独立核算经营活动发生的支出。本项目应当根据“经营支出”科目的本期发生额填列。

4）弥补以前年度亏损后的经营结余

（10）“弥补以前年度亏损后的经营结余”项目，反映事业单位本年度实现的经营结余扣除本年初未弥补经营亏损后的余额。本项目应当根据“经营结余”科目年末转入“非财政补助结余分配”科目前的余额填列；如该年末余额为借方余额，以“-”号填列。

5）本年非财政补助结转结余

（11）“本年非财政补助结转结余”项目，反映事业单位本年除财政补助结转结余之外的结转结余金额。如本表中“弥补以前年度亏损后的经营结余”项目为正数，本项目应当按照本表中“本期事业结转结余”、“弥补以前年度亏损后的经营结余”项目金额的合计数填列；如为负数，以“-”号填列。如本表中“弥补以前年度亏损后的经营结余”项目为负数，本项目应当按照本表中“本期事业结转结余”项目金额填列；如为负数，以“-”号填列。

（12）“非财政补助结转”项目，反映事业单位本年除财政补助收支外的各专项资金收入减去各专项资金支出后的余额。本项目应当根据“非财政补助结转”科目本年贷方发生额中专项资金收入转入金额合计数减去本年借方发生额中专项资金支出转入金额合计数后的余额填列。

6）本年非财政补助结余

（13）“本年非财政补助结余”项目，反映事业单位本年除财政补助之外的其他结余金额。本项目应当按照本表中“本年非财政补助结转结余”项目金额减去“非财政补助结转”项目金额后的金额填列；如为负数，以“-”号填列。

（14）“应缴企业所得税”项目，反映事业单位按照税法规定应缴纳的企业所得税金额。本项目应当根据“非财政补助结余分配”科目的本年发生额分析填列。

（15）“提取专用基金”项目，反映事业单位本年按规定提取的专用基金金额。本项目应当根据“非财政补助结余分配”科目的本年发生额分析填列。

7. 转入事业基金

（16）“转入事业基金”项目，反映事业单位本年按规定转入事业基金的非财政补助结余资金。本项目应当按照本表中“本年非财政补助结余”项目金额减去“应缴企业所得税”、“提取专用基金”项目金额后的余额填列；如为负数，以“-”号填列。

上述（10）至（16）项目，只有在编制年度收入支出表时才填列；编制月度收入支出表时，可以不设置此7个项目。

【小资料21-2】 **会计报表附注**

会计报表附注是为帮助理解会计报表的内容而对报表的有关项目等所作的解释，其内容主要包括特殊事项的说明、会计报表中有关重要项目的明细资料、其他有助于理解和分析会计报表需要说明的事项。

### 21.4.3 财政补助收入支出表

财政补助收入支出表反映事业单位某一会计年度财政补助收入、支出、结转及结余情况。见表21-3。

财政补助收入支出表“上年数”栏内各项数字，应当根据上年度财政补助收入支出表“本年数”栏内数字填列。

本表“本年数”栏各项目的内容和填列方法如下：

（1）“年初财政补助结转结余”项目及其所属各明细项目，反映事业单位本年初财政补助结转和结余余额。各项目应当根据上年度财政补助收入支出表中“年末财政补助结转结余”项目及其所属各明细项目“本年数”栏的数字填列。

（2）“调整年初财政补助结转结余”项目及其所属各明细项目，反映事业单位因本年发生需要调整以前年度财政补助结转结余的事项，而对年初财政补助结转结余的调整金额。各项目应当根据“财政补助结转”、“财政补助结余”科目及其所属明细科目的本年发生额分析填列。如调整减少年初财政补助结转结余，以“-”号填列。

表21-3　　　　**财政补助收入支出表**　　　　会事业03表

编制单位：　　　　年度　　　　单位：元

| 项目 | 本年数 | 上年数 |
| --- | --- | --- |
| 一、年初财政补助结转结余 | | —— |
| （一）基本支出结转 | | —— |
| 1. 人员经费 | | —— |
| 2. 日常公用经费 | | —— |
| （二）项目支出结转 | | —— |
| ××项目 | | —— |
| （三）项目支出结余 | | —— |
| 二、调整年初财政补助结转结余 | | —— |
| （一）基本支出结转 | | —— |
| 1. 人员经费 | | —— |
| 2. 日常公用经费 | | —— |
| （二）项目支出结转 | | —— |
| ××项目 | | —— |
| （三）项目支出结余 | | —— |
| 三、本年归集调入财政补助结转结余 | | |
| （一）基本支出结转 | | |
| 1. 人员经费 | | |
| 2. 日常公用经费 | | |
| （二）项目支出结转 | | |
| ××项目 | | |
| （三）项目支出结余 | | |
| 四、本年上缴财政补助结转结余 | | |
| （一）基本支出结转 | | |
| 1. 人员经费 | | |

续表

| 项目 | 本年数 | 上年数 |
| --- | --- | --- |
| 2. 日常公用经费 | | |
| （二）项目支出结转 | | |
| ××项目 | | |
| （三）项目支出结余 | | |
| 五、本年财政补助收入 | | |
| （一）基本支出 | | |
| 1. 人员经费 | | |
| 2. 日常公用经费 | | |
| （二）项目支出 | | |
| ××项目 | | |
| 六、本年财政补助支出 | | |
| （一）基本支出 | | |
| 1. 人员经费 | | |
| 2. 日常公用经费 | | |
| （二）项目支出 | | |
| ××项目 | | |
| 七、年末财政补助结转结余 | | —— |
| （一）基本支出结转 | | —— |
| 1. 人员经费 | | —— |
| 2. 日常公用经费 | | —— |
| （二）项目支出结转 | | —— |
| ××项目 | | —— |
| （三）项目支出结余 | | —— |

（3）“本年归集调入财政补助结转结余”项目及其所属各明细项目，反映事业单位本年度取得主管部门归集调入的财政补助结转结余资

金或额度金额。各项目应当根据“财政补助结转”、“财政补助结余”科目及其所属明细科目的本年发生额分析填列。

（4）“本年上缴财政补助结转结余”项目及其所属各明细项目，反映事业单位本年度按规定实际上缴的财政补助结转结余资金或额度金额。各项目应当根据“财政补助结转”、“财政补助结余”科目及其所属明细科目的本年发生额分析填列。

（5）“本年财政补助收入”项目及其所属各明细项目，反映事业单位本年度从同级财政部门取得的各类财政拨款金额。各项目应当根据“财政补助收入”科目及其所属明细科目的本年发生额填列。

（6）“本年财政补助支出”项目及其所属各明细项目，反映事业单位本年度发生的财政补助支出金额。各项目应当根据“事业支出”科目所属明细科目本年发生额中的财政补助支出数填列。

（7）“年末财政补助结转结余”项目及其所属各明细项目，反映事业单位截至本年末的财政补助结转和结余余额。各项目应当根据“财政补助结转”、“财政补助结余”科目及其所属明细科目的年末余额填列。

### 21.4.4 附注

事业单位的会计报表附注至少应当披露下列内容：

（1）遵循《事业单位会计准则》、《事业单位会计制度》的声明；

（2）单位整体财务状况、业务活动情况的说明；

（3）会计报表中列示的重要项目的进一步说明，包括其主要构成、增减变动情况等；

（4）重要资产处置情况的说明；

（5）重大投资、借款活动的说明；

（6）以名义金额计量的资产名称、数量等情况，以及以名义金额计量理由的说明；

（7）以前年度结转结余调整情况的说明；

（8）有助于理解和分析会计报表需要说明的其他事项。

## 21.5 会计报表的审核和汇总

主管事业单位应根据同级财政部门的要求，在认真审核所属事业单位会计报表的基础上，编制汇总会计报表。

会计报表的审核包括政策性审核和技术性审核两方面。政策性审核主要是审核报表中反映的各项收支是否符合国家有关政策、制度，有无违法违纪行为和问题；技术性审核主要是审核会计报表的数字是否准确，表内有关项目的内容是否齐全完整，有关数字关系对应是否协调一致等。

事业单位在会计期末编制汇总报表时，应注意以下两个问题：

一是汇总会计报表的汇总范围问题。事业单位编制汇总会计报表时，只应将本单位会计报表与所属事业单位会计报表进行汇总，不得将其附属企业的会计报表纳入汇总报表的汇总范围。另外，在会计年度中，某些事业单位的隶属关系可能发生调整，在编制汇总会计报表时，应将本年度内新划进的事业单位的会计报表纳入汇总范围，而对本年度划出的事业单位的会计报表不予汇总。

二是在汇总会计报表的编制过程中，上下级单位报表相关项目的相互冲销问题。事业单位编制汇总会计报表时，对一般的报表项目，直接将上下级单位相同报表的相同项目金额相加后按合计数填列即可，但对于“附属单位缴款”、“对附属单位补助”等项目，应根据上下级单位资金的缴拨款关系，将其分别与下级单位报表中的“上缴上级支出”、“上级补助收入”两个项目进行相互冲销。

（1）本级报表中的“对附属单位补助”与下级单位报表中的“上级补助收入”。在编制汇总会计报表时，应先按所属各单位报表中“上级补助收入”金额的合计数，将本单位的“对附属单位补助”项目与所属各单位的“上级补助收入”项目冲销，然后将冲销后的“对附属单位补助”项目余额填列在汇总会计报表的“对附属单位补助”项目。

（2）本级报表中的“附属单位缴款”与下级单位报表中的“上缴上级支出”。在编制汇总会计报表时，应先合计所属各单位报表中的

“上缴上级支出”项目金额数，再将本单位报表中的“附属单位缴款”项目金额与所属各单位报表中的“上缴上级支出”项目合计金额相互冲销，然后将冲销后的“附属单位缴款”余额填列在汇总会计报表的“附属单位缴款”项目。

**【小思考 21-2】** 事业单位的财务报表和企业的财务报表有哪些不同？

答：（1）主要报表的种类不同：事业单位是资产负债表、收入支出表、财政补助收入支出表，企业是资产负债表、现金流量表、利润表。

（2）报表的结构不同：事业单位的资产负债表由资产、负债和净资产构成，企业的资产负债表由资产、负债、所有者权益构成。

（3）设置的会计科目和报表的项目不同。

（4）记账基础不同：事业单位是收付实现制，企业是权责发生制。

## 21.6 事业单位会计报表分析

### 21.6.1 事业单位会计报表分析指标

（1）预算收入和支出完成率，衡量事业单位收入和支出总预算及分项预算完成的程度。计算公式为：

预算收入完成率=年终执行数÷（年初预算数±年中预算调整数）×100%

年终执行数不含上年结转和结余收入数。

预算支出完成率=年终执行数÷（年初预算数±年中预算调整数）×100%

年终执行数不含上年结转和结余支出数、

（2）人员支出、公用支出占事业支出的比率，衡量事业单位事业支出结构。计算公式为：

人员支出比率=人员支出÷事业支出×100%

公用支出比率=公用支出÷事业支出×100%

（3）人均基本支出，衡量事业单位按照实际在编人数平均的基本支出水平。计算公式为：

人均基本支出=（基本支出-离退休人员支出）÷实际在编人数

（4）资产负债率，衡量事业单位利用债权人提供资金开展业务活动的能力，以及反映债权人提供资金的安全保障程度。计算公式为：

资产负债率=负债总额÷资产总额×100%

### 21.6.2 事业单位会计报表分析内容

事业单位进行会计报表分析，涉及事业单位财务管理及相关活动的各个方面，概括起来主要有以下几个方面：

（1）分析单位预算的编制和执行情况，主要是分析单位的预算编制是否符合国家有关方针政策和财务制度的规定、事业计划和工作任务的要求，是否贯彻了量力而行、尽力而为的原则，预算编制的计算依据是否充分可靠；在预算执行过程中，则要分析预算执行进度与事业计划进度是否一致，与以前各期相比有无特殊变化及变化的原因。

（2）分析资产、负债的构成及资产使用情况，主要是分析单位的资产构成是否合理，固定资产的保管和使用是否恰当，账实是否相符，各种材料有无超定额储备，有无资产流失等问题；分析单位房屋建筑物和设备等固定资产的利用情况；分析流动资产的周转情况；分析负债来源是否符合规定、负债水平是否合理以及负债构成情况等。通过分析，及时发现存在的问题，有针对性地采取措施，保证资产的合理、有效使用。

（3）分析收入、支出情况及经费自给水平。一方面，要了解掌握单位的各项收入是否符合有关规定，是否执行了国家规定的收费标准，是否完成了核定的收入计划，各项应缴收入收费是否及时足额上缴，超收或短收的主客观因素是什么，是否有能力增加收入；另一方面，要了解掌握各项支出是否按进度进行，是否按规定的用途、标准使用，支出结构是否合理等，找出支出管理中存在的问题，提出加强管理的措施，以节约支出，提高资金使用效益。在分析收入、支出有关情况的同时，还要分析单位经费自给水平，以及单位组织收入的能力和满足经常性支出的程度，分析经费自给率的变化情况及原因。

（4）分析定员定额情况，主要分析单位人员是否控制在国家核定的编制以内，有无超编人员，超编的原因是什么，内部人员安排是否合理；分析单位各项支出定额是否完善，是否先进合理，定额执行情况如何等。

（5）分析财务管理情况，主要分析单位各项财务管理制度是否健全，各项管理措施是否符合国家有关规定和单位的实际情况，措施落实情况怎样。同时，要找出存在的问题，进一步健全和完善各项财务规章制度和管理措施，提高财务管理水平。

**【小资料 21-3】 怎样鉴定和销毁会计档案**

会计档案的销毁程序是：首先，销毁会计档案要填制“会计档案销毁目录”，将需要销毁的会计档案的“案卷标题、起止日期、目录号、案卷号、原凭证号、卷内文件张数”逐项登记后，交档案部门编入会计档案销毁清册，按规定保存。其次，要根据审批程序审批。机关、团体、事业单位销毁会计档案应报本单位领导批准；国有企业经本企业领导批准后销毁。再次，要按规定监销。

各单位在按规定销毁会计档案时，应由档案部门和财务会计部门派人员监销；各级主管部门销毁会计档案时，应有同级财政部门、审计部门派人监销；各级财政部门销毁会计档案时，应由同级审计部门派人监销。监销人员要认真负责，在销毁会计档案以前要认真清点核对，销毁时要防止泄密、丢失。销毁后，档案部门、财务部门和各有关部门的监销人员要在会计档案销毁目录封面上签字盖章，归档保存，并将监销情况书面报告本单位领导。

## 本章小结

● 事业单位会计报表是反映事业单位一定时期的财务状况和收支情况的书面文件，是日常会计核算工作的总结。它包括资产负债表、收入支出表、财政补助收入支出表、会计报表附注和收支情况说明书等。

● 事业单位会计报表可以根据需要和不同标准进行分类：按会计报表的基本特征分为资产负债表、收入支出表、基建投资表、附表及会计报表附注和收支情况说明书等；按会计报表的编制时间分为月报、季报和年报（决算）；按会计报表的编制层次分为本级会计报表和汇总会计报表；按会计报表的报送对象分为对外会计报表和内部会计报表。

● 事业单位在年度终了前，应根据财政部门或主管部门的决算编审工作要求，对各项收支账目、往来款项、货币资金和财产物资进行全面的年终清理结算，在此基础上办理年度结账，编报决算。

● 事业单位在年终清理结算的基础上进行年终结账。年终结账包括年终转账、结清旧账和记入新账。

● 事业单位会计报表应当根据登记完整、核对无误的账簿记录和其他有关资料编制，要做到数字正确、内容完整、报送及时。

● 资产负债表是反映事业单位在某一特定日期财务状况的报表。资产负债表的项目应当按会计要素的类别分别列示。

● 收入支出表是反映事业单位在一定期间的收支结余及其分配情况的报表。由收入、支出、结余及其分配三部分组成。收入支出表的项目按收支的构成和结余分配情况分项列示。

● 财政补助收入支出表反映事业单位某一会计年度财政补助收入、支出、结转及结余情况。

● 事业单位会计报表的审核包括政策性审核和技术性审核两方面。

● 事业单位会计报表分析指标主要有预算收入完成率、预算支出完成率、人员支出比率、公用支出比率、人均基本支出和资产负债率。

## 主要概念和观念

★ 主要概念

会计报表　资产负债表　收入支出表　年终清理　政策性审核　技术性审核

★ 主要观念

会计反映观念　财务制度观念　预算执行观念　改革观念

## 基础训练

21.1　简答题

(1) 简述事业单位编制会计报表的意义。

(2) 简述事业单位会计报表的种类。

(3) 简述事业单位年终清理结算的主要内容。

(4) 简述事业单位年终结账的步骤和方法。

(5) 简述事业单位资产负债表的编制方法。

(6) 简述事业单位收入支出表的编制方法。

(7) 事业单位在会计期末编制汇总报表时应注意哪些问题?

(8) 简述事业单位会计报表的分析指标和内容。

21.2 判断题

(1) 事业单位会计报表是反映事业单位一定时期的财务状况和收支情况的书面文件，是日常会计核算工作的总结。 ( )

(2) 事业单位在年终清理结算的基础上进行年终结账。年终结账包括年终转账、结清旧账和记入新账。 ( )

(3) 事业单位会计报表应当根据登记完整、核对无误的账簿记录和其他有关资料编制，要做到数字正确、内容完整、报送及时。 ( )

(4) 资产负债表是反映事业单位在某一特定日期财务状况的报表。资产负债表的项目应当按业务需要填列。 ( )

(5) 资产负债率指标越高越好。 ( )

(6) 在计算分析事业单位经费自给率指标时，收入是指事业单位的所有收入，包括财政补助收入和上级补助收入。 ( )

(7) 根据收入支出表，可以分析人员支出、公用支出占事业支出比率。 ( )

(8) 主管会计单位汇总编制会计报表时，对拨转款项、直接以期末余额填列。 ( )

(9) 事业单位编制汇总会计报表时，对一般的报表项目，直接将上下级单位相同报表的相同项目金额相加后按合计数填列即可。 ( )

(10) 人员支出比率是指事业支出中用于人员开支的部分占整个事业支出和经营支出的比重。 ( )

21.3 综合分析题

某事业单位2012年年底结账前有关收入、支出账户余额如下：财政补助收入550 000元，上级补助收入20 000元，事业收入208 000

元，其他收入26 000元；事业支出402 788元，上缴上级支出50 000元，对附属单位补助支出20 279元。经营收入32 000元，经营支出18 000元；应缴税费3 720元。

其他资料：应缴税费的业务为经营业务；经营结余按25%缴纳企业所得税；按税后20%的比例提取职工福利基金。

按要求进行年终转账。

21.4 网上调研

利用电子图书馆和因特网调研事业单位会计报告制度改革动态趋势。

21.5 单元实践

以小组为单位，仿真模拟或到实践部门实际操作事业单位会计报表的编制、审核分析。

# 主要参考书目

[1] 贺蕊莉．政府与非营利组织会计［M］．大连：东北财经大学出版社，2013.

[2] 常丽，何东平．政府与非营利组织会计［M］.2 版．大连：东北财经大学出版社，2012.

[3] 贾明春．政府与事业单位会计［M］.2 版．北京：经济科学出版社，2011.

[4] 于国旺，孙君鹏．政府与非营利组织会计［M］．北京：机械工业出版社，2010.

[5] 赵建勇．预算会计［M］.4 版．上海：上海财经大学出版社，2010.

[6] 中华会计网校．行政单位财务人员实务操作讲解指南［M］．上海：上海交通大学出版社，2010.

[7] 程昔武．预算会计［M］．北京：中国市场出版社，2009.

[8] 郭建飞．刍议我国预算会计存在的问题和对策［J］．中国商界（下半月），2009（1）：36.

[9] 关春玲．浅谈如何完善行政事业单位会计集中核算［J］．河南农业，2009（1）：76-77.

[10] 李玲．关于中国预算会计制度改革的进一步认识［J］．现代经济信息，2009（1）：48.

[11] 李晓丽．行政事业单位固定资产管理问题浅析 [J]．中小企业管理与科技（上旬刊），2009（8）：52.

[12] 杨秋利．会计集中核算存在的问题及对策 [J]．中国商界（上半月），2009（7）：36.

[13] 王庆成．政府与事业单位会计 [M]．3 版．北京：人民出版社，2009.

[14] 朱文华．刍论行政事业单位资产清查 [J]．非营利会计，2009（3）：54-55.

[15] 胡静波，蒋文春．预算会计 [M]．北京：中国人民大学出版社，2008.

[16] 刘文华．科研事业单位负债资金的管理 [J]．经济师，2007（5）：150-151.

[17] 汪敏．改革开放三十年话事业单位会计改革 [J]．财会园地，2008（11）：138-140.